WESTEND academics

Cordula Simon
Stefan Auer

Politische Korrektheit, Wunschdenken und Wissenschaft

Das Versagen der Universitäten im Diskurs um Sprache

WESTEND academics

Mehr über unsere Autor:innen und Bücher:
www.westendacademics.com

Die Deutsche Nationalbibliothek verzeichnet diese Publikation in der Deutschen Nationalbibliografie; detaillierte bibliografische Daten sind im Internet über http://dnb.d-nb.de abrufbar.

Print-ISBN: 978-3-949925-18-4
E-Pub-ISBN 978-3-949925-19-1
https://doi.org/10.53291/9783949925191

Umschlaggestaltung: Westend Verlag, Neu-Isenburg
Satz: Publikations Atelier, Weiterstadt
Printed in Germany

Mag. phil. Cordula Simon, BA phil., Studium der deutschen und russischen Philologie und Gender Studies in Graz und Odessa. Lebt als freie Autorin, zahlreiche Auszeichnungen und Stipendien. Wissenschaftliche Schwerpunkte: Medien, Linguistik, Propaganda, Fake News, Desinformation, Mediale Literarizität.

Mag. phil. Stefan Auer, Studium der Geschichte und Philosophie an der Karl-Franzens-Universität Graz. Wissenschaftliche Schwerpunkte: Propaganda & Desinformation, politische Ideologien und Weltanschauungsanalyse.

Inhalt

Wir danken unseren guten Lehrern
für all das, was wir nur von ihnen lernen konnten.
Wir danken unseren schlechten Lehrern
für all das, was wir nur von ihnen lernen konnten.

Einleitung

But, oh, I'm just a soul whose intentions are good
Oh, Lord, please, don't let me be misunderstood

Nina Simone, Strophe aus dem Lied
Don't Let Me Be Misunderstood, 1964

Ein Linguistikprofessor erklärt den Studenten, dass es Sprachen gibt, in denen eine doppelte Verneinung die Verneinung verstärkt, wie zum Beispiel im Russischen oder im Französischen, aber ebenfalls Sprachen, in denen eine doppelte Verneinung eine Bejahung bedeutet, wie im Deutschen. Eines jedoch gebe es nirgends: In keiner bekannten Sprache sei eine doppelte Bejahung eine Verneinung. Aus der letzten Reihe meldet sich ein Student und sagt: »Ja, bestimmt.«

Haben Sie sich je gefragt, wie es denn sein kann, dass Sprache alles und das Gegenteil davon bedeuten kann? Dass Familienmitglieder und enge Freunde verstehen, was man meint, wenn man *Ding* sagt oder man sogar ganze Sätze aus *Dings*, *dingsen* und *Dingen* bilden kann? Haben Sie sich, wenn Sie darauf hingewiesen wurden, dass man bestimmte Wörter nicht mehr sagen solle, denn sie seien diskriminierend, gefragt, warum sie es zuvor nicht waren? Haben Sie gewagt zu fragen warum und dann vielleicht Antworten bekommen wie: *»Sprache spiegelt die Welt«, »Sprache ist Macht«, »Sprache ist Handeln«, »Alles ist*

Text«, »Sprache konstruiert die Welt« oder auch *»Sprache ist Gewalt«*? Haben Sie daraufhin überlegt, wie genau das denn funktioniere, dieser Einfluss der Sprache, was denn der Mechanismus sei, der dahintersteckt?

Wir haben uns diese Fragen gestellt. Wir haben uns, festen Wunsches, den Heiligen Gral zu finden, umfassend auf diese Fragen eingelassen. Wir haben nach den Gründen gesucht, wie und warum eine sensible Sprache, eine »politisch korrekte Sprache«, wie man sie heute nennt, ihren positiven Einfluss in die Welt bringt. Denn wenn es eine Möglichkeit gibt, mit Worten Berge zu versetzen, dann ist dies doch die Erfüllung eines Wunschtraumes von uns und vermutlich von vielen anderen in der schreibenden Zunft, so dachten wir. Wie wundervoll wäre es, betteten wir unsere Wünsche in die Sprache und die Welt würde durch sie heil, könnten wir aus innerer Kraft heraus das Gute in die Natur hineinflüstern und zugleich Fakten schaffen.

An dieser Stelle müssen wir vorausschicken, dass dies kein Buch über Politik ist, sondern über Sprache und Wissenschaft. Wir haben dieses Werk nicht geschrieben, um weltanschauliche Missionierung oder Exorzismus zu betreiben. Wir diskutieren nicht darüber, welche Moral in politischen Debatten und Grabenkämpfen die richtige sein mag. Wir lassen uns nicht auf themenfremde Scheingefechte ein oder uns von vorgeblich moralischen Nebelkerzen ablenken. Wir bemühen uns stets, auf jene Grenzen hinzuweisen, an denen Wissen und Wissenschaft enden und Glaube beziehungsweise Weltanschauung beginnen – Grenzen, die teilweise bewusst oder unbewusst, wissentlich oder unwissentlich, von jenen Akteuren, über die wir in diesem Buch schreiben, obfuskiert werden. Dies ist unser Versuch, nach bestem Wissen und Gewissen auf wissenschaftlich-fachlicher Ebene anstatt auf moralisch-ideologischer an die Materie heranzutreten, die aus unserer Sicht eben gerade moralisch-ideologisch höchst kontroversiell ist. Daher haben wir versucht, kenntlich zu machen, wo in den von uns behandelten

Texten die wissenschaftliche Argumentation endet und die moralische beginnt.

Wir haben natürlich selbst Wertvorstellungen und moralische Prämissen und wissen daher, wie schwierig es ist, nicht blind und taub für wissenschaftliche Erkenntnisse und Fakten zu werden sowie Uneindeutigkeiten und Dissonanzen in der eigenen Weltanschauung hinnehmen zu müssen. Wir können unserem Leser versichern, dass auch wir einiges an – nennen wir es – Wachstumsschmerzen zu erleiden hatten, als wir uns durch die Quellenlektüre kämpften.

Was verstehen wir in diesem Buch unter der titelgebenden *politischen Korrektheit*? Unter diesem – je nach Weltanschauung – teils höchst unterschiedlich konnotierten Begriff subsumieren wir all jene sprachlichen Veränderungen, die primär angetrieben werden durch einen moralischen Impetus. *Sprachliche Veränderungen* bedeutet hier, dass Worte wie zum Beispiel Zigeuner oder Indianer plötzlich aus moralischen Gründen als verpönt, als diskriminierend gelten und ersetzt werden sollen, zudem sprachliche Veränderungen der Grammatik, wie das Gendern, und damit die Beid- oder gar Vielfachnennung der Geschlechter, ebenso wie Veränderungen der Grammatik wie zum Beispiel beim Wort Flüchtlinge zu Geflüchtete oder Schutzsuchende. *Moralisch* bedeutet in diesem Zusammenhang den Wunsch, die Welt nach eigenen, bestimmten Wertvorstellungen zu verbessern, sie harmonischer, sensibler und oft gleichberechtigter sowie weniger diskriminierend zu machen, etablierte Machtstrukturen kritisch zu hinterfragen, um weniger privilegierte Mitglieder der Gesellschaft zu schützen und zu fördern.

Unser oberstes Anliegen ist jedoch nicht die Moral oder die politische Position jener, die diese Forderungen nach Sprachnormierung forcieren – für uns ist von Interesse, mit welchen Argumenten sie üblicherweise (inhaltlich) begründet und verteidigt werden.

Ebenso befassen wir uns nicht mit Redefreiheit, juristischen Tatbeständen oder Grenzfällen der Beleidigung, Verhetzung oder Hasssprache im Netz. Wenn wir von Sprache schreiben, beziehen wir uns auf Alltagssprache der Sprachgemeinschaft, auf die sich politische Korrektheit zunehmend auswirkt: Die Annahme, dass Sprache die Welt in einer eindeutigen Art und Weise beeinflusse, kommt gerade aus dem universitären Umfeld und wir werden ihre Genese nachzeichnen. Eine Annahme, die von ihren stärksten Vertretern im Diskurs über die Beschaffenheit von Sprache als Forderung an Medien, Politik und Schulen gerichtet wird und so die Sprache aller Sprachteilnehmer gerechter machen soll. Gerade im Forschungsbereich zu Sprache gibt es jedoch eine starke Tendenz, wissenschaftliche Rigorosität zu vernachlässigen. Wir wollen außerdem vorausschicken, dass unser Text keineswegs behauptet, dass alle Universitäten und alle ihre Mitglieder versagt hätten – dies ist keinesfalls so. Wir sind jenen, die uns in den Genuss eines soliden, logisch-kausal erklärenden Unterrichts von Wissen und der wissenschaftlichen Methodik brachten, zu tiefstem Dank verpflichtet. Einige werden unzufrieden sein mit der verknappten Darstellung des Werkes mancher Autoren – wir haben uns gerade bei vielen Theoretikern darauf beschränkt, unseren Blick auf ihren Beitrag in Bezug auf den Diskurs um Sprache klar abzugrenzen. Die Fülle ihrer gesamten Theorien wiederzugeben hätte schlicht unseren Rahmen gesprengt und ist für unser sprachwissenschaftliches Thema nicht relevant.

Wir haben uns die Aufgabe gestellt, Argumente zu sammeln, die Befürworter sprachlicher Maßnahmen vorbringen, und diese mit dem zu vergleichen, was wir über Sprache wissen, um sie in den universitären Diskurs einordnen zu können. *Wissen* steht hier im Kontrast zu *Glauben*, *Hoffen*, *Wünschen* – was wir nicht begründen konnten oder sich letztlich nur auf ideologische Grundannahmen stützte, musste kenntlich gemacht und hinterfragt werden. Wissen bedeutet hier ebenso nicht, was in diversen Medien gemeinhin als Wissen über Sprache präsentiert wird, sondern das, was nach wissenschaftlich rigorosen Maßstäben als gesichert gilt – zu dieser Unterscheidung werden wir detailliert im letzten Kapitel zurückkehren.

Anstatt Argumenten begegnen uns in Diskussionen häufig Slogans wie jene, die wir zu Beginn unserer Einleitung genannt haben. Diese Sätze mögen plakativ sein, enthalten jedoch keine schlüssigen Begründungen – sie können nicht für sich stehen, sie müssten erklärt werden und allzu oft machen sich Vertreter der politischen Korrektheit diese Mühe nicht. Daher haben wir sie zu unseren Fragestellungen gemacht: Ist Sprache ein Abbild der Welt? Ist Sprache Macht oder gar Gewalt? Wir folgen diesen Slogans bis zu ihrer Herkunft zurück, um sie auf den wissenschaftlich gesicherten Anteil ihres Wahrheitsgehaltes hin zu überprüfen.

Auch wenn Erklärungen für diese Slogans oft ausbleiben, waren uns viele von ihnen aus unserer eigenen universitären Erfahrung bekannt. Da sie in Diskussionen oft mit mehr oder weniger prominenten Namen in Verbindung gebracht werden, gab es weitere Hinweise auf ihre Herkunft: Nach dem Motto *Educate yourself!* solle man doch bitte selbst bei Austin, Bourdieu, Derrida oder anderen nachlesen, bevor man ungebildet Stellung bezieht.

Wir sind dieser Aufforderung nachgekommen, haben die Texte gelesen und sind den in vielen Fußnoten genannten Quellen bis hin zu ihren linguistischen Ursprüngen gefolgt – tief in den Kaninchenbau hinein. Wir untersuchen ebenso die Forschungsströmungen und Lehrmeinungen in den Akademien und betrachten Fallbeispiele. Schließlich werden wir uns mit dem Fragekomplex beschäftigen, was man nun mit all diesen Informationen anfangen kann.

Kommen Sie mit auf unsere Erkenntnisreise, die wir zum einfacheren Verständnis umgedreht haben: Bei den Argumenten, die der politischen Korrektheit zugrunde liegen, haben wir uns in der Historie ihrer Entwicklung im Krebsgang vorgearbeitet, um die Herkunft der in Texten übernommenen unerklärten Grundthesen sichtbar zu machen. Bei der Kapitelordnung hingegen – wenngleich nicht innerhalb der Kapitel – gehen wir chronologisch vor. Wir müssen daher unser Publikum bereits hier um Verzeihung bitten, denn das erste Kapitel ist mit Abstand am schwierigsten zu erfassen; wir bitten Sie, dennoch durchzuhalten. Wir versprechen, dass alle kommenden Kapitel mit dem in ihm erlangten Grundwissen wesentlich einfacher zu verstehen sind, denn dies ist das wissenschaftliche Fundament, zu dem uns die Recherche letztendlich geführt hat. Zur Vereinfachung haben wir jedem Kapitel am Ende eine prägnante Zusammenfassung unserer wichtigsten Erkenntnisse und Ergebnisse hinzugefügt.

Im ersten Kapitel stellen wir die Frage: Ist Sprache ein Abbild der Welt? Spiegelt sie die Welt wider? Zu diesem Zweck begeben wir uns an den Beginn der modernen linguistischen Forschung, vollziehen in Grundzügen ihre Genese nach und suchen zugleich Antworten auf die Fragen: Was macht Sprache eigentlich aus? Was unterscheidet sprachliche Zeichen von anderen Zeichen? Auf welcher empirischen Grundlage ist dieses Wissen entstanden? Wir zeigen die logischen Schlüsse auf, die daraus gezogen wurden. Zudem zeichnen wir nach, welche philosophischen Annahmen über Sprache zur damaligen Zeit populär waren und ob Sprache das Denken lenkt – dies halten wir rudimentär, da hier eher philosophische als empirische Überprüfungen als Grundlage dienten. Abschließend beantworten wir die Fragen: Ist Sprache Handeln? Was macht sprachliche Äußerungen zu einer Handlung und was nicht?

Im zweiten Kapitel beschäftigen wir uns mit den Fragen, ob Sprache Macht ist. Ist alles Text? Hat, wer Sprache hat, zugleich automatisch Macht? Hat der Rezipient, der Empfänger einer Aussage, immer recht mit seiner Interpretation? Hier werden Erkenntnisse besprochen, die auf den vorangehenden linguistischen Untersuchungen aus dem ersten Kapitel fußen, auch wenn sie selbst weder von Empirie über Sprache geprägt sind, noch aus der Linguistik stammen. Sie sind eher in Philosophie, Literaturwissenschaft und Soziologie beheimatet. Wir klären, welche Fehlannahmen und Fehlschlüsse sich bereits hier finden lassen und wodurch diese entstanden sind.

Im dritten Kapitel fragen wir: Ist Sprache Gewalt? Die hier besprochenen Texte berufen sich wiederum auf jene im vorhergehenden Kapitel und wir werden sehen, welche Thesen übernommen wurden, welche wegfielen, welche Fehler, die bereits in Kapitel 2 auszumachen waren, übernommen wurden und wo neue begangen wurden. Auch hier haben wir es nicht mit an sprachlichen Tatsachen überprüftem Material, sondern mit Theorie zu tun. In der Folge unternehmen wir einen kurzen Abstecher zu Autoren aus Gewaltforschung und Psychologie, die sich mit der Frage, ob Sprache Gewalt sei, befasst haben, um die Theorien besser kontextualisieren zu können.

Im vierten Kapitel beschäftigen wir uns mit dem medial gehypten Begriff Framing, definieren und ordnen ihn historisch im Rahmen der Propagandawissenschaft ein: Ist Framing Propaganda? Was sind die empirischen Hintergründe, woher kommen sie und wie gesichert ist das, was uns hier unterbreitet wird?

Im fünften Kapitel befassen wir uns mit Gendern als zweitem gesonderten Thema: grammatisch, historisch und im Rahmen dessen, was wir bereits über Sprache gelernt haben. Aufgrund welcher Annahmen werden welche Vorschläge und Forderungen gestellt?

Im sechsten Kapitel konkretisieren wir die Frage nach dem Versagen der Universitäten, wie wir es – zugegeben nicht ohne Polemik – in unseren Buchuntertitel schrieben. Viele Gesichtspunkte dieses Versagens zeigen wir bereits auszugsweise in den Kapiteln 1–5. Hier klären wir nun, auf welche Form von Wissenschaftlichkeit sich die nicht haltbaren Behauptungen stützen, wie ihre Mechanismen funktionieren und wie es zu diesem

Versagen kommen konnte, um dann – mit einer Hilfestellung für unsere Leser – zu zeigen, wie Wissenschaft funktionieren sollte und welche kritischen Punkte bedacht werden müssen, wird man mit neuem Wissen über Sprache konfrontiert.

Was uns antreibt, ist nicht politischer Wille, sondern aufklärerisches Ethos. Wir wollen die Menschen in ihrem Bestreben, sich selbst Gedanken zu machen, stärken und zugleich dazu beitragen, den oft erhitzten Diskurs durch differenzierte, faktenbasierte Argumente wieder zu zivilisieren. Wir legen keinen Wert auf das blinde Vertrauen unserer Leser. Vertrauen Sie uns nicht! Glauben Sie nicht einfach, denn Glaube ist – wie wir merken werden – oftmals der Feind des Wissens. Erscheint Ihnen etwas nicht nachvollziehbar, laden wir Sie ein, Ihr genaues Augenmerk auf die Fußnoten zu legen, ihnen nachzugehen, die Texte zu lesen und wenn Sie dennoch unzufrieden sind, wiederum den Fußnoten dieser Texte zu folgen. Wir haben uns daher bemüht, im Urwald der vielen verschiedenen Quellen nicht nur eine erstbeste Quelle, sondern die relevanten Quellen dahinter anzugeben, wo wir endlich fündig wurden und zufrieden waren. Zwar gehen wir davon aus, dass unsere Thesen korrekt sind, doch wir sind vor Fehlern natürlich nicht gefeit und heißen daher Kritikpunkte Ihrerseits, sofern sie zur Sache beitragen, die wissenschaftliche Erkenntnis voranbringen und klar an unserem Text festzumachen sind, willkommen. Denn wir legen am Ende unserer Reise, wie wir feststellen mussten, mehr Wert auf wissenschaftliche als auf politische Korrektheit. Das Folgende erklärt warum.

I | Slogans und Namen zur Verteidigung einer politisch korrekten Sprache

Hey, I love black people, but I hate niggas, boy.

Chris Rock, *Bring the Pain*, 1996

1.1. Sprache spiegelt die Welt, Sprache bildet Welt ab – vom Sichtbarmachen und Unsichtbarmachen in der Sprache

Oft vernimmt man in Diskussionen und Beiträgen die Behauptung, dass Sprache die Welt widerspiegle oder sie abbilde. Unsere erste Fragestellung lautet also: Bildet Sprache die Welt ab? Gibt sie eins zu eins wieder, was in unserer Welt passiert?

Um darauf eine Antwort zu finden, müssen wir zurück zu den Ursprüngen der sogenannten modernen Linguistik (Sprachwissenschaft) und zu ihrem Urvater, dessen Antwort auf diese Frage uns immer wieder begegnen wird in der Welt der Theorien. Es handelt sich dabei um den Schweizer Linguisten Ferdinand de Saussure (1857–1913). Man verbindet ihn gemeinhin mit dem Ursprung der sogenannten linguistischen Wende (auch sprachkritische Wende): Dieser Begriff steht für einen

Paradigmenwechsel, also den Wechsel von einer bestimmten allgemein verbreiteten wissenschaftlichen Ansicht zu einer anderen.[1] So wie es sich bei der kopernikanischen Wende um eine Revolution des astronomischen Wissens handelte, soll es sich hierbei um eine Revolution der Kultur- und Sozialwissenschaften handeln,[2] mit deren Folgen wir im Laufe des Buches noch unsere liebe Not haben werden. Saussures Frage war wesentlich schwieriger zu beantworten, als es unsere Frage nach der Bildhaftigkeit von Sprache heute ist: Was ist eigentlich Sprache? Was ist der Gegenstand, an dem die Linguistik forscht, und wodurch zeichnet er sich aus? Wie verhält sich die Welt zur sprachlichen Darstellung?

In der Nussschale: Der Gegenstand der Linguistik ist Sprache, ein sozial gebildetes System aus Zeichen, deren Verbindungen arbiträr, assoziativ und konventionell sind. Sie kann zu einem bestimmten Zeitpunkt, also synchron, als auch sprachhistorisch vergleichend, also diachron, betrachtet werden. Ihre Zeichen können nur definiert werden über die Beziehungen, die sie zu anderen Zeichen innerhalb des Systems haben.[3] Das mag auf den ersten Blick etwas kompliziert wirken und tatsächlich scheint den frühesten Lesern all dies recht unverständlich gewesen zu sein. Dies hängt zum Teil wohl damit zusammen, dass Saussure leider früh starb und sein 1916 posthum veröffentlichter *Cours de linguistique générale* (im Folgenden sowohl im Fließtext als auch in den Fußnoten als CLG abgekürzt oder als *Cours* bezeichnet) – jenes umfassende sprachwissenschaftliche

---

1 Bachmann-Medick, Doris. Cultural Turns. Neuorientierungen in den Kulturwissenschaften (Reihe: rowohlts enzyklopädie). Rowohlt Taschenbuch Verlag (Reinbek bei Hamburg 2006, 2. Auflage 2007), S. 16.

2 Holdcroft, David. Saussure: signs, system, and arbitrariness (series: Modern European philosophy). Cambridge University Press (Cambridge, UK 1991), S. 1–3.

3 Holdcroft. Saussure, 1–3 und Saussure, Ferdinand de. Cours de linguistique générale (herausgegeben von Charles Bally und Albert Sechehaye in Zusammenarbeit mit Albert Riedlinger). Payot (Paris 1916; Ausgabe von Payot & Rivages 1995, basierend auf der Version von 1967 mit Kommentaren und Anmerkungen von Tullio de Mauro), S. 66.

Werk, auf das sich in den folgenden Jahrzehnten so viele berufen werden – nicht von Saussure selbst verfasst und editiert wurde, sondern eine Rekonstruktion studentischer Mitschriften ist. Die Aufgabe, der sich die beiden Herausgeber Charles Bally (1865–1947) und Albert Sechehaye (1870–1946) dabei stellten, war gewiss keine einfache, jedoch trug ihre Aufbereitung von Saussures Gedanken und Ausführungen letztlich kaum zum besseren Verständnis bei – im Gegenteil.[4] Auf einige der daraus resultierenden Fehlschlüsse werden wir in den folgenden Kapiteln näher eingehen.

Um darzulegen, wie sich die Begriffe aus unserer Nussschale – arbiträr, assoziativ und konventionell – gegenseitig erklären, beginnen wir mit einem Dreh- und Angelpunkt der saussureschen Definition von Sprache: *arbiträr/Arbitrarität.* Gerade dieser Begriff wurde von späteren Autoren leider gerne missverstanden oder als Dogma wahrgenommen, da er im CLG zu Anfang wie eine unverrückbare Grundannahme wirkt. Der aufmerksame, wohlwollende Leser hätte viele logische Zusammenhänge, wie sie später in Saussures nachgelassenen Schriften erläutert werden, allerdings auch selbst finden können.[5] *Arbiträr* bedeutet hier nämlich nicht *zufällig*, wie im alltäglichen Sprachgebrauch. Was ist an der Sprache also genau arbiträr und warum? Die Verbindung des sprachlichen Zeichens zu dem, worauf es referiert, ist arbiträr, die Verbindung zwischen Form und Inhalt also. In der Folge werden wir hier von Referenzen oder Verweisen sprechen, die sprachliche Zeichen erst zu solchen machen. Ein sprachliches Zeichen setzt sich aus zwei Teilen zusammen: Der eine Teil ist das *Bezeichnende*, die Form, die Laut- oder Schriftfolge, was bei Saussure *signifiant* genannt wird, der andere ist das *Bezeichnete*, die Referenz auf den

---

4 Holdcroft. Saussure, S. 1.

5 Engler, Rudolf. The making of the Cours de linguistique générale. In: Carol Sanders (ed.). The Cambridge Companion to Saussure. Cambridge University Press (Cambridge, UK 2004), S. 47–58, hier S. 54.

Inhalt, die bei Saussure *signifié* heißen wird.[6] Die Herausgeber des CLG verwenden hier häufig den ursprünglichen Ausdruck des akustischen Bildes anstatt des von Saussure in späteren Vorlesungen gebrauchten *signifiant*, denn es existieren Laute und Lautfolgen, die gar nichts bezeichnen, und damit sind sie keine sprachlichen Zeichen und demzufolge nicht Gegenstand der Sprachwissenschaft.[7] Beide, Bezeichnendes und Bezeichnetes, gehören zum sprachlichen Zeichen, es handelt sich nicht um außersprachliche Elemente.[8]

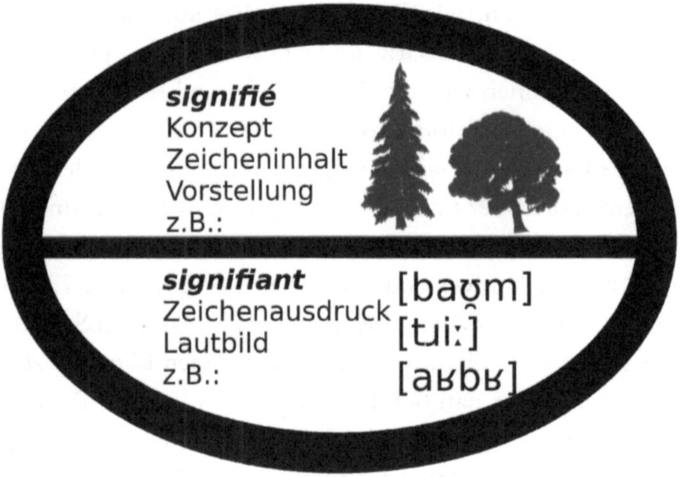

Das sprachliche Zeichen besteht aus zwei Elementen: Die *Form* des Zeichens hat mit dem Referenzobjekt keine Ähnlichkeit. Die *Referenz* ist so ein eigener Bestandteil des Zeichens. Quelle: eigene, dem Original im CLG nachempfundene Illustration der Autoren (siehe Saussures Original: CLG, S. 99).

---

6 Saussure. Cours de linguistique générale, S. 99 f. und S. 67.

7 Holdcroft. Saussure, S. 51.

8 Tallis, Raymond. Not Saussure: A Critique of Post-Saussurean Literary Theory (series: Language, Discourse, Society). The MacMillan Press (London 1988), S. 66 und CLG, ebenfalls S. 66.

Verkürzt kann man sagen: Es gibt eine Form und einen Inhalt, wobei *Inhalt* ungenau ist, da es sich nicht um den Gegenstand handelt, auf den verwiesen wird, sondern um den Verweis selbst, um die Referenz. Nicht das sprachliche Zeichen an sich ist arbiträr, auch nicht die Referenz, sondern die *Verbindung* (!) zwischen diesen beiden. Das bedeutet, dass sie nicht aneinandergekettet sind. Oder anders: Das Wort für Baum sieht nicht aus wie ein Baum und */baum/* hört sich nicht an, wie sich ein Baum anhört. Sprache bildet die Welt in dieser Weise nicht ab. So wie René Magrittes Bild einer Pfeife verkündet: »Das ist keine Pfeife.« (»*Ceci n'est pas une pipe.*«), denn es ist eben keine Pfeife, sondern das Bild einer Pfeife.

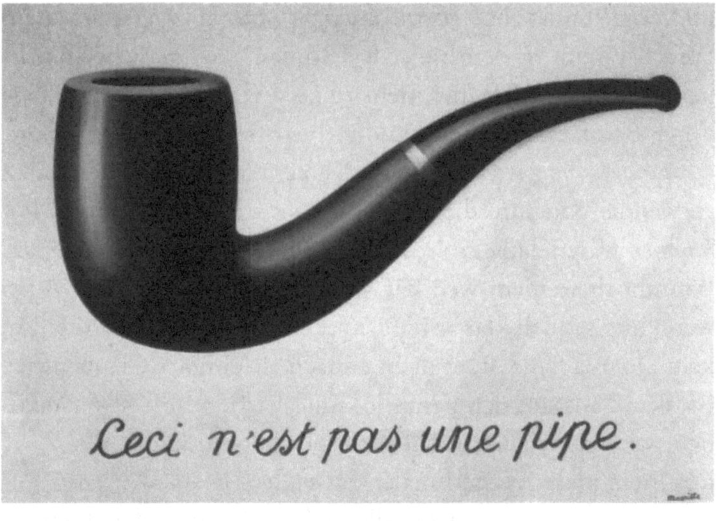

Magritte: Das ist keine Pfeife. Es ist das Bild einer Pfeife. Quelle: https://en.wikipedia.org/wiki/File:MagrittePipe.jpg.

Es hat Ähnlichkeit mit einer Pfeife, aber ein sprachliches Zeichen hat keinerlei Ähnlichkeit mit dem, was es angeblich abbilden soll. Oder anders: Wenn wir 17 000 Jahre alte Höhlenmalereien vor uns haben, erkennen wir zum Beispiel Huftiere.

Diese mögen eine tiefere symbolische Bedeutung für jene, die sie gemalt haben, beinhalten, das Abbild selbst können auch wir noch Jahrtausende später einwandfrei erkennen. Wer sich dagegen einmal an althochdeutschen, gotischen oder gar indogermanischen Textelementen versucht hat, weiß, dass Sprache keine solch simplen Rückschlüsse zulässt.

Wendet nun jemand ein: Aber Lautmalereien wie *Kikeriki* bilden doch genau das ab, worauf sie verweisen, wie kann die Verbindung arbiträr sein? Ist denn das nicht ähnlich genug? Doch auch diese unterscheiden sich in unterschiedlichen Sprachen und der Verweis könnte ebenso gut mit *Cock-a-doodle-doo* erreicht werden. Die Arbitrarität zeigt sich also in der Fülle an Sprachen, die es um den Globus gibt. Sie sind austauschbar und zugleich ist ihre Form, ihr *signifiant*, abhängig von dem Sprachsystem, in dem sie sich befinden. Auf manche sprachlichen Zeichen trifft dies mehr zu als auf andere: Manche, wie unser *Baum*, sind es vollständig, Begriffe wie *einundzwanzig*, *zweiundzwanzig* jedoch sind nach einem Muster gebildet, daher verwendet Saussure die Formulierung »relativ arbiträr«.[9] *Aufbäumen* wäre relativ arbiträr, denn wir wissen, was es bedeutet: Baumhoch werden, weil wir wissen, was ein Baum ist. Auch wenn hier schnell klar wird, dass es sich bei der Arbitrarität um kein Dogma handelt, es nicht einfach ein simpler Glaubenssatz ist, dem Saussure sich kampflos unterwirft, wird erst verständlich, wie das ein Merkmal von Sprache sein kann, wenn wir uns ihren anderen Merkmalen zuwenden. Jenen, die dafür sorgen, dass wir einander trotz aller Arbitrarität verstehen können: Der Assoziation und der Konvention. *Assoziation* ist hier nicht als mäandern in möglichen Interpretationen zu sehen, sondern schlicht als Verknüpfung: Das Bezeichnende wird mit dem Bezeichneten durch Assoziation verbunden. Ein psychologischer Vorgang, wobei Psychologie bei Saussure in jenem breiten

9 Holdcroft. Saussure, S. 55 und CLG, S. 180 und S. 131.

Rahmen verstanden werden muss, der vor etwa einhundert Jahren noch üblich war, nämlich als Bezeichnung für sämtliche Vorgänge im Kopf, und kaum jemand wird abstreiten, dass beim Verwenden und Verstehen von Sprache Vorgänge im Kopf beteiligt sind. Noch genauer wäre hier: Was assoziiert wird, erklärt sich durch den Kontrast zu anderen sprachlichen Zeichen, also zu dem, was ein Zeichen alles nicht bedeutet. Für unsere Zwecke reicht es jedoch, die Assoziation als Verknüpfung wahrzunehmen. Diese Assoziationen sind zudem geformt, erlernt, ein soziales Phänomen, nämlich durch *Konvention*, durch die Übereinkunft von Sprechern einer Sprachgemeinschaft.

Saussure war sich dessen bewusst, dass ein Begriff, der im Großen und Ganzen die gleiche Bedeutung trägt wie ein anderer, auf das Gleiche verweist, dennoch eine abweichende Bedeutung haben kann, ebenso wie gleiche Formen auf durch und durch Unterschiedliches verweisen können:[10] Das Wort *Gaul* und das Wort *Pferd* verweisen auf denselben Inhalt und dennoch bedeuten sie nicht ganz das Gleiche. Wie wir sie verwenden und bewerten, hängt davon ab, wie sie zueinander stehen.[11] Daher gehören beide Teile des Zeichens zur sprachlichen und nicht zur außersprachlichen Welt, denn nur durch ihre Bezüge zueinander können wir sie verstehen.

Diese Bezüge sind erlernt: Im Spracherwerbsprozess erlernen wir die *Konventionen* unserer jeweiligen Sprachgemeinschaft, also welches Zeichen mit welchem Verweis *assoziiert* ist. Wir erlernen Konnotationen, die Beigeschmäcker von Wörtern, kleine Abweichungen in der Bedeutung, welche Worte in unserem Sprachsystem analog zu welchen gebildet werden und vieles mehr, was Einfluss auf Form und Verweis haben kann. Es sind diese erlernten Konventionen, die selbstverständlich gesellschaftlicher Natur sind und die Saussure als »soziales Faktum«

---

10 CLG, S. 100 und S. 67.

11 Holdcroft. Saussure, S. 49.

bezeichnet.[12] Daher bedeutet *arbiträr* auch nicht zufällig, sondern nur, dass es zwischen Bezeichnetem und Bezeichnendem eben *keine natürliche Verbindung* gibt. Arbitrarität bedeutet also nicht, dass der Sprecher Beliebiges verknüpfen kann, denn nur weil etwas potenziell alles bedeuten kann, bedeutet es nicht Beliebiges. Ein Individuum hat nicht die Möglichkeit, eigenmächtig Zeichen zu verändern, sondern eine Assoziation, eine Verbindung, muss in der Sprachgemeinschaft etabliert sein.[13] Die Verbindung des Zeichens ist also a priori arbiträr, aber nicht sobald eine Verbindung hergestellt ist.[14] Ohne Kenntnisse der Konventionen können schlicht von einem Teil des Zeichens keine Rückschlüsse auf den anderen gemacht werden, und wäre dem nicht so, bliebe uns das Erlernen von Fremdsprachen wohl erspart, weil real existierende Bezugsobjekte in allen Sprachen gleich klingen müssten. All diese Dinge stecken also in dem winzigen abstrakten Satz darüber, dass Sprache ein sozial gebildetes System aus Zeichen ist, deren Verbindungen arbiträr, assoziativ und konventionell sind. Für Saussure ist auch klar, dass es ohne Bezeichnetes kein Bezeichnendes gibt und umgekehrt. Dies definiert er, um den Gegenstand der Linguistik einzuschränken: Eine Lautfolge, die auf nichts verweist, die nichts bezeichnet, ist keine Bezeichnung und damit kein sprachliches Zeichen. Und wie soll, wenn das Zeichen fehlt, ein Bezeichnetes gefunden werden? Sie sind nicht voneinander zu trennen.[15] Erst Assoziation und Konvention machen sie zur Sprache. Das Bezeichnete alleine ist also nicht »irgendetwas da draußen«. Das Herz der Sprache ist nicht eine Beziehung zwischen etwas Physischem und bestimmten Lauten, sondern eine innere

12 CLG, S. 112; Holdcroft. Saussure, S. 8 und CLG, S. 21 und S. 6; CLG, S. 31 und S. 14; CLG, S. 112 und S. 77.

13 CLG, S. 101 und S. 68; Holdcroft. Saussure, S. 62; CLG, S. 107 und S. 73.

14 Holdcroft. Saussure, S. 52f; CLG, S. 101 und S. 68; Lévi-Strauss, Claude. Structural Anthropology (translated from the French by Claire Jacobson and Brooke Grundfest Schoepf). Basic Books (New York 1963; French Original 1958), S. 91.

15 Tallis. Not Saussure, S. 88 und CLG, S. 144 und S. 103.

Beziehung zwischen Gegensätzen und Unterschieden in Klang und Bedeutung.[16]

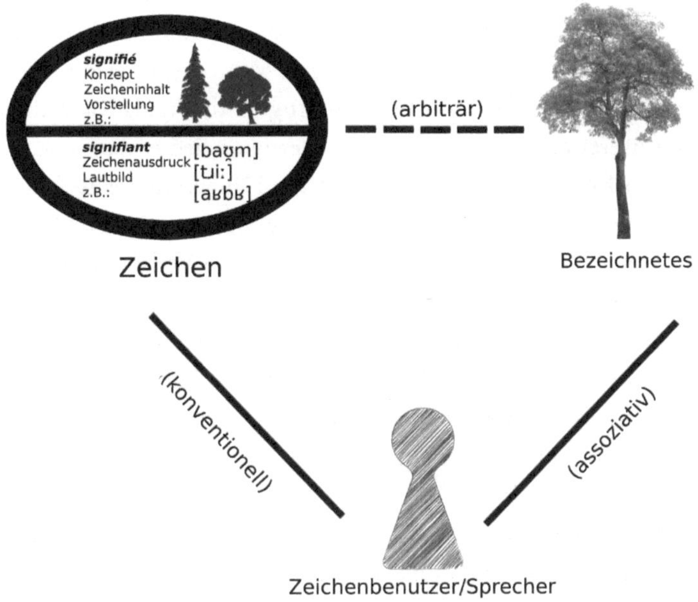

Worauf referiert wird, befindet sich außerhalb des Zeichens. Quelle: Eigene Illustration der Autoren, angelehnt an Linke, Angelika/Nussbaumer, Markus/Portmann, Paul R. Studienbuch Linguistik (5., erweiterte Auflage). Max Niemeyer Verlag (Tübingen 2004), S. 31.

Selbst wenn die Herkunft einzelner sprachlicher Elemente geklärt werden mag, so sind es im Rahmen der Konventionen viele Faktoren, die zu einem Sprachverständnis führen. In den meisten Sprachen dieser Erde klingen beispielsweise die Wörter für *Mama* und *Papa* recht ähnlich. Es stellt sich heraus, dass gerade */m/* und */a/* Laute sind, die, ausgehend von ihrer Bildung

16 Tallis. Not Saussure, S. 67.

im Mundraum, unterschiedlicher nicht sein könnten. Ein Laut mit völlig geschlossenem und einer mit vollkommen geöffnetem Mund, der größtmögliche Gegensatz, den der kindliche Sprechapparat bilden kann, formt Unterschiede im Klang, die das kindliche Gehirn wahrnimmt.[17] Arbiträr im saussureschen Verständnis wäre dies dennoch, denn erst wenn etwas damit assoziiert ist, die Lautfolge zur Bezeichnung wird, wir als Kleinkind eine unserer ersten Konventionen erlernen, wird es zu Sprache. Die Lautfolge könnte auch mit anderen Dingen in der Welt des Kindes assoziiert werden und nicht zwingend mit dem Konzept von *Mutter* oder *Vater*. Ebenso ist diese Verbindung dem Sprechapparat, also einem physiologischen Diktum, unterworfen. Hätte die Evolution es anders mit uns gemeint und wir verfügten über Kehlen wie Papageien, wäre die Lautfolge für unsere ersten Bezugspersonen wahrlich eine andere. Deshalb sind Bezeichnendes und Bezeichnetes ohne einander keine linguistischen Gegenstände.

Bevor wir jedoch das, was wir von unserem Baumbeispiel gelernt haben, nämlich dass *tree*, *arbre* und *Baum* eben nicht aussehen oder sich anhören wie Bäume und keine Abbildungen selbiger sind, einfach für alle weiteren sprachlichen Zeichen unkritisch übernehmen, untersuchen wir, woher Saussure diese Definitionen nahm. Schließlich ist es unsere Aufgabe, skeptisch zu sein, wenn etwas wie ein unhinterfragter und unhinterfragbarer Glaubenssatz wirkt. Tatsächlich ist Saussures Definition dessen, was ein sprachliches Zeichen ist, die Essenz dessen, was man über Sprache durch die Betrachtung von Sprache selbst bis zu diesem Zeitpunkt erforscht hatte. Seine Lehrsätze stehen

---

17 Spracherwerb ist bei allen Kindern oft ähnlich, Konsonanten und Vokale, die einander stark kontrastieren, wechseln ab. Siehe dazu: McWhorter, John. Why ›Mom‹ and ›Dad‹ Sound So Similar in So Many Languages. In: The Atlantic, 12. Oktober 2015. Online: https://www.theatlantic.com/international/archive/2015/10/words-mom-dad-similar-languages/409810/; und Jakobson, Roman. Why »Mama« and »Papa«? In: Jakobson, Roman. Selected Writings, Vol. I: Phonological Studies. Mouton & Co (The Hague 1962), S. 538–545.

nicht im luftleeren Raum, sondern sind Abstraktionen all der großen historischen, also diachronen, sich wiederholenden Muster mit all ihrer Wandlungsfähigkeit.

Sprache wird geformt durch verschiedenste Einflüsse, durch Analogiebildungen, dadurch, dass Laute aufeinander abzufärben scheinen, sich Konnotate ein wenig hierhin und dorthin verschieben und vieles mehr. Arbitrarität ist es, die zulässt, dass es ein ewiges Ziehen und Zerren an Formen und Bedeutung in der Sprache gibt. Dass eine Bedeutung nur innerhalb des Sprachsystems, innerhalb der Struktur einer Sprache, klar werden kann, wird dieser Forschungsrichtung den Namen *Strukturalismus* einbringen – die Bedeutung eines Zeichens wird klar durch die Struktur und die Lehre von Zeichen wird zur Semiotik.

Einflüsse unterschiedlichster Forscher lassen sich in Saussures knappem Werk finden und er wurde oft geradezu reduziert auf einen bloßen Systematisierer.[18] Er zog seine Lehren aus den Unmengen an Schriften und Konvoluten, die gegen Ende des 19. Jahrhunderts entstanden waren, als gerade im deutschsprachigen Raum die historische Spracherforschung ihre Blütezeit hatte. Nachdem der deutsche Sprachforscher Johann Christoph Gottsched (1700–1766), der deutsche Dichter und Übersetzer Johann Gottfried Herder (1744–1803) und die deutschen Sprachwissenschaftler und Volkskundler Jacob (1785–1863) sowie Wilhelm (1786–1859) Grimm gewissermaßen die Germanistik aus der Taufe hoben, wurde die diachrone Sprachbetrachtung fruchtbar: Woher kommt denn eigentlich unsere

18 Einflüsse wie von Georg Wilhelm Friedrich Hegel, Auguste Comte, Wilhelm von Humboldt, Jan Baudouin de Courtenay, Mikołaj Kruszewski, William Dwight Whitney, Hermann Paul, Jost Winteler, Anton Marty, Adolf Noreen, Carl Svedelius, Georg von der Gabelentz, Michel Bréal, Bruno Paulin Gaston Paris und Franz Nikolaus Finck sowie von Nicht-Linguisten wie Émile Durkheim, Adrien Naville, Gabriel Tarde und Marie-Esprit-Léon Walras. Siehe im Detail bei Amsterdamska, Olga. Schools of Thought: The Development of Linguistics from Bopp to Saussure. D. Reidel Publishing (Dordrecht 1987), hier S. 176.

Sprache? Vom Deutschen folgte man den Spuren zurück in das Mittelhochdeutsche, Althochdeutsche, Gotische, Germanische und sogar Indogermanische, aus dem einige Sprachfamilien hervorgegangen sind. Es waren die sogenannten Junggrammatiker, die mit ihrer akribischen Suche nach Regeln, nach dem, wie Sprache entsteht, einen Großteil jener Knochenarbeit verrichteten, auf die Saussure sich stützen konnte. Die Systematisierung half dabei, den Finger in jene Wunden zu legen, die mehr Glaube als Wissenschaft waren: Der Glaube, dass Sprache eine Abbildung der Welt war, hielt sich hartnäckig und findet sich unter anderem in der frühen Phase des österreichischen Philosophen Ludwig Wittgenstein (1889–1951).[19] Eine Grundannahme, die der späte Wittgenstein übrigens in seinem sogenannten *Blauen Buch* stark kritisierte.[20] Aber es existierte auch der Glaube, dass Sprache etwas Natürliches, geradezu Organisches sei, das verschiedene Phasen durchlaufen müsse, wie eine Pflanze oder ähnliche Organismen.[21] Eine Zugangsweise, die bereits die Junggrammatiker ablehnten, denn es war nicht durch sprachliche Nachweise zu belegen und dies war, worum es ihnen ging:[22] Sie nahmen eine Theorie ohne empirische Überprüfung schlicht nicht hin. Auch den Nomenklaturismus, die Aussicht, dass eben jedes »Ding da draußen« einen Namen habe, konnte man nicht am Verhalten sprachlicher Zeichen

---

19 Harris, Roy. Language, Saussure and Wittgenstein. How to Play Games with Words. T. J. Press (Padstow 1988; hier verwendete Ausgabe Routledge 1996), S. 52 (vergleiche mit CLG, S. 108). Viele Sprachphilosophen, die ausschließlich theoretische Zugänge zu Sprache hatten, werden wir in unserem Text nur kurz streifen.

20 Wittgenstein, Ludwig. The Blue and Brown Books. Harper Torchbooks (New York 1965); Bridges, Jason. The Search for »The Essence of Human Language«, in Wittgenstein and Davidson. In: Verheggen, Claudine (ed.). Wittgenstein and Davidson on Language, Thought, and Action. Cambridge University Press (New York 2017), S. 139–158.

21 Holdcroft. Saussure, S. 7 und auch Schleicher, August. Die Darwinsche Theorie und die Sprachwissenschaft. Böhlau (Weimar 1863; 3. Auflage, Weimar 1873), S. 21 und CLG, S. 4 und S. 17.

22 Holdcroft. Saussure, S. 8f und CLG, S. 5 und S. 19.

ablesen: Die Referenz, das *signifié*, ist eben nicht *da draußen*.[23] Wenn dem so wäre, könnten sich doch die Konnotate, negative wie positive, ebenso wenig verändern wie ganze Wortbedeutungen.[24] Bedauerlicherweise waren es gerade die Herausgeber des CLG, denen es schwerfiel, dies zu verstehen, und zwar in einem Ausmaß, dass jene, die im Gegensatz zu ihnen wirklich in den Vorlesungen saßen, über die Maßen enttäuscht waren.[25] Die Herausgeber schienen eher Anhänger des Nomenklaturismus zu sein und präsentieren Arbitrarität so, dass der Begriff noch mit einem Glauben an den »Symbolismus von Sprachklang« vereinbar sein konnte, was später unter anderem vom französischen Philosophen Jacques Derrida (1930–2004) gerechtfertigterweise kritisiert wurde.[26] Jene Punkte, auf die sich die Kritik an Saussure hauptsächlich bezieht, stammen nicht direkt aus seiner Feder: Sie lassen sich weder in seinen nachgelassenen Schriften noch in den Skripten seiner Studenten finden, sondern stammten von den Herausgebern und selbst bei seiner eigenen Inaugurationsrede sagte Bally, einer jener Herausgeber, dass für Saussure Sprache die Schöpfung einer kollektiven Intelligenz sei, ein intellektueller Organismus, was schlichtweg Unfug und bei Saussure nirgendwo zu finden ist.[27] Saussure sagt uns zum Beispiel, dass man, um die genaue Bedeutung eines sprachlichen Zeichens benennen zu können, das Spannungsfeld, in dem es sich zu diesem einen Zeitpunkt befindet, betrachten müsse – eine synchrone anstatt einer diachronen Betrachtungsweise also. Denn nur weil wir wissen, was ein Begriff gestern hieß, wissen wir noch lange nicht, was er morgen bedeuten wird. Dies wurde von den Herausgebern ausgelegt, als hätte

23 Holdcroft. Saussure, S. 12.

24 Ebd., S. 12.

25 Stawarska, Beata. Saussure's Philosophy of Language as Phenomenology: Undoing the Doctrine of the Course in General Linguistics. Oxford University Press (Oxford 2015), S. 193–239.

26 Ebd., S. 25f.

27 Engler. The making of the Cours, S. 53.

er behauptet, Sprache sei statisch,[28] was er mitnichten tut, denn schließlich ist die Wandelbarkeit von Sprache der Ursprung ihrer Arbitrarität und mache sie, laut Saussure, »verwundbar«.[29] Er geht in diesem Zusammenhang sogar so weit, die Sprache als »machtlos« zu bezeichnen gegenüber dieser Wandelbarkeit. Wie wir erkennen, ist dies all jenen entgangen, die Jahrzehnte später deklarieren werden *»Sprache ist Macht«*. Die meisten Kritikpunkte an Saussures Werk konnten ausgeräumt werden, als sein Nachlass wissenschaftlich profund aufgearbeitet wurde. Dabei stellte sich heraus, dass viele seiner vermeintlichen Fehler auf die Arbeit seiner Herausgeber zurückgeführt werden konnten.[30] Einige Formen der polemischen Auseinandersetzung mit Saussures Denken sind allerdings wohl auch Resultat eines zwanghaften Reibens an den Traditionen der Vorgänger und weniger der ernsthaften inhaltlichen Lektüre.

1.2. Hermann Paul und die Junggrammatiker – Neger, Schwarze, PoC?

Anhand dessen, was wir bislang gelernt haben, wissen wir nun über Sprache, dass sie in ihren Bedeutungen und Formen beweglich ist. Es gehört zu den wenigen Aussagen über Sprache, die wir überprüfbar als korrekt bezeichnen können, und es ist der Kern dessen, was die Junggrammatiker im vorletzten Jahrhundert erforscht haben: Wie kann es sein, dass ein Wort wie *Neger* im deutschsprachigen Raum temporär neutral wirken kann, auch wenn es aus einem gewiss nicht neutralen Diskurs kam, es schlicht Menschen dunklerer Hautfarbe bezeichnete und plötzlich zu einem Schimpfwort wird? Ähnlich im Englischen, wo das Wort *Negro* erst vor wenigen Jahrzehnten als

28 Stawarska. Saussure's Philosophy, S. 97.
29 Holdcroft. Saussure, S. 63 und CLG, S. 110 und S. 75.
30 Engler. The making of the Cours, S. 54.

abwertende Bezeichnung zu gelten begann, während allerdings das eindeutig negativ konnotierte Wort *Nigger* stets parallel dazu existiert hat.[31]

Wie kann es sein, dass in beiden Sprachen *Schwarze* und *Blacks* einen negativen Beigeschmack bekommen, der dazu führt, dass auch diese Wörter plötzlich ihre Neutralität verlieren, ebenso wie *Farbige* und *Colored*? In jüngerer Vergangenheit haben die Anglizismen *People of Color* (PoC) beziehungsweise jüngst *Black, Indigenous and People of Color* (BIPoC) Einzug in die deutsche Sprachlandschaft gefunden.[32] Menschen in der Sowjetunion verstanden durchaus, was es bedeutete, dass Weihnachtsbäume nun verboten waren, Neujahrsbäume aber gekauft werden konnten:[33] gar nichts. Nicht einmal das sowjetische Regime wagte es, die religiöse Tradition ganz abzuschaffen, man täuschte mit der Formulierung darüber hinweg.

Den Mechanismus hinter diesem Phänomen nennt man neuerdings »Euphemismustretmühle«:[34] Ein Begriff beginnt als verpönt zu gelten, also soll er nicht mehr verwendet werden; ein anderes, neues Wort nimmt daraufhin – mehr oder weniger erfolgreich – seinen Platz im Netzwerk der Sprache ein. Aber Achtung: Die Konnotate werden nicht durch die Form bestimmt, sondern durch eben diesen Platz. Man könnte sagen: Kontext ist eben wichtig. Nicht nur Bedeutungsverengungen, sondern ebenso Bedeutungserweiterungen können abfällige Begriffe ereilen, wie es zum Beispiel mit dem Begriff *Nazi* passiert ist, der in seiner heutigen inflationären Verwendung im

---

31 King, Martin Luther. The Negro is Part of That Huge Community Who Seek New Freedom in Every Area of Life. In: Challenge, 1. Februar 1959, S. 3.

32 Siehe dazu generell die stark vermehrte Verwendung vor allem des Begriffes BIPoC zum Beispiel in Zeitungen wie *Die Zeit* und *taz* seit 2020.

33 Mehnert, Klaus. Der Sowjetmensch. Versuch eines Porträts nach dreizehn Reisen in die Sowjetunion 1929–1959. Rowohlt (Stuttgart 1967, bearbeitete und erweiterte Neuausgabe), S. 180.

34 Pinker, Steven. The Game of the Name. In: The New York Times, 5. April 1994. Online: https://www.nytimes.com/1994/04/05/opinion/the-game-of-the-name.html.

öffentlichen Diskurs mit den Anhängern des Nationalsozialismus häufig nicht mehr viel zu tun hat.[35] Dass es wohl kaum die Realität sein wird, die sich nach dem Worte biegt, sondern die Wortbedeutung, die sich nach ihrem Platz im Sprachsystem biegt, ist durchaus nichts Neues. Dass dies in unterschiedlichem Ausmaß passieren kann, wissen wir von dem, was am Verhalten von Sprache abzulesen ist, bereits seit 1880, als *Die Prinzipien der Sprachgeschichte* des deutschen Sprachwissenschaftlers und Lexikographen Hermann Otto Theodor Paul (1846–1921) erschien. Ein Buch, das für großen Aufruhr gesorgt hat, denn die Forscher in seinem Umkreis wollten nicht spekulieren, wohin die Sprache, als sei sie ein Organ, sich denn entwickle, sondern was die Regeln ihrer Entwicklung seien, die nicht mit der Idee von Sprache als naturgegebener Entität übereinstimmten – die Regeln des Sprachwandels also.[36] Eine Wissenschaft der Prinzipien, wie Paul es nannte, die nicht eine philosophische Diskussion über die Beschaffenheit von Sprache sein solle, sondern eine empirische Beschreibung der Mechanismen des Sprachgebrauchs und -wandels. Erst davon ausgehend konnte Saussures Diskussion überhaupt Bestand haben, denn um etwas aus der Sprache abzuleiten, musste man sie erst kennen. Nur das, was unveränderbar an der Sprache ist, lässt Rückschlüsse auf ihre Beschaffenheit zu und alles an ihr ist veränderbar, außer ihre Mechanismen.[37] Wie funktioniert dieser Wandel also? In Kapitel »Sprachwandel« geht Paul dem nach.[38] Mit einer gewissen Lockerheit trennt er den Wandel von Lauten und den Wandel

---

35 Pérennec, Marie-Hélène. Nazi-Vergleiche im heutigen politischen Diskurs. Von den Gefahren falscher Analogien. In: Lyon Linguistique Allemande Lylia #16, 2008. Online: https://web.archive.org/web/20140416210555/http://langues.univ-lyon2.fr/sites/langues/IMG/pdf/Perennec_M-H_2008.pdf.

36 Amsterdamska. Schools of Thought, S. 9.

37 Amsterdamska. Schools of Thought, S. 9 und S. 103.

38 Paul, Hermann. Principien der Sprachgeschichte. Halle Druck (Halle an der Saale, 1880; hier verwendete 5. Auflage, 1920). Online: https://www.projekt-gutenberg.org/paulh/prinzip/; hier: https://www.projekt-gutenberg.org/paulh/prinzip/paulka04.html.

von Bedeutung geradezu im saussureschen Sinn: Wenn ein Begriff häufiger verwendet wird, wird er langsam seine ursprünglichen Konnotate verlieren. Ein aus gegenwärtiger Sicht besonders spannendes Beispiel ist das Wort für *Frau*. Ursprünglich bezeichnete *frôwe* nur adelige Frauen und Herrinnen. Es waren die Minnesänger, die auch die übrigen Frauen, denen *frôwe* vorenthalten war und die *wîp* genannt wurden, zu edlen Herrinnen erheben wollten. Und voilà: Eine Verwendung, die sich durchsetzte. *Frau* bezeichnete fürderhin alle Frauen und das Konnotat *adelig* ging verloren.[39] Würden wir jenen, die im Munde führen, dass Sprache ein Abbild der Welt ist, Glauben schenken, dann hätte dieses bessere Wort Einfluss auf die Lebensumstände haben müssen, doch geschichtlich lässt sich keine umfassende, erfolgreiche mittelalterliche Frauenbewegung ausmachen. Die meisten Frauen waren nach wie vor Besitz.[40] Wir werden uns der Verbindung zwischen Gender und Sprache, eben weil es gegenwärtig ein so brennendes Thema ist, das ganze Redaktionen und Universitätsinstitute beschäftigt, in einem eigenen Kapitel detaillierter zuwenden. Dieses Auswaschen von Bedeutung können wir heute daran sehen, dass Begriffe wie zum Beispiel *queer* im Englischen ihre Funktion als Beleidigung langsam abgelegt haben, da sie von Bürgerrechtlern geradezu ostentativ verwendet wurden – um ein negatives Konnotat abzuschütteln, ist eine möglichst häufige Verwendung dieser Form in positivem Kontext vonnöten. Wie häufig diese Verwendung sein muss, um den gewünschten Erfolg zu erzielen, lässt sich jedoch kaum einschätzen.[41] Wie wir am medialen Siegeszug des Grazer Tuntenballs und damit der positiven Verwendung des Begriffs *Tunte* nachvollziehen konnten, dürfte es schwierig sein, jemanden mit

39 Kluge, Friedrich/Götze, Alfred. Etymologisches Wörterbuch der deutschen Sprache. De Gruyter (Berlin/New York 1967, 21. unveränderte Auflage 1975), S. 215.

40 Ebenfalls die meisten Männer, schließlich war die Leibeigenschaft in weiten Teilen Europas noch nicht aufgehoben worden.

41 Stawarska. Saussure's Philosophy, S. 68.

Worten zu beleidigen oder gar zu verletzen, der ebendiese Worte stolz wie eine Monstranz vor sich herträgt: Durch neuen Kontext kommt neue Bedeutung. Fällt ein Konnotat weg, erweitert sich eine Bedeutung. Ein neumodischer Anglizismus dafür lautet *concept creep*,[42] wie zum Beispiel beim Konzept des Triggers als Auslöser bei einem posttraumatischen Stresssyndrom, dessen Verwendung mittlerweile ausgeweitet wurde auf Elemente, die jemanden bloß stören könnten, sei es in Filmen, Serien oder Klassenzimmern. Ein Phänomen, auf das wir in Kapitel 3 näher eingehen werden. Was geschieht jedoch, wenn ein Wort in der Sprachentwicklung verloren geht oder von politischen, religiösen oder gesellschaftlichen Instanzen verboten oder tabuisiert wird? Versuche, Sprache vonseiten der Machthaber zu verändern, gab es schon immer, das Phänomen ist also durchaus kein Novum. Geht hierbei die Bedeutung verloren? Wir wissen, dass Begriffe verloren gehen, wenn, was sie benannt haben, nicht weiter existiert, aber umgekehrt? Das Gegenteil ist der Fall: Das Konnotat wird einfach fröhlich auf die nächste Form aufspringen, die den Platz im Kontext einnimmt, in dem es verwendet wird wie das vorhergehende und dieses ist, wozu seine Bedeutung tendiert.

Absurd scheint es bei der absoluten Vermeidung von Begriffen zu werden, die aber – so wie sie sind – zum eigentlichen Thema werden: zum Beispiel M-Wort (Marginalisierte? Mohr?), N-Wort (Nazi? Neger?).[43] Wer nicht weiß, welche Wörter mit M oder N beginnend gemieden werden sollen, kann bei einer Diskussion darüber ohnehin nur vor einem Rätsel stehen. Wir verweisen hier nur knapp auf die sprachlichen Ideale des

---

42 Henriques, Gregg. The Concept of Concept Creep, 4. Januar 2017. Online: https://www.psychologytoday.com/us/blog/theory-knowledge/201701/the-concept-concept-creep.

43 Siehe zum Beispiel Amani, Enissa. Video: DIE BESTE INSTANZ presented by ENISSA AMANI. Hochgeladen am 9. Februar 2021. Online: https://www.youtube.com/watch?v=r45_9wvbDoA.

englischen Sprachphilosophen Herbert Paul Grice (1913–1988),[44] der nicht nur erkannte, dass der Mensch eben so präzise wie möglich sprechen muss, aber zugleich bequem ist und daher so viel wie möglich weglassen möchte, denn ein wenig maulfaul sind wir doch alle.[45] Kurz gefasst kann man sagen, dass natürlicher Sprachwandel den Effekt von künstlichem Sprachwandel eliminiert und einige Blüten politisch korrekter Sprache untergräbt. Der Mensch hat beispielsweise eine Neigung, schlampig zu sprechen. So kann es oft passieren, dass Menschen, selbst wenn sie konsequent gendern, statt dem korrekten Plural »Die Leserinnen und Leser«, »Die Leserin und Leser« sagen, da Endsilben gerade im Deutschen oft untergehen, verschluckt werden und irgendwann aus dem Sprachgebrauch weichen. Wer denkt heute schon bei *herrje* an *Herr Jesus* oder bei *ojemine* an *Jesu domine*? Wir sagen auch *fünf* statt *finfi*.[46] Wer sich die deut-

44 Grice, H. P. Logic and conversation. In: Cole, P. / Morgan, J. L. (eds.). Syntax & semantics Vol. 3: Speech acts. Academic Press (New York 1975), S. 41–58. Grice arbeitete aus der Kommunikationslogik Richtlinien heraus, wie ein Mensch idealerweise spricht, die im Großen und Ganzen noch heute Bestand haben: Sage nicht mehr oder weniger, als die Konversation benötigt; sage nichts, wovon du glaubst, es sei falsch, oder was du nicht beweisen kannst; sei nicht zweideutig oder obskur, sondern halte dich knapp sowie geordnet und vor allem, sei relevant und trage zur Sache bei. Siehe dazu Feinheiten bei: Brown, P. / Levinson, S. C. Politeness: Some universals in language usage. Cambridge University Press (New York 1987); Green, Georgia M. Pragmatics and Natural Language Understanding. Routledge (New York 1996, 2nd ed.); Holtgraves, Thomas. Language As Social Action. Social Psychology and Language Use. Lawrance Erlbaum Associates (New Jersey 2002) und Sperber, Dan / Wilson, Deirdre. Relevance: Communication and cognition. Harvard University Press (Cambridge, MA 1986).

45 Gerade in Diskussionen um politisch korrekte Sprache wäre es wünschenswert, unnötige Füllungen, Lügen, Ambivalenzen und unklare Interpretationen, wie wir sie mit unseren M- und N-Wörtern oben gezeigt haben, zu eliminieren. Auch würde niemand versuchen, sprachliche Fakten (zum Beispiel »Politische Korrektheit hat nicht den gewünschten Effekt«) mit politischen Argumentationen (zum Beispiel »Politische Korrektheit ist moralisch richtig«) auszuhebeln. Eine Strategie, die nicht funktioniert, sollte man durch eine ersetzen, die funktioniert. Denn das Beharren auf moralische Notwendigkeit, sagt eben nichts über Funktionsweise und Erfolg einer Strategie aus.

46 https://www.projekt-gutenberg.org/paulh/prinzip/paulka03.html §45 *finfi (fünf) herrje (Herr Jesus), jemine (Jesu domine) https://www.projekt-gutenberg.org/paulh/prinzip/paulka09.html §126.

sche Sprache gerade erst aneignet und die Doppelnennung der Geschlechter zuvor nicht wahrgenommen hat, könnte glauben, dass es nur eine Leserin und viele Leser in einem Gebiet gibt – auch hier bildet Sprache die Welt nicht ab. Während Klang oft einzelne Laute beeinflusst und nicht ganze Bedeutungseinheiten, war für die Junggrammatiker klar, dass die Änderung der Form keine Änderung der Bedeutung nach sich ziehen kann.[47] Diese beiden stehen, wie wir bei Paul bereits in der Einleitung sehen, in keinem ursächlichen Zusammenhang.[48] Das Problem, das all die Prinzipien und Gesetze über Sprache stets haben, mit denen die Gegner der Junggrammatiker ihnen vor der Nase wedelten, waren jene Elemente, die sich nicht den allgemeinen Regeln beugten: Warum sind nicht immer alle ähnlichen Laute gleichermaßen betroffen? Warum scheinen manche Worte, wie unser Hahnenschrei im letzten Abschnitt, der außersprachlichen Welt so viel näher zu sein als andere? Warum bilden wir das eine Wort analog zu diesem und nicht wie alle anderen analog zu jenem? Die Junggrammatiker konnten keine Erklärung dazu liefern.[49] Sie erkannten durchaus selbst, dass es sich bei sprachlichen Gesetzmäßigkeiten nicht um allgemein gültige Naturgesetze wie jene der Physik handelt, nannten aber dennoch ihre Gesetze des Sprachwandels »ausnahmslos«.[50] Jedoch war diese »Ausnahmslosigkeit der Lautgesetze« selbst für Paul zeitlich und örtlich begrenzt, weswegen diese linguistischen Regeln eben nicht im Rang eines Naturgesetzes stehen – ein weiteres Argument dafür, dass sprachliche Strukturen eben nichts Naturgegebenes sind.[51] Dieses Problem löst Saussure für

47 Amsterdamska. Schools of Thought, S. 110.

48 Ebd., S. 151 oder https://www.projekt-gutenberg.org/paulh/prinzip/pauleinl.html.

49 Amsterdamska. Schools of Thought, S. 118.

50 Siehe dazu Paul. Principien der Sprachgeschichte, § 46: Über die Gesetzlichkeit von Sprachwandelgesetzen. Online: https://www.projekt-gutenberg.org/paulh/prinzip/paulka03.html.

51 Amsterdamska. Schools of Thought, S. 119.

seine Vorgänger mit seinem Grundsatz der Arbitrarität. Diese Arbitrarität geht so weit, dass Worte, wie wir anhand unserer studentischen Eingangsanekdote gesehen haben, bereits das Gegenteil von dem bedeuten können, was sie ursprünglich bedeuteten – das Ergebnis nennen wir *Ironie*.[52] Gerade im österreichischen Deutsch und speziell in Wien ist es verbreitet, das Wort *Person* als Schimpfwort zu gebrauchen. Ebenso ist eine Anekdote des Aché-Stammes in Paraguay überliefert, wo ein erkrankter Mann zurückgelassen wurde. Die Geier kreisten bereits über ihm – er überlebte allerdings, schaffte es, die Gruppe einzuholen, und wurde fortan liebevoll »Geierschiss« genannt.[53] Einstweilen verwenden vermeintliche Spezialisten das Wort *Person*, anstatt von *Mann* oder *Frau* zu schreiben, um eventuelles unbeabsichtigtes Misgendern oder auch bei Transpersonen spezifisches *deadnaming*, also das falsche Einschätzen des Geschlechts, zu vermeiden.[54] Manchmal bedeuten Worte im Kontext das Gegenteil von dem, was ihre Grundbedeutung, ihr Denotat ausmachen würde. In der Sowjetunion wurde knapp nach der Revolution von den neuen Machthabern der Begriff *Aktivist* im positiven Sinne eingeführt und stand für jemanden, der die proletarische Sache vorantreibt – innerhalb kürzester Zeit entwickelte er sich zu einem Schimpfwort.[55] Gerade von oben herab eingeführte, vermeintlich positive Ausdrücke wandeln

---

52 Paul. Principien der Sprachgeschichte. Online: https://www.projekt-gutenberg.org/paulh/prinzip/paulka04.html.

53 Harari, Yuval Noah. Sapiens. A Brief History of Humankind. Vintage Books (London 2011), S. 59; im englischen Original *»vulture droppings«*.

54 Siehe zum Beispiel Rowohlt Verlag, Inklusive Wortwahl, Buchempfehlung. Online: https://www.rowohlt.de/magazin/empfehlungen/glossar-und-wortwahl-trans-personen und Köhler, Robin. Drittes Geschlecht in der Sprache. Wie rede ich am besten mit Non-Binarys? In: Bayrischer Rundfunk, 22. Juli 2019. Online: https://www.br.de/puls/ansprache-nonbinary-people-100.html.

55 Siehe dazu Platonow, Andrej. Die Baugrube (Neuübersetzung aus dem Russischen von Gabriele Leupold). Suhrkamp Verlag (Berlin 2016), hier S. 89; die abfällige Verwendung des Wortes Aktivist, führt ferner zu einer Anmerkung zur abwertenden Bezeichnung »Musterelement des Aktivisten« bzw. »Handlanger der Avantgarde«.

sich so zum Euphemismus, zur Beschönigung und schließlich zum abwertenden Kommentar. Wenn es etwas gibt, was wir aus Pauls Lehre mitnehmen können, dann ist es, dass Bedeutungswandel mit seiner Arbitrarität, wenn er erzwungen wird, oft nicht das gewünschte Ergebnis liefert. Wie wir heute an Begriffen wie *neue Fachkräfte* oder *Kulturbereicherer*, die durch das Internet geistern, erkennen werden, können sie sogar ins Gegenteil umschlagen.[56]

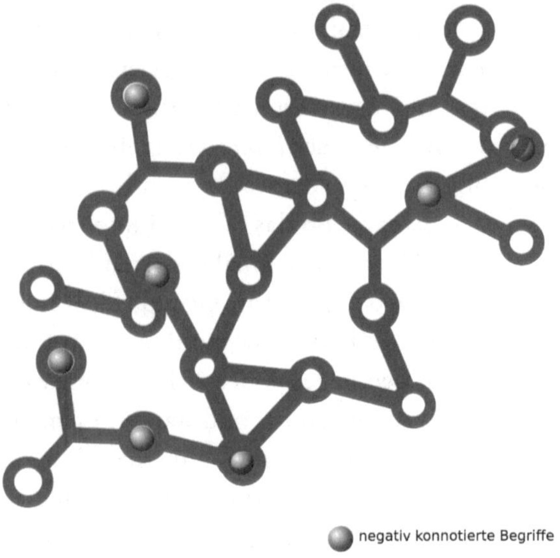

Ein Begriff im Netzwerk seiner Struktur wird durch seinen Platz in der Struktur und damit von anderen Begriffen/sprachlichen Zeichen bestimmt. Quelle: Eigene Illustrationen der Autoren.

56 Siehe dazu die Diskussion zum angeblich nationalsozialistisch belasteten Begriff »Kulturschaffende«: Wurmitzer, Michael. Warum der Begriff »Kulturschaffende« NS-belastet ist. In: Der Standard, 3. April 2021. Online: https://www.derstandard.at/story/2000125574320/warum-der-begriff-kulturschaffende-ns-belastet-ist.

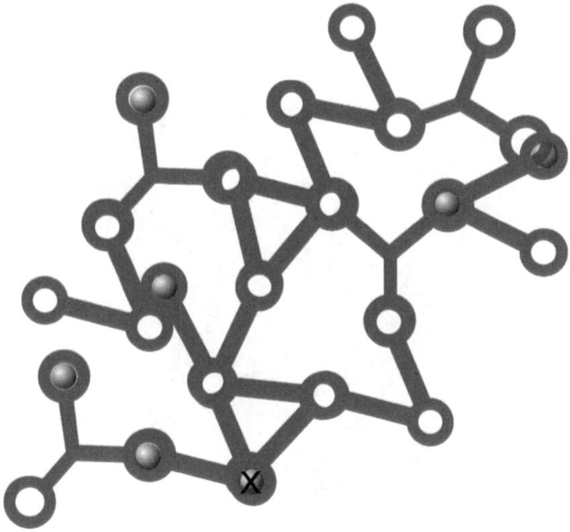

negativ konnotierte Begriffe

Ein negativ aufgeladener Begriff gilt als verpönt oder wird verboten, darf nicht mehr ausgesprochen werden.

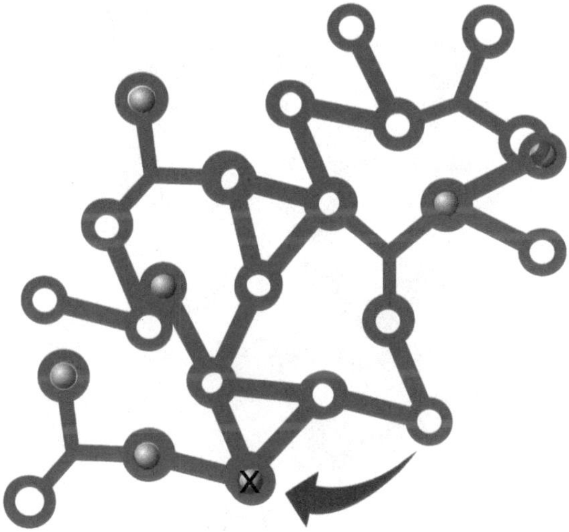

negativ konnotierte Begriffe

Ein neutraler Begriff nimmt seinen Platz ein.

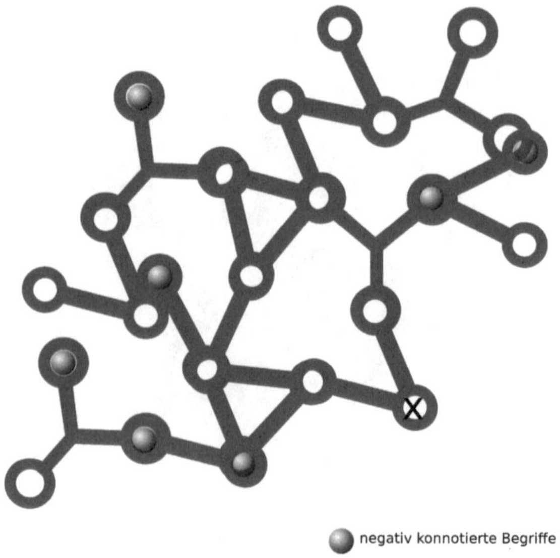

Der neutrale Begriff übernimmt die abwertenden Konnotate des ursprünglichen Begriffes.

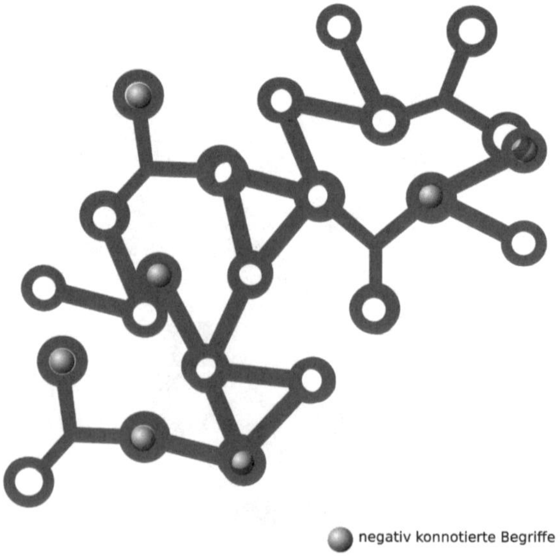

Der neutrale Begriff als solcher geht verloren und verbleibt als negativ konnotierter Begriff.

1.3. Sprachliche Relativität oder: Ist unsere Welt oder unser Denken begrenzt durch Sprache?

Während wir uns in den letzten Abschnitten mit den Ursprüngen der Linguistik selbst befasst haben, werfen wir nun einen Blick in eine Parallelwelt, um uns mit einem weiteren Glauben auseinanderzusetzen: Mit jenem Glauben, dass Sprache die Welt begrenze oder einschränke.

In vielen Sprachen gibt es Ausdrücke, die es im Deutschen nicht gibt. Zum Beispiel hat das Italienische ein Wort für den Flüssigkeitsring, den eine Tasse auf einer Oberfläche hinterlassen kann – *culaccino*[57]. Dass uns im Deutschen dieses Wort fehlt, ändert nichts daran, dass wir den Sachverhalt kennen und mit einem Stück Küchenrolle wegwischen müssen. Jedem Menschen, der solche Elemente in anderen Sprachen kennt, wird schnell klar werden, dass sprachliche Gegebenheiten keinen allzu großen Unterschied machen können, auch wenn die Idee, mit Sprache die Gedanken anderer formen zu können, noch so verführerisch klingen mag. Jemand, der bei solchen Überlegungen besonders hervorsticht, ist der US-Amerikaner Benjamin Lee Whorf (1897–1941), ein Zeitgenosse Wittgensteins – jedoch ohne erkennbare sprachwissenschaftliche Lernkurve.[58] Er ging davon aus, dass eine Kultur, die einen Begriff nicht kennt, auch das nicht kennt, worauf der Begriff referiert. Diese Idee ist nicht in einem Vakuum entstanden, sondern reicht in ähnlicher Form zurück bis Wilhelm von Humboldt und errang an der Yale Universität in den 1930ern erneut Prominenz:[59] Der US-amerikanische Ethnologe Edward Sapir (1884–1939)

57 Siehe https://www.treccani.it/vocabolario/culaccino/.

58 Carroll, John B. (ed.). Language, Thought, and Reality: Selected Writings of Benjamin Lee Whorf. The MIT Press (Cambridge, MA 1956).

59 Deutscher, Guy. Through the Language Glass. Why the World Looks Different in Other Languages. Metropolitan Books (New York 2010).

entwickelte die Theorie, dass die Muttersprache die Wahrnehmung steuere, und meinte gar, dass dies eine Tyrannei der sprachlichen Form über unsere Orientierung in der Welt sei. Zu dem Schluss kam er, weil es für das englische Verb *to fall* kein Äquivalent in der Sprache der Nootka-Indianer (eigentlich *Nuu-chah-nulth*) gibt – man würde dort frei übersetzt, anstatt zu sagen »ein Stein fällt«, die Formulierung »es steint hinunter« gebrauchen. Daraus zu schließen, dass jemand, der die Sprache der Nootka spricht, einen fallenden Stein anders wahrnimmt als wir, ist jedoch zu weit gegriffen. Gleiches kann unterschiedlichen Ausdruck finden, das ist auch bei Saussure klar – eine unumstößliche Gewissheit über den Einfluss der Sprache auf das Denken ist jedoch nicht wissenschaftlich ableitbar. Zumindest hatten exotische Sprachen nun das Interesse der Forschung geweckt oder zumindest das Interesse eines Studenten: Sapir wollte zwar einen Einfluss der Sprache auf das Denken ableiten, welchen genau vermochte er jedoch nicht zu sagen, während Whorf diesbezüglich weniger Vorsicht an den Tag legte.[60] Whorf warf mit großen Behauptungen um sich, wie dass die Muttersprache unsere Gedanken, Wahrnehmungen und sogar Physik und Kosmos beeinflusse. Man fragt sich, ob es zu seiner Zeit in Yale keine Physiker gab, mit denen er das hätte ausfechten können, aber vermutlich lag dies nicht in seinem Interesse – was allerdings darin lag, war, sich einen prominenten Platz in der Forschungslandschaft zu schaffen, indem er zum Beispiel über Hopi (Sprache der Hopituh Shinumu) schrieb, dass es keine Terminologie für Zeit kenne.[61] Wie bedauerlich, dass sich seine Studien darauf beschränkten, nur einen einzigen Sprecher der Hopi, der zufällig in New York lebte, dazu zu befragen.[62]

---

60 Deutscher. Through the Language Glass, Chapter 6, »Crying Whorf«, S. 129–156.

61 Whorf, Benjamin Lee. An American Indian model of the universe (circa 1936). In: Carroll, John B. (ed.). Language, Thought, and Reality: Selected Writings of Benjamin Lee Whorf. The MIT Press (Cambridge, MA 1956), S. 57–64.

62 Deutscher. Through the Language Glass, S. 129–156.

Der deutsch-amerikanische Linguist Ekkehart Malotki (geboren 1938), der Hopi tatsächlich erforschte, hat den whorfschen Sprachmodellanhängern dafür Jahrzehnte später die Hopi-Zeit auf nahezu 700 Seiten um die Ohren geschlagen.[63] Die bekannte Annahme, dass Inuit-Sprachen Hunderte Wörter für Schnee hätten, hat sich ebenso als schlicht unhaltbar herausgestellt – es handelt sich eher um zwei bis vier Wurzeln, aus denen sich alles andere, wenngleich recht komplex, ableitet.[64] Heute ist klar, dass viele von Whorfs Forschungen eher Erfindungen und an den Haaren herbeigezogene Mystifizierungen sind.[65] Der französische Soziologe Pierre Bourdieu (1930–2002), dessen sprachwissenschaftliche Forschung wir später genauer untersuchen, nimmt die whorfschen Schriften für bare Münze und meint, Sprache sei nach Whorf ein Instrument, um die Welt der Objekte zu kennen und zu konstruieren.[66] Die australische Anglistin Dale Spender (1943–2023) geht 1980 in ihrem Buch *Man Made Language* schlichtweg davon aus, dass Whorf richtig liege.[67] Die britische Linguistin Deborah Cameron (geboren

63 Malotki, Ekkehart. Hopi Time: A Linguistic Analysis of the Temporal Concepts in the Hopi Language. Mouton (The Hague 1983). Online: https://books.google.at/books?id=Orpzv3su5twC.

64 Pullum, Geoffrey. (1989) The great Eskimo vocabulary hoax. In: Natural Language and Linguistic Theory 7, 1989, S. 275–281. Wieder abgedruckt in: Gage, John T. (ed.). The Shape of Reason: Argumentative Writing in College. Macmillan Publishing Company (New York 1991, 2nd edition), S. 33–38. Online: http://www.lel.ed.ac.uk/~gpullum/EskimoHoax.pdf; Dorais, Louis-Jacques. The Language of the Inuit. Syntax, Semantics, and Society in the Arctic. McGill-Queen's University Press (Montreal 2010), S. 135f; Fortescue, Michael. West Greenlandic. Croom Helm (Beckenham 1984), S. 366f; Webster, Donald H. / Zibell, Wilfried. Iñupiat Eskimo Dictionary. Summer Institute of Linguistics (Fairbanks, Alaska, 1970), S. 106f; Jacobson, Steven A. Yup'ik Eskimo Dictionary (2 volumes). Alaska Native Language Center (Fairbanks, Alaska 2012; 2nd edition), S. 1198 f.

65 Deutscher. Through the Language Glass, S. 129–156.

66 Bourdieu, Pierre. Language & Symbolic Power (edited by John B. Thompson, translated by Gino Raymond and Matthew Adamson). Polity Press (Cambridge, UK 1991), S. 163 f.

67 Siehe auch: Spender, Dale. Man Made Language. Routledge (London 1980; 2nd edition Pandora, London 1990; hier verwendete Ausgabe von 2008), vor allem S. 163–165.

1958) zitiert noch in den 1990ern in *Feminism and Linguistic Theory* Whorf und Saussure im gleichen Atemzug und schließt unkritisch, dass die beiden wohl kaum einer Meinung gewesen wären, ohne tiefer auf die existierenden Widersprüche einzugehen. Dass Saussures Forschung auf Sprachbeobachtung, Empirie und Fakten basiert, wohingegen Whorfs Schriften zum größten Teil Erfindungen, Wunschdenken und Überinterpretationen beinhalten, scheint sie nicht weiter zu stören.[68] Wiederum andere Autoren behaupten einfach, dass die Linguistik ihr Interesse daran verloren hätte, dieses Thema zu erforschen.[69] Man könnte fast glauben, eine der größten Scharlatanerien der Wissenschaftsgeschichte sei einfach vergessen, obwohl kaum eine Behauptung Whorfs der kritischen Überprüfung standgehalten hat, sei es über Pirahã oder Hopi, Tzeltal oder andere Sprachen.[70] Sprache mit Denken einfach gleichzusetzen erscheint ein zu verführerisch wohlig warmes Nest zu sein, das die wenigsten freiwillig verlassen wollen. Viele Verteidiger politischer Korrektheit hängen diesem Glauben an, der in verschiedenen wissenschaftlichen Disziplinen auftreten kann: Wer sich nicht an Whorf festhält, klammert sich oft an Philosophen, die weit weg von empirischer Forschung so manch einen Postkartenspruch geliefert haben mögen: »Die Grenzen meiner Sprache bedeuten die Grenzen meiner Welt«. So simpel, wie dieser Satz es glauben machen möchte, war Wittgensteins Zugang nicht, wie wir oben bereits bemerkt haben. Vielmehr versuchte er im *Tractatus logico-philosophicus* eine Art mathematische Formel

68 Cameron, Deborah. Feminism and Linguistic Theory. The MacMillan Press (London 1985; 2nd edition, London 1992), S. 194.

69 Posch, Claudia. From Aktieninhaberin to Freakin. The German Suffix '-in' in Context (Dissertation). Institut für Sprachen und Literaturen, Sprachwissenschaft (Innsbruck 2009), 22. Online: https://www.academia.edu/6467065/From_Aktieninhaberin_to_Freakin_The_German_Suffi_x_in_in_Context_Dissertation_2009.

70 Pinker, Steven. The Stuff of Thought. Viking Penguin (New York 2007; hier verwendete Ausgabe: Penguin Books (New York 2008), S. 87f.

von Sprache und Welt zu erschaffen.[71] Vom deutschen Philosophen Georg Wilhelm Friedrich Hegel (1770–1831) stammt der markante Satz »Es ist in Namen, daß wir denken«.[72] Dass sowohl Wittgenstein als auch Hegel, wie große Denker es zu tun pflegen, sich von derlei Falschannahmen in ihren späteren Werken befreiten, Wittgenstein im sogenannten *Blauen Buch*[73] und Hegel in seinen Notizen, die erst posthum veröffentlicht wurden,[74] lässt jene, die sich gerne auf ihre früheren Werke stützen, offenbar kalt, so sie überhaupt mehr Kenntnis von ihnen haben als wohlklingende Slogans. Ebenso scheint es jene, die eine englische Übersetzung Friedrich Nietzsches (1844–1900) heranziehen, nicht zu stören, dass er nicht, wie dort nahegelegt, schrieb »Wir müssen aufhören zu denken, wenn wir es nicht in dem Gefängnis der Sprache tun wollen«, sondern »Wir hören auf zu denken, wenn wir es nicht in dem sprachlichen Zwange thun wollen«.[75] Dass häufig das, was in einem solchen Slogan zu finden ist, nicht ganz so zum Rest des Werkes passen mag, legt nahe, dass eine sorgfältige Auseinandersetzung oft einer ideologischen Agenda den Vortritt lassen musste – einige weitere solche Postkarten- und Jahrbuchsprüche werden uns noch begegnen. Bildet Sprache die Welt also ab? Spiegelt sie sie wider? Oder schränkt sie unser Denken nur durch ihre Grammatik bereits ein? Mitnichten. Natürlich kann man davon ausgehen, dass Sprache Einfluss auf unsere Gedanken haben kann. Die

---

71 Wittgenstein, Ludwig. Tractatus Logico-Philosophicus. Kegan Paul, Trench, Trubner & Co (London 1922, zweisprachige Version), hier vor allem 5.6 bis 6. Online: https://www.gutenberg.org/files/5740/5740-pdf.pdf.

72 Wir inkludieren Hegel hier, obwohl er kein Sprachphilosoph war, denn auch er ist uns in Diskussionen bereits begegnet. Siehe auch: Niegot, Adrian. Es ist in Namen, dass wir denken. Sprache und Denken bei Hegel. In: LINSE (Linguistik-Server Essen). Duisburg-Essen 2004. Online: https://web.archive.org/web/20131228222054/http://www.linse.uni-due.de/linse/esel/pdf/hegel.pdf.

73 Siehe auch Wittgenstein. The Blue and Brown Books; Bridges. The Search for »The Essence of Human Language« in Wittgenstein and Davidson.

74 Siehe auch Niegot. Es ist in Namen, dass wir denken. In: LINSE (Linguistik-Server Essen).

75 Siehe auch Deutscher. Through the Language Glass, S. 146 f.

Inhalte, über die wir sprechen, tun dies gewiss, aber die Form alleine zu ändern wird nicht ausreichend sein zur Verwirklichung sozialer Utopien. Wer dennoch – wider besseres Sprachwissen – stur darauf beharrt, dem sagen wir, wie unser Student zu Beginn: »Ja, bestimmt.«

Was können wir nach unserer Lektüre mit Sicherheit sagen? Erstens, dass, wie es eben in sämtlichen Studien ist, sobald man sich mit Sprache genauer befasst, man primär über eine Sache Kenntnis erhält: Sprache. Wir wissen nun einiges über Sprache, nicht aber über die Gesellschaft und recht wenig über das Denken, das Sprache als Krücke nutzt, sondern über das, wie die Sprache funktioniert. Zweitens haben wir bei der Betrachtung der historischen Ergebnisse der Junggrammatiker, der Strukturalisten und Whorfianer eine weitere Erkenntnis erlangt, deren praktischen Nutzen wir noch nicht einschätzen können: Wir als Kollektiv, als Einzelne ebenso wie als Gruppe, als Sprachgemeinschaft, entscheiden bei jeder Verwendung von Sprache mit, was etwas bedeutet. Denn jedes sprachliche Zeichen kann potenziell alles bedeuten, aber eben doch nicht Beliebiges, denn der Kontext und die Konventionen spielen ihr Spiel mit unserem Verstehen. Sprache bedeutet, was wir ihr beimessen.

1.4. Sprache ist Handeln – lies mal John Austin!

Vermehrt hört man in jüngerer Vergangenheit den Satz »Sprache ist Handeln«. Dies wird oft ohne weitere Erklärungen insbesondere von Akademikern als unverrückbares Faktum präsentiert. Manchmal fällt dann noch zusätzlich der Satz »Dann lies mal John Austin!«.

Eine umfassende Quellenrecherche erlaubt uns diese Abkürzung bedauerlicherweise nicht. Leider bemerken die Wenigsten die Widersprüche zwischen linguistischen Tatsachen und unbewiesenen Theorien, die sie in den Linguistikkursen ihres Philologiestudiums oder in der vergleichenden Sprachwissenschaft, Germanistik, Literaturwissenschaft, Soziologie, Kommunikationswissenschaft, Kulturwissenschaft und den Gender Studies, wo diese Slogans weit verbreitet sind, vernommen haben.[76] Die Wahrheit ist, dass jene, die dies überzeugt unterrichten, es selbst nicht anders gelernt haben, und leider müssen wir nach umfassenden eigenen Recherchen annehmen, dass selbst jene Koryphäen den Fußnoten nicht bis in die saussureschen Untiefen gefolgt sind. Begleiten sie uns auf die Reise, warum wir zu dieser Annahme gekommen sind, und beginnen wir damit, ob denn nun Sprache Handeln ist.

Selten, aber doch fällt im Zusammenhang mit dem Namen des britischen Sprachphilosophen John Austin (1911–1960) der Titel seines Hauptwerkes *How to Do Things with Words*.[77] Fassen wir dieses also kurz zusammen: Sprechakte sind Handlungen durch *Phone*, durch den Klang, der aus dem Mund kommt, und sie sind nicht nur *konstativ*, also beschreibend, sondern sie können (!) auch *performativ* sein, also eine Handlung sein. Sätze können also nicht bloß wahr oder falsch sein, sondern auch etwas in der Welt bewirken. Wenn ein Kind getauft wird, ist der Sprechakt zum Beispiel eine Handlung. Aber auch Statements über die Welt können einer Handlung gleichkommen und dies lässt sich – erinnern wir uns daran, dass dies auf alle sprachlichen Zeichen zutrifft – oft nur am Kontext erkennen. Hierzu arbeitet Austin performative Verben heraus: zum Beispiel *Taufen*,

76 Aus der persönlichen Erfahrung: Wer mögliche Widersprüche zu erkennen meint und Aufklärung suchend nachfragt, bekommt im Unterricht oft Antworten wie »Das gehört jetzt nicht hierher« oder »Dafür haben wir hier keine Zeit« – ja, wann denn dann? Wer sonst soll es uns denn erklären, wenn nicht jene Menschen, die uns im Laufe unseres Studiums mit diesen Slogans konfrontieren?

77 Austin, John Langdon. How to Do Things with Words. The William James Lectures delivered at Harvard University in 1955. Oxford University Press (Oxford 1962).

Kündigen, Danken. Gerade die Unterscheidung zwischen performativ und konstativ bereitete Austin allerdings Kopfzerbrechen: Trifft man zum Beispiel eine Aussage über eine Person wie »Sie sind ein Faschist!«. Handelt es sich um eine Anschuldigung oder eine Feststellung? Wir können es ohne weiteren Kontext nicht beurteilen. Kontexte, die von Austin unermüdlich erwähnten *circumstances,* sind jene, die zur Form führen und darüber Auskunft geben, ob etwas wahr ist, ebenso ob etwas Handeln ist: Umstände, Rezipienten, Zwecke und Absichten machen diese aus.[78] Man kann also konstativ und performativ als Pole einer Skala mit einem Kontinuum der Vermischung in der Mitte sehen. Mit einer Äußerung eine Handlung zu vollziehen steht nicht im Gegensatz dazu, dass man mit der Äußerung etwas über die Welt aussagt. Ebenso rein beschreibend wirkende Sätze können dementsprechend Handlungen sein. Austin richtete sich in seiner Forschung nach dem, was im Alltag erkennbar ist, und dieser Komplex aus Sprache und Handeln umfasst mehrere Teile. Zum einen gibt es einen »Äußerungsakt«, *the act of phones,* der aus Lauten, Wortformen und Sätzen besteht. Dieser kann ästhetisch beurteilt werden, jedoch nicht weiter. Hier trennt Austin zwischen der Form und allen anderen Teilen eines Sprechaktes, wie wir es bereits von Saussure kennen. Was uns in unserer Lektüre auffällt, ist, dass die Form einen ganz besonderen Platz in jeder Theorie über Sprache und Kommunikation hat, schließlich kann nur sie, die konkrete Ausformung, erforscht werden. Zum anderen gibt es den »propositionalen Akt«, dieser kann wahr oder falsch sein. Anschließend folgt das, was bei Austin die »Illokution« ist – diese ist abhängig von der Absicht des Sprechers und sie kann glücken oder nicht glücken.

78 Austin. How to Do Things with Words, S. 144: »It is essential to realize that ›true‹ and ›false‹, like ›free‹ and ›unfree‹, do not stand for anything simple at all; but only for a general dimension of being a right or proper thing to say as opposed to a wrong thing, in these circumstances, to this audience, for these purposes and with these intentions.«

Die »Perlokution«, als letzter Teilbereich, ist schließlich der Versuch der Einflussnahme, jener Zweck, der die beabsichtigte Reaktion des Hörers beinhaltet und der erfolgreich oder nicht erfolgreich sein kann. All diese Elemente müssen ineinandergreifen, damit Sprache wirklich zum Handeln wird, und auf dem Weg dorthin kann vieles schiefgehen. Denn wenn eine Illokution nicht glückt, eine Perlokution nicht klappt – ja, dann haben wir am Ende eben keine geglückte Handlung, auch wenn gesprochen wurde.

Natürlich gibt es auch hier Feinheiten, von denen wir später noch auf einige wenige stoßen werden. Es wird jedoch klar, dass Sprache nicht automatisch immer Handeln ist: Was wäre zum Beispiel, wenn jemand mit sich selbst spricht? Wenn es niemanden gibt, an den eine Intention gerichtet ist? Man müsste schon Vertreter der unwissenschaftlichsten Lesart des Schmetterlingseffekts (*butterfly effect*) sein, um zu glauben, dass dies einen großen Handlungswert habe.

Heute ist, was aus der Forschung Austins hervorging, ein großer Teilbereich der Linguistik: die Pragmatik. Weiterentwickelt vom US-amerikanischen Sprachphilosophen John Rogers Searle (geboren 1932),[79] einem seiner Schüler, dem wir später wieder begegnen werden, finden sich Begriffe wie Performanz in unzähligen Schriften vieler Forscher, die Sprechakte analysiert haben. Wie wir ebenfalls sehen werden, entdecken wir sie zudem in vielen Texten sogenannter Forscher, die die Empirie gemieden haben wie der Teufel das Weihwasser. Daran können wir erkennen, dass die Frage, ob Sprache nun Handeln sei, keine gar so einfach zu beantwortende ist – nichts, was man einfach so deklarieren könne und dem sich nun alle zu beugen hätten. Wäre die Sache so einfach, hätte Austin wohl kaum Jahrzehnte

79 Searle, John R. Speech Acts: An Essay in the Philosophy of Language. Cambridge University Press (Cambridge, UK 1969).

seines Lebens mit der Überlegung zugebracht, was Sprache und Handeln unterscheidet und eint.

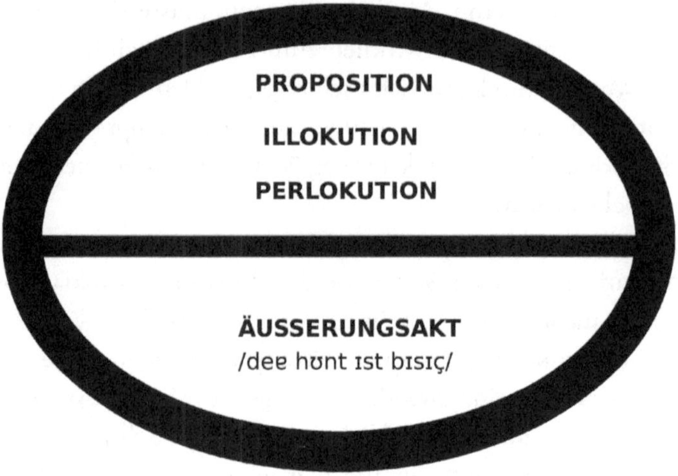

Einordnung der Teilakte der Sprechakttheorie in die Bestandteile des Zeichens. Quelle: Eigene Illustration der Autoren.

Politisch korrekte Sprache hat hier ein weiteres Problem – die Form hat einen eigenen Platz bei Austin, mit dem er sich nicht weiter befasst: »Nimm den Köter an die Leine!« hat, streng linguistisch gesprochen, die gleiche Absicht und – falls erfolgreich – den gleichen Effekt wie »Nimm den Hund/das Wauzi/die Töle/das Drecksvieh an die Leine!«. Für Sprachhandeln benötigt man alle Teilakte. Der Sprechakt ändert sich also in der Sprechakttheorie nicht, nur weil ein Begriff durch einen als politisch korrekt geltenden ersetzt wurde oder weil Menschen plötzlich ihr kreatives Potenzial und emotionales Bedürfnis für Umformungen entdeckt haben. Damit wird deutlich, dass Austins Sprechakttheorie nicht dazu dienen kann, politische Korrektheit durchzusetzen. Nur wer Austin nicht gelesen oder nicht verstanden hat, kann derlei mit gutem Gewissen von sich geben. Bei Austin ist die absolute Behauptung, dass Sprache ausnahmslos immer Handeln sei, nicht zu finden und wir können ihm nicht vorwerfen, Mythen produziert zu haben, dazu sind seine Beobachtungen zu differenziert. Wie kommt es also, dass ihm dieser schwarze Peter quasi in die Schuhe geschoben wurde? Eine Frage, der wir uns in den Kapiteln *Sprache ist Macht* und *Sprache ist Gewalt* annähern werden.

	Sprechakt nach John Rogers Searle			
Teilakt:	ÄUS-SERUNGS-AKT	PROPOSI-TIONALER AKT	ILLOKUTI-VER/ILLO-KUTIONÄ-RER AKT	PERLOKU-TIVER/PER-LOKUTIO-NÄRER AKT
Resultat des Teil-aktes:	ÄUSSE-RUNG	PROPOSI-TION	ILLOKU-TION	PERLOKU-TION
Erläute-rung:	Laute Wörter, Sätze	Aussage über die Welt	Hand-lungswert	Zweck/in-tendierte Reaktion des Hörers
Beurtei-lungskri-terien:	gramma-tisch wohl-geformt/ gramma-tisch nicht wohlge-formt	wahr/ falsch	glücken/ nicht glü-cken	erfolgreich sein/nicht erfolgreich sein

<table>
<tr><td></td><td colspan="4">Sprechakt nach John Rogers Searle</td></tr>
<tr><td>Beispiel:</td><td>/deɐ hʊnt ɪst bɪsɪç/

<Der Hund ist bissig|></td><td>bissig (Hund)</td><td>MITTEI-LUNG oder FESTSTEL-LUNG oder WAR-NUNG oder DRO-HUNG oder EMPFEH-LUNG</td><td>Hörer weiß, was Spre-cher weiß. Oder: Hörer lässt von seinem Vorhaben ab. Oder: Hörer kauft den Hund.</td></tr>
</table>

Sprechakt nach Searle. Quelle: Linke/Nussbaumer/Portmann. Studienbuch Linguistik, S. 213.

In Kürze

Ist Sprache eine Abbildung der Welt?

Saussure, Begründer des Strukturalismus, des Betrachtens von Sprache nach ihrer Struktur, gilt als Urvater der modernen Linguistik, da er den Gegenstand der Sprachwissenschaften erstmals ausführlich definiert hat: **Der Gegenstand der Linguistik ist Sprache, ein sozial gebildetes System aus Zeichen, deren Verbindungen arbiträr, assoziativ und konventionell sind.**

Ein sprachliches Zeichen besteht aus zwei Teilen, einer Form (*signifiant*, das Bezeichnende) und einer Referenz auf etwas Außersprachliches (*signifié*, das Bezeichnete). Nicht die Form ist arbiträr, denn sie hängt von vielen sprachlichen Einflüssen ab, und auch nicht der Inhalt, sondern ihre Verbindung. Assoziation ist schlicht die Verknüpfung von Form und Referenz im Kopf des Sprechers, erlernt durch Konventionen der Sprachgemeinschaft.

Einfach ausgedrückt: Das Wort *Baum* hört sich nicht an, wie sich ein Baum anhört, und sieht nicht aus, wie ein Baum aussieht (arbiträr). Aber wir verknüpfen den echten Baum mit der Lautfolge (assoziativ), weil wir es so gelernt haben (konventionell).

Diese Erkenntnisse erarbeitete Saussure anhand der Untersuchungen Pauls und der sogenannten Junggrammatiker. Durch Systematisierung konnten diese nachweisen, dass zwar der Klang oft einzelne Laute, jedoch keine Bedeutungseinheiten beeinflusst. Eine Änderung der Form kann demzufolge keine Änderung der Bedeutung nach sich ziehen, der Verlust von Formen führt nicht zu einem Verlust von Bedeutungen oder Konnotaten, den Beigeschmäckern der Wörter, die von einem Begriff zum anderen wandern können.

Aus Pauls Lehre können wir mitnehmen, dass Bedeutungswandel mit seiner Arbitrarität, wenn er erzwungen wird, oft nicht das gewünschte Ergebnis liefert. Wie sich Sprachen entwickeln, ist höchst unterschiedlich, und Gesetzmäßigkeiten im Sprachwandel gibt es stets nur räumlich und zeitlich begrenzt. Das einzige Gesetz, dem alle Sprachen folgen, selbst wenn sie alle ihre eigenen Regeln haben, ist jenes der Gesetzlosigkeit, der Arbitrarität, wie Saussure sagen würde. Für Saussure war Sprache aufgrund der Arbitrarität wandelbar und dies mache sie »verwundbar« und »machtlos«, da sie in ihren Bedeutungen und Formen beweglich ist.

Eine Sprache zeichnet sich demzufolge dadurch aus, dass sie nicht abbildet, ihre Formen also keine Ähnlichkeit mit dem Objekt haben, auf das sie verweisen. Sie ist ein Referenzsystem. Demzufolge ist Sprache keine Abbildung der Welt. Zudem zeichnet sie sich durch unkontrollierbare Wandelbarkeit aus, stabil und geschützt vor forcierter Willkür und verwundbar durch die Verwendung der Masse.

Lenkt Sprache das Denken?

Wer überzeugt ist, dass Sprache, eben weil sie durch die Gesellschaft erlernt sei, auch das Denken und die Wahrnehmung lenke, dass zum Beispiel Inuit-Sprachen Hunderte Wörter für Schnee haben oder Hopi keine Wörter für Zeit, und deshalb folglich die Sprache das Denken lenke, dem muss man traurigerweise mitteilen, dass der Verfasser dieser romantischen Vorstellung fremder Kulturen, Whorf, gerade die aufregenden Teile seiner **Studien erfunden** hat.

Die rein philosophische Ebene betreffend: Selbst Wittgenstein und Hegel gingen auf die Überlegung ein, ob Sprache das Denken beeinflusse, entfernten sich jedoch später wieder davon. Dass Sprache einen Einfluss auf das Denken hat, halten wir für durchaus plausibel, jedoch scheint diese Leistung von Sprache nicht in ihren Formen, sondern in ihren Inhalten zu liegen. Denn ein Einfluss der Form konnte durch jene Gelehrte nicht bewiesen werden. Auf modernere Forscher und ihre entsprechenden empirischen Daten, in denen es um den Nachweis des Einflusses der Struktur von Sprache auf das Denken geht, kommen wir später zu sprechen.

Ist Sprache Handeln?

Dass Sprache Handeln sei, wird oft nur mit dem Namen Austin begründet. Was hat er jedoch wirklich geschrieben?

Sprechakte sind Handlungen durch Phone, durch den Klang, der aus dem Mund kommt, und sie sind nicht nur *konstativ*, also beschreibend, sondern sie können (!) auch *performativ* sein, also eine Handlung. Sätze können nicht nur wahr oder falsch sein, sondern können auch etwas in der Welt bewirken.

Ohne Kontext lässt sich bei Austin gar nicht beurteilen, ob und welche Art von Handlung eine sprachliche Äußerung ist. Man braucht schließlich viele Teilakte, um einen Handlungsakt zu bekommen:

- Der Äußerungsakt, die Form, die nur ästhetisch beurteilt werden kann.
- Der propositionale Akt, die Aussage über die Welt, die wahr oder falsch sein kann.
- Der illokutive Akt, die Absicht des Sprechers, die glücken oder nicht glücken kann.
- Die Perlokution, die Auswirkung auf die Welt, die erfolgreich oder nicht erfolgreich sein kann.

Hier wird klar, dass Sprache nicht immer Handeln ist, denn all diese Teilakte müssen dazu erfolgreich sein. Konstativ und performativ sind damit eher die Pole einer Skala mit einem Kontinuum der Vermischung in der Mitte. Durch Austin und seinen Schüler Searle wurde damit die linguistische Richtung der Pragmatik aus der Taufe gehoben und der Begriff der Performanz, der auf die Sprechakttheorie zurückgeht, begegnet uns heute in vielen Studienrichtungen.

Einfach ausgedrückt: Damit Sprache auch Handeln ist, braucht sie zuerst eine sprachliche Äußerung, die entweder wahr oder falsch sein kann, mit der der Sprecher zu handeln beabsichtigt und die eine Auswirkung auf die Welt hat. Sonst ist Sprache kein Handeln.

Was wir über Sprache gelernt haben: Jedes sprachliche Zeichen kann potenziell alles bedeuten, aber doch nicht Beliebiges, denn Kontext und Konventionen spielen ihr Spiel mit unserem Verstehen.

II | Sprache ist Macht – und die Franzosen sind Theoretiker

What does his lucid explanation amount to but this, that in theory there is no difference between theory and practice, while in practice there is?

Benjamin Brewster,
The Yale Literary Magazine Volume 47, Number 5,
February 1882

2.1. Über die Diskursmacht

Häufig begegnen uns in Artikeln und Diskussionen um das, was angeblich gesagt werden darf, französische Namen, verknüpft mit dem Slogan »Sprache ist Macht«[1]. Hierbei handelt es sich nicht mehr um rigorose Forschung, die an Unmengen von Beispielen, wie sie Saussure dank Paul und der Junggrammatikerbewegung zur Verfügung hatte oder um die nie enden wollende Analyse von Sprechakten, wie Austin und Searle sie akribisch zusammensuchten, zeigt, wie Dinge sich verhalten. Vielmehr handelt es sich um Theorien, die niemals einer

1 Zum Beispiel hier: Fischer, Judith. Weil Sprache Macht ist: 3 Gründe, wieso wir eine gendergerechte Sprache brauchen! In: Elle, 21. März 2021. Online: https://www.elle.de/feminismus-gendergerechte-sprache.

empirischen Prüfung unterzogen wurden. Hier kann man natürlich fragen, welche Rechtfertigung eine Forschung hat, die nicht *zeigt*, sondern *behauptet*, die nicht Annahmen testet, bis klar ist, ob sie wahr oder falsch sind. Deshalb kann jeder Leser über die Schlüssigkeit dieser Theorien in den nächsten Abschnitten selbst entscheiden. Einige der Ideen, die mit diesen Namen verbunden werden, dürften zudem schwierig bis gar nicht überprüfbar sein. Die Theoretiker, über die wir nun sprechen, werden heute Poststrukturalisten genannt, da sie nach dem Strukturalismus kamen beziehungsweise diesen kritisierten und sich von ihm lösten. Die Rezeption des *Cours de linguistique générale* (CLG) durch diese Theoretiker gilt als erster großer Schritt in der vermeintlich von Saussure ausgelösten linguistischen Wende und wir werden zeigen, wie viel Linguistik und wie viel Wende darin tatsächlich enthalten waren.

Der Ursprung einer breiten Rezeption Saussures in jenen Richtungen, aus denen diese Theoretiker kamen, ist bereits bei Claude Lévi-Strauss (1908–2009) zu finden. Ein französischer Ethnologe, der sich durch die saussuresche Aussage, dass Sprache eben ein soziales Faktum sei, dazu hinreißen lässt, die Lehre von den Zeichen als soziologische Aufgabe zu betrachten, da er bei seiner Lektüre darauf stößt, dass diese Semiologie die Zeichen innerhalb einer Gesellschaft analysieren könne. Der aufmerksame Leser wird hier nun sagen: Ja, wo denn sonst? Außerhalb der Gesellschaft dürfte dies wohl kaum möglich sein. In den Fußnoten geht er sogar so weit zu sagen, dass Saussure sich unter die Fittiche der Soziologie begeben hätte.[2] Dennoch war sich Lévi-Strauss im Gegensatz zu jenen, die ihm nachfolgten, durchaus bewusst, dass einiges im CLG eher von den Herausgebern denn von Saussure stammte und dies

2 Lévi-Strauss. Structural Anthropology, S. 82, Fußnote (FN) 7.

zu Fehleinschätzungen führte.[3] Er hielt die Linguistik für die erste »richtige Wissenschaft« der sozialen Wissenschaften, die Gesetzmäßigkeiten zeigte, wie es sonst nur die Naturwissenschaften konnten, und träumte davon, dass die Soziologie an diesem Vorbild – denn auch in der Gesellschaft hingen die Gegebenheiten voneinander ab, so wie eben sprachliche Zeichen voneinander abhängen – eine Methodik und Prinzipien entwickeln würde wie die Prinzipien Saussures.[4] Daraufhin erging Lévi-Strauss sich in Interpretationen, nicht nur von Begriffen, sondern auch von gesellschaftlichen Strukturen, und wurde zum Begründer der strukturalistischen Anthropologie. Er ist zudem der Vorreiter eines französischen Philosophen,[5] der oft genannt wird im Zusammenhang mit dem Slogan *Sprache ist Macht* – Michel Foucault.

Wer war also Michel Foucault (1926–1984) und warum soll Sprache nun Macht sein? Er studierte Philosophie sowie Psychologie und entwickelte das Konzept der Diskursanalyse. Diskurs sei die Menge an Aussagen, die systematisch die Gegenstände bilden würden, von denen sie sprechen.[6] Betrachten wir dies genauer: Diese Diskurse, also alles, was zu einem Thema an

---

3 Stawarska. Saussure's Philosophy of Language as Phenomenology, S. 250. Siehe dazu Stawarskas Verweis auf S. 250 auf das Original: »Levi-Strauss is more attuned to the editorial complexity surrounding Saussure's work. In his discussion of the distinction between the synchronic and diachronic, he acknowledges that »the recent documents show that the master's thought has at times been forced and schematized by the editors of the Course« (Levi-Strauss, 1983 [1976], p. 16). The assumed opposition between synchrony and diachrony may be a result of the editors' work […]«.

4 Lévi-Strauss. Structural Anthropology, S. 31, FN 7.

5 Lavagno, Christian. Michel Foucault: Ethnologie der eigenen Kultur. In: Moebius, Stephan / Quadflieg, Dirk (Hg.). Kultur. Theorien der Gegenwart. VS Verlag für Sozialwissenschaften (Wiesbaden 2006), S. 42–51, hier S. 49.

6 Keller, Reiner. Michel Foucault. In: Kaesler, Dirk (Hg.). Aktuelle Theorien der Soziologie. Von Shmuel N. Eisenstadt bis zur Postmoderne. C.H. Beck (München 2005), S. 104–126, hier S. 113. Er verweist auf Michel Foucault im Original: Foucault, Michel. L'archéologie du savoir. Gallimard (Paris 1969). Verwendete/referenzierte deutsche Ausgabe: Archäologie des Wissens. Suhrkamp (Frankfurt am Main 1988).

sprachlichen Äußerungen existiert, seien strukturierte und damit auch strukturierende kommunikative Praxis.[7] Ein Gewebe aus Denken, Wahrnehmung, Handeln und Kommunikation.[8] Foucault liest also Saussure und dessen Erkenntnis, dass Zeichen ihre Bedeutung aus der Struktur, aus den Beziehungen zueinander erhalten und nicht die außersprachliche Realität abbilden. So weit, so gut, so weit, so richtig.[9]

Der Diskursanalyse legt bei Foucault die Annahme zugrunde, dass kommunikative Prozesse einen entscheidenden Anteil an der sozialen Konstitution der Welt haben.[10] Man könnte es so formulieren: Was wir in einer Gesellschaft für wahr halten und was nicht, hängt ab vom Diskurs, davon, welche Aussagen im Diskurs zu einem bestimmten Sachverhalt getroffen werden. Wie zum Beispiel die Aussage, dass Sprache dieses, jenes oder sonst etwas sei. Forschungen, die das Wort »Diskurs« im Namen führen, befassen sich zum Beispiel damit, wie die Produktion gesellschaftlich akzeptierten Wissens vor sich geht oder mit politischen Deutungs- und Aushandlungsprozessen.[11] Heute wird der Begriff oft verwendet im Sinne einer Herstellung von öffentlicher Meinung, für Diskussion, Debatte oder fachliche Auseinandersetzung.[12]

Woraus setzt sich der Diskurs bei Foucault zusammen? Was sind die Teilelemente? Woraus besteht Diskurs bei Foucault?

---

7 Ullrich, Peter. Diskursanalyse, Diskursforschung, Diskurstheorie. Ein- und Überblick. In: Freikamp, Ulrike/Leanza, Matthias/Mende, Janne/Müller, Stefan/Ullrich, Peter/Voß, Heinz-Jürgen (Hg.). Kritik mit Methode? Forschungsmethoden und Gesellschaftskritik (Rosa-Luxemburg-Stiftung Texte 42). Karl Dietz Verlag Berlin (Berlin 2008), S. 19–32, hier S. 21.

8 Foucault, Michel. Archäologie des Wissens (1995). Französisches Original: Foucault, Michel. L'archéologie du savoir. Gallimard (Paris 1973) und Foucault, Michel. Die Ordnung des Diskurses. Fischer Taschenbuch (Frankfurt am Main 1991, 16. Auflage; französisches Original: Foucault, Michel. L'ordre du discours. Gallimard (Paris 1971)).

9 Ullrich. Diskursanalyse, Diskursforschung, Diskurstheorie, S. 20.

10 Ebd., S. 19.

11 Ebd., S. 19.

12 Ebd., S. 23.

Laut ihm setzt sich der Diskurs aus einer Menge von Zeichenfolgen zusammen, insoweit sie Aussagen sind.[13] Eine wichtige Unterscheidung, die er in seinem Text trifft: Eine Zeichenfolge ist noch keine Aussage[14] und eine Aussage bei einer einheitlichen Gruppierung von Zeichen zu suchen sei nutzlos. Weder Syntagma noch Konstruktionsregeln oder kanonische Form machen den Inhalt aus.[15] Eine Information kann mit anderen Wörtern vereinfachter Syntax oder kodiert übertragen werden. Sofern der informative Inhalt und die Verwendungsmöglichkeiten dieselben sind, kann man von der gleichen Aussage sprechen.[16] Eine Analyse des Diskurses analysiert also nicht die Formen der Sprache, sondern meint eine Exegese des Diskurses,[17] die Fragestellungen erfordert wie: Wer spricht und inwiefern verfügen die sprechenden Individuen über diese Art von Sprache? Was sind die institutionellen Plätze dieser Sprache? Welche Position in diesen Plätzen hat das sprechende Subjekt?[18]

Foucault mäandert in der Sprachwissenschaftsgeschichte umher, gibt theoretische Ansätze, so widersprüchlich sie auch sein mögen, wieder: Einmal ist Sprache Repräsentation von Denken, einmal Denken selbst[19] und dann wieder nur leere Hülle[20] oder gar der Ursprung dessen, was man tut oder erleidet[21]. Dies tut er nicht, um zu zeigen, dass Sprache allmächtig sei, sondern um den Diskurs der Sprachwissenschaft nachzuvollziehen.[22] Nicht die Sprache habe die Kultur dahingehend beeinflusst, gewisse Ansichten zu Sprache zu haben, sondern

---

13 Foucault, Michel. Die Hauptwerke. Suhrkamp Verlag (Frankfurt am Main 2008), S. 588 (alle Zitate dieses Absatzes aus »Archäologie des Wissens«).

14 Ebd., S. 563.

15 Ebd., S. 566.

16 Ebd., S. 585.

17 Ebd., S. 588.

18 Ebd., S. 527–529.

19 Ebd., S. 118 (alle Zitate dieses Absatzes aus Die Ordnung der Dinge).

20 Ebd., S. 129.

21 Ebd., S. 354.

22 Ebd., S. 361.

tiefgreifende Veränderungen in der Gesellschaft führten dazu, Repräsentation und Sein gleichzusetzen.[23] Auch Grammatik ist bei Foucault Repräsentation, jedoch Repräsentation dessen, was Sprache sein kann, nicht die Repräsentation der Gesellschaft.[24] Der kulturellen Ordnung und ihren Modalitäten verdankten die Wörter ihre Verkettung und ihren Zeichenwert.[25] Nicht umgekehrt. Er bezieht sich jedoch kaum auf Saussure, erwähnt lediglich, dass dieser die binäre Natur des Zeichens entdeckt habe, ohne ihn jedoch zu zitieren[26] und ohne sich mit Arbitrarität zu befassen – Foucault scheint sich hier nicht festlegen zu wollen: Sprache kann bei ihm arbiträr sein oder auch nicht.[27]

Das sind die sprachtheoretischen Bezüge der Behauptung »*Sprache ist Macht*«. Richtiger müsste es heißen »*Diskurs ist Macht*« und auch das ist höchst ungenau, denn nicht jede Aussage in jedem Diskurs ist von gleicher Relevanz, deshalb haben nicht alle Teilnehmer eines Diskurses gleichermaßen an dieser Macht teil. Diskursanalysen können es niemals leisten, sämtliche Aussagen zu einer Thematik erschöpfend zu analysieren, gerade heute, wenn es, dank digitaler sozialer Medien und Nachrichtenforen, einfacher möglich ist, sich zu einer Thematik öffentlich zu äußern als je zuvor.

Was ist aber nun genau mit Macht gemeint? Bei Foucault ist es der Name, den man einer komplexen strategischen Situation in einer Gesellschaft gibt.[28] Niemand würde sagen: Sprache ist eine komplexe strategische Situation in der Gesellschaft. Wir sehen, dass sich hier etwas sperrt. Wie soll diese komplexe

23 Ebd., S. 289.
24 Ebd., S. 121.
25 Ebd., S. 28.
26 Ebd., S. 106.
27 Ebd., S. 106.
28 Foucault, Michel. Sexualität und Wahrheit. Erster Band: Der Wille zum Wissen. Suhrkamp (Frankfurt am Main 1978; hier verwendete Ausgabe von 1989; französisches Original: Foucault, Michel. Histoire de la sexualité, I : La volonté de savoir. Gallimard (Paris 1976)), S. 113 f.

strategische Situation also aussehen? Ein Gefüge aus Wirkbeziehungen zwischen Personen oder Gruppen (nicht jedoch zwischen Individuen) aus Handlungen, die andere verändern.[29] Macht ist damit eine Kombination aus Handlungen zwischen Gruppen. Probieren wir diese Definition also an unserem Slogan aus: Sprache ist eine Kombination aus Handlungen zwischen Gruppen. Da, wie wir im letzten Kapitel gesehen haben, Sprache nicht immer Handeln sein muss, kann Sprache wohl auch nicht immer Macht sein, nicht wahr? Versuchen wir es noch einmal: Diskurs ist eine Kombination aus Handlungen zwischen Gruppen. Auch hier hakt es, da der Fokus der Definitionen des Diskurses stets auf den Aussagen und damit sprachlichen Äußerungen liegt. Wir merken also, dass dieser Slogan nicht einfach eine Verkürzung der Arbeit Foucaults darstellt, sondern eine Verzerrung ist.

Wir können nur staunen über die Slogans, die bestimmten Theoretikern zugeordnet werden. Wie verhalten sich Sprache und Macht wirklich bei Foucault? Eine Aussage ist für ihn nicht nur eine Information, eine konstative Aussage, sondern zeigt die Regeln und Bedingungen eines Diskurses. Diese Regeln bestimmen die Konstruktion von Wahrheitsansprüchen und Wissen. Ein dominanter Diskurs sei mächtig, denn er entscheidet darüber, was als wahr gelten kann, gebunden an einen bestimmten Ort und eine bestimmte Zeit – dies trifft ebenso zu, wenn er nicht mit der Realität einhergeht.[30] Zum Beispiel

---

29 Keller. Michel Foucault, S. 115. Verweis zu Foucault, Michel. Nachwort von Michel Foucault »Das Subjekt und die Macht«. In: Dreyfus, Hubert L./Rabinow, Paul. Michel Foucault. Jenseits von Strukturalismus und Hermeneutik (übersetzt von Claus Rath und Ulrich Raulff). Beltz Athenäum (Königstein im Taunus 1987; 2. Auflage 1994; englisches Original: Dreyfus, Hubert L./Rabinow, Paul (eds.). Michel Foucault: Beyond Structuralism and Hermeneutics. University of Chicago Press (Chicago 1982; 2nd edition 1983), S. 243–261, hier S. 254.

30 Pluckrose, Helen/Lindsay, James. Cynical Theories: How Activist Scholarship Made Everything about Race, Gender, and Identity – and Why This Harms Everybody. Pitchstone Publishing (Durham, North Carolina 2020), Chapter 1, »Postmodernism«, S. 21–43.

erfreut sich die Annahme, dass Sprache die Welt abbilde, größter Beliebtheit. Mit der Realität von Sprache hat dies, wie wir bereits gesehen haben, allerdings nichts zu tun.

Die universitären Diskurse sind es, die derlei Behauptungen als wahr deklarieren, wie wir im letzten Kapitel auch nachweisen werden. Laut Foucault gibt es aber »die Macht« gar nicht, sondern nur Machtverhältnisse, und jede Macht erzeugt eine Gegenmacht in Gestalt eines Widerstandes.[31] Er hatte also Zweifel daran, dass Menschen jemals einer Wahrheit auf den Grund gehen können, denn die Diskurse sind dabei im Weg, und nachdem es keine Abwesenheit von Macht gibt, sondern nur Monopole und eine relative Freiheit, stellt er sich wirklich nicht als der hoffnungsfrohe Utopist heraus, wie es wohl manche waren und sind, die in seine Fußstapfen traten. Denn seine Theorien und Analysen wurden insbesondere in Sozialbewegungen, Bürgerinitiativen, Umwelt- und Friedensbewegungen zur »Identifikationsfläche«.[32] Man könnte, wenn jemand mit einem unbequemen Fakt aufwartete, und gerade was Umwelt- und Klimawandel betrifft, sehen wir dies gegenwärtig vermehrt, einfach radikal-skeptisch sagen: Es gibt keine objektive Wahrheit, denn Wahrheit wird von Diskursen (auch wissenschaftlichen) bestimmt.[33] Für Foucault gibt es eben eher Regime der Wahrheit und keine großen Prinzipien in seiner Forschung,[34] wie Lévi-Strauss es sich vielleicht gewünscht haben mag. Was als Wahrheit gelten darf, dient daher immer einer Macht und es gibt nichts, das als wahr gilt, das nicht irgendjemandem zunutze wäre.[35] Sprache ist also nicht Macht. Diskurs ist auch noch keine Macht. Macht ist, den Diskurs zu dominieren. Macht ist zu entscheiden, was wahr ist und was

31 Focault. Sexualität und Wahrheit. Erster Band, S. 116.

32 Lavagno. Michel Foucault, S. 48.

33 Scruton, Roger. Fools, Frauds and Firebrands. Thinkers of the New Left. Bloomsbury (London 2015), S. 99.

34 Pluckrose/Lindsay. Cynical Theories, Chapter 1.

35 Scruton. Fools, Frauds and Firebrands, S. 100.

nicht. Macht ist, die Deutungshoheit im Diskurs zu haben. Es ist also nicht einfach Skeptizismus oder begründeter Zweifel, auch nicht ein Ablehnen dessen, wie es Gegner des Poststrukturalismus oft gerne unterstellen, was wir Realität nennen, sondern die Überzeugung, dass es keine Wahrheit über diese Realität gibt, die nicht konstruiert wäre.[36] Foucault jedoch findet sich häufig in den Fußnoten jener, die sprachliche Änderungen zum Zwecke der Weltverbesserung propagieren. Gerade in der feministischen Theoriebildung und Genderdiskussion, wie zum Beispiel bei Judith Butler, finden wir ihn ebenso wie in den Kulturwissenschaften (Stuart Hall), postkolonialistischen Studien (Edward Said) und bei vielen anderen mehr.[37] Gerade dass nach der Funktionsweise eines gleichsam anonymen Diskurses gefragt werden kann und man nicht zwingend versuchen muss, sich einer Absicht des Autors anzunähern, ist in der Literaturwissenschaft auf fruchtbaren Boden gestoßen, auch wenn dabei weniger die »Menge der gesagten Dinge« des Diskurses,[38] sondern eher die Perspektive des Einzelnen analysiert wird und literarische Werke zum Sozialkommentar degradiert werden. Wer Foucault heute nachfolgt, versucht sich oft an öffentlichen Debatten.[39] Methodisch passiert dabei nichts anderes als das Entwerfen neuer Fragen und das Interpretieren von Texten.[40] Da Wahrheit perspektivisch ist, gibt es in diesen Debatten ohnehin keine Wahrheit zu finden und so werden oft einfach Teilaspekte zur Analyse herangezogen.[41] Interessanterweise verlangte Foucault selbst

---

36 Pluckrose/Lindsay. Cynical Theories, Chapter 1.

37 Keller. Michel Foucault, S. 119.

38 Lavagno. Michel Foucault, S. 45f.

39 Ullrich. Diskursanalyse, Diskursforschung, Diskurstheorie, S. 20.

40 Gasteiger, Ludwig. Michel Foucaults interpretative Analytik und das unbestimmte Ethos der Kritik. In: Freikamp, Ulrike/Leanza, Matthias/Mende, Janne/Müller, Stefan/Ullrich, Peter/Voß, Heinz-Jürgen (Hg.). Kritik mit Methode? Forschungsmethoden und Gesellschaftskritik (Rosa-Luxemburg-Stiftung Texte 42). Karl Dietz Verlag Berlin (Berlin 2008), S. 33–52, hier S. 34.

41 Ebd., S. 38.

empirische Analysen,[42] eine Forderung, die oftmals von Personen, die sich auf ihn stützen, um hegemoniale Diskurse offenzulegen oder gar zu zerstören, sträflich vernachlässigt wird, wenn sie historische Fakten und Daten nur selektiv, dem eigenen Narrativ entsprechend verwenden. Diese analytisch schwache, undurchdachte, aber ständig wie ein Mantra wiederholte Berufung auf den Säulenheiligen Foucault hat seinem Ansehen in der klassischen Geschichtswissenschaft geschadet. Diskursanalyse sei zudem stets kritisch, denn sie hinterfrage Selbstbeschreibungen, Wahrheiten und Machtmechanismen.[43] Dass jene, die Diskursanalyse betreiben, die eigenen vermeintlichen Wahrheiten, wie wir an unseren Slogans bemerken, kaum hinterfragen, liegt – wenn wir Foucault glauben – wohl daran, dass diese vermeintlichen Wahrheiten ihnen nützen. Die poststrukturalistischen Methodenkonzeptionen sehen in einer gewissen Standpunktlosigkeit der »großen Erzählungen« das eigene Kritikpotenzial.[44] Bedauerlicherweise ist diese Standpunktlosigkeit kaum je zu finden, sondern erschöpft sich zumeist in einer unreflektierten Parteinahme für Opfer oder Ausgeschlossene von machtvollen Diskursen.[45] Foucault hätte an eine umfassende Distanzierung oder Standpunktlosigkeit vermutlich ohnehin nicht geglaubt, wie wir an seinem Text über den spezifischen Intellektuellen als Figur des 20. Jahrhunderts sehen können: Er selbst hat sich spöttisch über jene geäußert, die vorgeben, keinen Standpunkt zu

---

42 Keller. Michel Foucault, S. 109.

43 Freikamp, Ulrike/Leanza, Matthias/Mende, Janne/Müller, Stefan/Ullrich, Peter/Voß, Heinz-Jürgen. Einleitung: Zum Verhältnis von Forschungsmethoden und Gesellschaftskritik. In: Freikamp, Ulrike/Leanza, Matthias/Mende, Janne/Müller, Stefan/Ullrich, Peter/Voß, Heinz-Jürgen (Hg.). Kritik mit Methode? Forschungsmethoden und Gesellschaftskritik. Karl Dietz Verlag Berlin (Berlin 2008), S. 7–18, hier S. 10f.

44 Ebd., S. 13.

45 Ullrich. Diskursanalyse, Diskursforschung, Diskurstheorie, S. 21.

haben, und damit als Experten politische Positionen stützen.[46] Auch der deutsche Philosoph und Soziologe Jürgen Habermas (geboren 1929) hat sich mit Foucaults Theorien befasst und kritisierte ihn dafür, dass er Kritik als Form der Macht auffasse, daher könne man nicht Macht kritisieren, ohne die eigene Argumentation zu unterlaufen.[47] Foucault stimmte dem auch zu.[48] Kein Wunder: Bei Foucault gibt es, wie wir oben bemerkt haben, vieles, was Macht beeinflusst. Man möchte fast sagen viele Mächte, auch eine Macht der Kritik, und wir fragen uns, was Foucault wohl dazu gesagt hätte, wie der Diskurs um Sprache und Macht heute aussieht, und ob er seine eigene Theorie überhaupt wiedererkennen würde in dem, was seine Nachfolger aus ihr gemacht haben. Wir wollen allerdings die Fehlinterpretationen folgender Generationen Foucault selbst nicht anlasten. Wenn man will, kann man sich über seine stilistischen Stolpersteine echauffieren, aber dessen war sich Foucault durchaus bewusst, wie sich in seinem Gespräch mit Searle, den wir bereits aus der Sprechakttheorie kennen, zeigte: Man bräuchte, so Foucault, bei einem wissenschaftlichen Text in Frankreich wenigstens zehn Prozent Unverständliches, ansonsten würde er nicht für tiefgründig gehalten werden.[49] Was wissen wir also jetzt – wenngleich nicht empirisch, sondern nur theoretisch? Dass auch die Gesellschaft voneinander abhängige Strukturen hat, und diese führen zu dem, was wir für Wahrheit halten. Nachdem wir

---

46 Foucault, Michel. Die politische Funktion des Intellektuellen (1976). In: Defer, Daniel/Ewald, François (Hg.). Michel Foucault: Schriften in vier Bänden, Bd. III 1976–1979. Suhrkamp (Frankfurt am Main 2003), S. 145–152.

47 Kelly, Michael. Introduction. In: Kelly, Michael (ed.). Critique and Power: Recasting the Foucault/Habermas Debate. MIT Press (Cambridge, MA 1994), S. 1–16.

48 Keller. Michel Foucault, S. 119.

49 Springer, Mike. John Searle on Foucault and the Obscurantism in French Philosophy, 1. Juli 2013. In: Open Culture. Online: https://www.openculture.com/2013/07/jean_searle_on_foucault_and_the_obscurantism_in_french_philosophy.html.

uns alle nicht außerhalb der Gesellschaft befinden, haben wir darauf auch keinen klaren Blick und eine Möglichkeit, dies zu überprüfen, gibt es nicht. Wir nehmen es schulterzuckend zur Kenntnis, wie es bei vielen dieser Theorien der Fall sein wird. Wir wissen zudem, dass es bei Foucault keine Anhaltspunkte dafür gibt, dass das Austauschen sprachlicher Formen eine gesellschaftliche Veränderung bewirken kann.

In den nächsten Abschnitten werden wir uns dem annähern, wie es denn kommen mag, dass man davon, dass auch Gesellschaften Strukturen haben, ähnlich wie die Strukturen von Sprachen, einfach darauf schließen wird zu glauben, man könne anhand der Sprache sämtliche gesellschaftliche Strukturen aufdecken oder gar verändern. Nur weil Sprache und Gesellschaft strukturiert sind, sagt die Struktur des einen nicht automatisch etwas über die Struktur des anderen aus.

2.2. Alles ist Text – oder vielleicht auch gar nichts?

Gerade von akademisch (aus)gebildeten Menschen kommen – oft mit einem süffisanten Lächeln gepaart – Sätze wie »Alles ist Text« und seltener auch »Es gibt nichts außerhalb von Text«, was die dekonstruktivistische Herangehensweise an Alltagskommunikation begründen soll. Was ist das also, dieser Dekonstruktivismus, woher kommt er und ist wirklich alles Text? Beginnt man dann *signifiant* und *signifié* zu erklären, ist das finale Argument häufig: »Dann lies mal Derrida.« Dann lesen wir eben mal Derrida.

Auch der französische Philosoph Jacques Derrida (1930–2004) baute auf den CLG auf. Man bemerkt bei der Lektüre schnell, dass Derrida ein spezielles Problem mit ihm hatte: Das Konzept des Schreibens als grafischer Ausdruck eines phonetischen, also klanglichen Ausdrucks, der dann erst mit einer

Referenz korreliert und zum Zeichen wird.[50] Für ihn bedeutete das, dass hier eine »metaphysische« Priorität des Sprechens über das Schreiben herrsche.[51] Er wirft Saussure immer wieder vor, dass er die gesprochene Sprache dem Geschriebenen vorziehen würde, eine Hierarchie erschaffen würde und kritisiert ihn – man kann sagen mit gutem Recht – dafür.[52] Denn selbstverständlich gilt das, was für eine akustische Ausformung gilt, auch für eine geschriebene, beide sind *signifiants*. Derrida geht so weit, aus dem CLG herauszulesen, dass für Saussure Schrift eine Perversion sei, die exorziert werden müsse. Dazu zitiert er aus dem *Cours*, dass Schrift nicht Kleidung, sondern Verkleidung von Sprache sei.[53] Jedoch findet sich nichts dergleichen in den Originalquellen aus Mitschriften oder Notizen aus Saussures Nachlass.[54] Derrida führt ausführlich aus, was an dieser vermeintlichen historischen Vorannahme falsch sei, und wir können darin mit einen Grund sehen, warum rückblickend von einer Überwindung Saussures im Poststrukturalismus gesprochen wurde.[55] Derrida arbeitet damit die Widersprüche im CLG heraus, die im Grunde die Entdeckungen im Nachlass vorwegnehmen. Es ist zu vermuten, dass er dies bereits geahnt haben könnte, aber er kritisiert die Herausgeber nicht für diese Widersprüche, obwohl er das Vorwort aufmerksam gelesen

50 Bennington, Geoffrey. Saussure and Derrida. In: Sanders, Carol (ed.), The Cambridge Companion to Saussure. Cambridge University Press (Cambridge, UK 2004), S. 186–202, hier S. 196.

51 Baring, Edward. The Young Derrida and French Philosophy, 1945–1968. Cambridge University Press (Cambridge, UK 2011), S. 285.

52 Ebd., S. 286.

53 Derrida, Jacques. Of Grammatology (Translated by Gayatri Chakravorty Spivak). Johns Hopkins University Press (Baltimore 1998), S. 35 im Kontrast zu Saussure, Ferdinand. Course in General Linguistics (edited by C. Bally and A. Sechehaye with A. Riedlinger, translated by Roy Harris). Open Court (Lasalle 1986; reissued by Bloomsbury 2013), S. 29.

54 Callus, Ivan. Jalonnante and parathlipse: encountering new terminology in Ferdinand de Saussure's researches into anagrams. In: Cahiers Ferdinand de Saussure No. 55 (2002), S. 169–202; zum Verhältnis von Derrida zu Saussure siehe auch Bennington. Saussure and Derrida.

55 Stawarska. Saussure's Philosophy, S. 254.

haben wird. Zudem merkt er an, dass die Herausgeber dort selbst Kritik am CLG vorhergesehen hätten, denn sie beschreiben Attacken, die sie dafür erleben würden, dass man am Text nicht unterscheiden könne, was vom »Meister« und was von seinen »Interpreten« stammte. Diese märtyrerhafte Geste wäre vielleicht gerechtfertigt gewesen, wären sie berechtigt oder befähigt gewesen, dieses Erbe überhaupt anzutreten, was nach wie vor als strittig gilt.[56] Dennoch wich Derrida davor zurück, als der Schatz des saussureschen Nachlasses gehoben wurde, sich diesen Diskrepanzen zuzuwenden. Es wäre vermutlich ein fruchttragendes Unterfangen gewesen, denn sein Instinkt, eben jene Elemente im CLG aufzustöbern, die der Kritik würdig waren, hat ihn mit erstaunlicher Zielsicherheit zu jenen Textstellen geführt, die aus der Feder der Herausgeber stammten. Andere haben die Erforschung des Nachlasses einfach ignoriert und noch im 21. Jahrhundert finden wir in der Fachliteratur die schlicht unwahre Behauptung, dass Saussure die Geschichte des Schreibens im Vergleich zur Geschichte der Sprache für unwichtig befunden hätte.[57] Selbst in Judith Butlers Vorwort zur englischen Ausgabe von Derridas *Of Grammatology* werden derartige Irrtümer aufgegriffen und die Behauptung aufgestellt, dass es das Schreiben sei, das die allgemeine Struktur der Sprache weitergebe, und dass dies der revolutionäre Part von Derridas Text sei.[58] Wir wissen nicht, wie intensiv Butler sich selbst mit dem CLG auseinandergesetzt hat, und werden diesbezügliche Einschätzungen dem Leser selbst überlassen, wenn wir sie bald noch näher kennenlernen. Was ist es also, das Derrida wirklich von Saussure übernimmt? Sprache als Zeichensystem, dessen Zeichen sich nur durch ihre Unterscheidung voneinander abheben. Ein Zeichen kann also niemals nur mit Bezug auf

56 Ebd., S. 254 und Stawarskas Referenz auf das Vorwort des CLG (1986 revised translation), S. XX.

57 Baring. The Young Derrida and French Philosophy, 1945–1968, S. 285.

58 Judith Butlers Vorwort. In: Derrida. Of Grammatology.

sich selbst interpretiert werden, sondern muss in ein System von Zeichen eingebettet sein. So weit, so bekannt. Der Strukturalismus, das Erkennen der Sprache als Struktur, ist für Derrida am *Cours* jenes Element, das am allerwenigsten »angreifbar« ist.[59] Man kann hieran erkennen, dass der CLG nicht einfach eine bloße Modeerscheinung war, sondern Forscher in den Humanwissenschaften, einem jugendlichen Rebellentum gleich, ihn attackieren wollten. Ein Zeichen kann bei Derrida daher niemals vollständig diese Lücke zur Realität schließen, es braucht immer noch mehr Zeichen, noch mehr Zeichen und noch mehr Zeichen und eine endlose Reihe von Zeichen, mit der man ein Zeichen erklären müsste.[60] Eine Lücke, die niemals gefüllt werden kann. Es gibt keinen Anker, der gefunden werden kann, der die Zeichen an die Realität bindet, und sobald man sich durch Derridas zehn Prozent mühsamen Schreibstil gekämpft hat, wird man zu dem Schluss kommen, dass reale Einheiten in der Welt bei Derrida eine unabhängige Identität haben – das Reale ist das Gegenteil des Symbolischen.[61] Wie passt das mit unserem Slogan am Beginn zusammen? Die Antwort lautet: Gar nicht. Ein Problem mit derlei Slogans ist nicht nur deren Verkürzung, sondern auch, dass sie aus dem Zusammenhang gerissen werden. In *Of Grammatology* geht Derrida vielmehr darauf ein, dass es »nichts außerhalb des Textes« gebe – *»il n'y a pas de hors-texte«*.[62] Damit meint er jedoch nicht, dass die Welt der Objekte, die reale Welt da draußen, ebenso Text und daher wie Text zu behandeln sei, sondern dass Texte nur durch Texte erklärbar sind, dass sie »nur« aus Referenzen bestehen, und er hätte genauso gut schreiben können, dass es nichts innerhalb von Text

59 Derrida. Of Grammatology, S. 55.

60 Lewis, Michael. Derrida and Lacan. Another Writing. Edinburgh University Press (Edinburgh 2008), hier S. 185 und Lewis' Verweis zu Lacans Original (XIV: 6/12/66: Le Séminaire livre XIV. Logique du fantasme, 1966–1967. Unpublished manuscript).

61 Lewis. Derrida and Lacan, S. 85f.

62 Derrida. Of Grammatology, S. 171–177, hier S. 170f.

gibt, dass nur die Verweise hier liegen, aber alles, worauf verwiesen wird, alles, was eben nicht dekonstruierbar ist, außerhalb des Textes liege. Er muss sich wirklich gegrämt haben, als er darauf einging, dass er Woche für Woche kritische Kommentare bekomme, die behaupten, dass es nichts außerhalb der Sprache gebe, Kommentare die von der Annahme ausgehen, dass dies die Essenz dessen sei, was sie Post-Strukturalismus nennen.[63] Derrida musste also miterleben, dass seine eigenen Worte gegensätzlich zu dem ausgelegt wurden, was sie eigentlich bedeuten sollten, und seine eigene Stimme gegen diese Auslegung war leider nicht viel stärker als jene Saussures aus dem Grab. Ein Zeichen oder Satz kann eben alles bedeuten, aber eben nicht Beliebiges, wie wir an unseren bisherigen ironischen Beispielen gesehen haben. Ob jene, die ihm diese Kritik zuteilwerden ließen, oder all jene Studenten der Literaturwissenschaften, die heute den Satz »Alles ist Text« im Munde führen, sein Hauptwerk überhaupt gelesen haben, ist dabei wirklich fraglich, denn die Diskrepanz zwischen dem, was man in diesen kontextlosen Slogan legen kann, und dem tatsächlichen Inhalt des Buches, ist bereits nach wenigen Seiten schwierig zu übersehen.[64] Ein Irrtum, dem auch seine Gegner aufzusitzen scheinen, die zwar bemerken, dass bei Derrida Sprache machtlos sei gegenüber der Welt, aber Realität eine Konstruktion sei, wenn es doch nichts außerhalb des Textes gäbe.[65] In Zusammenfassungen wird der Widerspruch zwischen dieser Machtlosigkeit des Textes, und dass alles Text sei, aufgelöst, indem Sprache als eine

---

63 Lewis. Derrida and Lacan, S. 90–91. Lewis' Verweis auf Derrida in Kearney 1995 [1981], S. 172f.

64 Nachdem er aber selbst jedoch auch Roland Barthes' Theorien, die wir im nächsten Kapitel kennenlernen werden, darüber, dass die Intention eines Autors gleichgültig war, propagierte, hätte er sich damit vielleicht besser stumm abfinden sollen.

65 Levitt, Norman/Gross, Paul R. Higher Superstition: The Academic Left and Its Quarrels with Science. The Johns Hopkins University Press (Baltimore, MA 1994, Paperback Edition 1998), S. 76.

Art Filter bezeichnet wird, der, wenn schon nicht die Welt, dann doch unsere Wahrnehmung steuere.[66] Dies ist eine rein theoretische Annahme, deren Wahrheitsgehalt, wie wir bei Whorf gesehen haben, nicht so einfach festgestellt werden kann. Kommen wir nun zu dem, was von Derridas Texten übrigblieb: Wir hatten hier den Begriff »dekonstruierbar«. Was ist Dekonstruktion? Einen Text zu dekonstruieren ist weniger eine Sache der Definition, sondern eher eine der Anwendung: Wir verstehen Sprache durch die Unterscheidungen zwischen sprachlichen Zeichen – von Derrida künftig *différance* genannt.[67] Diese sind laut Derrida aus Gegensätzen gebaut – wir wüssten nur, was ein Mann ist, definiert als Gegenstück zu Frau. Dasselbe gilt für Schwarz und Weiß, oben und unten etc. Diese Binaritäten – zwei Elemente als Gegensätze – stünden immer in einer Hierarchie zueinander. Diese Hierarchien und Widersprüche können bei der Lektüre eines historischen oder literarischen Textes herausgearbeitet und in der Folge kritisiert oder vertauscht oder ersetzt werden, um herauszufinden, was dies mit der Lektüreerfahrung anstellt. Die Dekonstruktion selbst ist ein fortlaufender Prozess, ohne Endpunkt.[68] Da diese Oppositionen hierarchisch seien, sind sie ein Mittel der Unterdrückung, zum Beispiel durch Narrative, die durch historische Texte entstehen. Daher müssen diese dekonstruiert werden, was seit den 1990er Jahren dazu führt, dass nicht mehr nur Literatur und Geschichte diese Ehre zuteilwird: Jedes Wort aus Alltagssituationen kann, vorbei am tatsächlichen Inhalt von Aussagen, dekonstruiert werden, was in Korinthenkackerei endet.[69] Außer der Interpretation von Gegensatzpaaren stehen in der Anwendung also keine anderen

66 Bachmann-Medick. Cultural Turns, S. 35.

67 Anstatt des französischen Wortes *difference* – es scheint eine Modeerscheinung gewesen zu sein, eigene Terminologien zu erfinden.

68 Voß, Heinz-Jürgen. Making Sex Revisited: Dekonstruktion des Geschlechts aus biologisch-medizinischer Perspektive. transcript Verlag (Bielefeld 2010), hier S. 25.

69 Pluckrose/Lindsay. Cynical Theories, Chapter 1.

wissenschaftlichen Methoden zur Verfügung und wer sich Dekonstruktivist nennt, hält es mitunter für seine Pflicht, auf jeden unliebsamen Begriff hinzuweisen. Es ist kein Wunder, dass zu dekonstruieren mittlerweile eine der beliebtesten Herangehensweisen in literaturwissenschaftlichen Studien ist: Es ist denkbar einfach, selbst wenn die künstlerische Qualität des Textes oder eine tatsächliche Auslegung, die nicht nur auf diesen Gegensatzpaaren beruht, damit völlig an Relevanz verlieren. Selbst Widersprüche, die in einem literarischen Text beabsichtigt sind, um etwas über die fiktionale Welt des literarischen Textes oder seine Figuren auszusagen, werden in der Lesart von Kunst als Sozialkommentar gleichgültig.

Wir haben also die Frage umfassend beantwortet, ob denn nun alles Text sei, und uns die dekonstruktivistische Methode angesehen. Ist diese Art der Textauslegung ein guter Grund für politische Korrektheit? Wenn jemand geübt darin ist, Gegensätze zu entdecken, werden in jeder Sprache und in jeder Sprechsituation im Alltag welche auffindbar sein – was ein Hammer ist, sucht einen Nagel. Wie wir aber gesehen haben, liefern Derridas Schriften keine wissenschaftlich sichere Grundlage dafür. Für Literatur mag dies noch eine partielle Berechtigung haben, nicht weil diese machtvoller wäre, schließlich wird immer weniger gelesen, sondern weil man bei der Lektüre etwas über sich selbst lernen kann. Ob dies auf historische Dokumente zutrifft, können wir an dieser Stelle nicht ausreichend klären. Gewiss ist jedoch, dass bei Derrida die endlose Kette der Zeichen, die niemals an die Wirklichkeit anknüpfen, keine Macht und keinen Einfluss auf die Realität hat und Dekonstruktion daher nicht tauglich ist, andere Menschen im Alltag für ihr Vokabular zurechtzuweisen und damit etwas in der außersprachlichen Wirklichkeit zu erschaffen.

2.3. Der Empfänger einer Nachricht entscheidet über die Bedeutung

Ein erklärtes Ziel der Sprachreformierungsbestrebungen ist es, dass möglichst niemand durch Sprache verletzt oder ausgegrenzt wird. Bei genauerem Hinsehen gilt dieses Ziel häufig nur gegenüber sogenannten marginalisierten Gruppen, Unterdrückten oder vom Diskurs Ausgeschlossenen. Denn auch für jene, die dafür plädieren, nicht verletzende Sprache zu verwenden, ist es durchaus legitim, Menschen als Unterdrücker oder gar als Faschisten zu bezeichnen, solange diese sich gegen ihre Ideen stellen.

Wer aber entscheidet darüber, was verletzend ist? In der Regel bekommt man als Antwort darauf zu hören, dass es der Rezipient, also der Hörer oder Empfänger von Worten, ist, der diese Entscheidung treffe. Wir wissen bereits, dass Austin dem kaum zugestimmt hätte, schließlich hatte die Intention des Sprechers einen festen Platz in seiner Untersuchung von Sprechakten. Woher kommt also die Annahme, dass die Person, die sich möglicherweise verletzt fühlen könnte, darüber entscheidet, wie eine Aussage tatsächlich zu verstehen sei?

Wir befassen uns nun mit einem französischen klassischen Philologen und Literaturkritiker namens Roland Barthes (1915–1980), der geprägt von Foucault und Derrida ebenso auf Saussure zurückgreift wie diese.[70] Lévi-Strauss führt er ebenfalls als für ihn richtungsweisend an und Objektivität oder Klarheit hielt er für historisch veraltete Kategorien.[71] An sich schreibt Barthes in einem weniger mühsamen Stil als viele seiner Vorgänger, aber das Bedürfnis, seine Behauptungen zu begründen

70 Quadflieg, Dirk. Roland Barthes: Mythologe der Massenkultur und Argonaut der Semiologie. Moebius, Stephan / Quadflieg, Dirk (Hg.). Kultur. Theorien der Gegenwart. VS Verlag für Sozialwissenschaften (Wiesbaden 2006), S. 17–30, hier S. 18.

71 Ebd., S. 21.

oder argumentativ zu untermauern, scheint er über weite Strecken nicht zu haben.[72] Davon abgesehen beginnt er gerne Sätze mit den Worten »Wir wissen heute« oder »Aktuelle Studien haben gezeigt«, ohne jemals eine Quelle dafür zu liefern.[73] Woher er seine Informationen nimmt, bleibt daher schleierhaft. Wissenschaftliche Methodik scheint ihm veraltet.[74]

Zumindest befasste Barthes sich mit Saussure[75] und trug dazu bei, den Strukturalismus in der Literaturwissenschaft zu etablieren. Während einige Barthes' Zugang für eine Missinterpretation des CLG hielten, waren andere überzeugt, er habe Saussures inhaltliche Nachfolge angetreten, ihn konsequent weitergeführt und eine Semiologie begründet, wenngleich es wohl kaum eine solche sein dürfte, die Saussure im Sinn hatte.[76] Auf Derrida griff er ebenfalls zurück: Offenbar hatte ihn insbesondere ein Vortrag beeindruckt, in dem Derrida vom Autor als gottgleicher Quelle der Bedeutung eines literarischen Textes sprach und postulierte, dass Bedeutung ohne ein Zentrum schwer vorstellbar sei.[77]

Wie kommen wir also dazu, dass der Empfänger einer Nachricht einzig und allein über den Inhalt einer Aussage entscheidet? Wenn ein Zeichen uns niemals zur Realität, sondern nur zu anderen Zeichen führt, dann handelt es sich um ein leeres Zeichen im Imperium der Zeichen. Von diesem Standpunkt aus

72 Dies ist nicht nur unser Eindruck, sondern kann als allgemeiner Konsens gesehen werden, zum Beispiel Quadflieg, Dirk. Roland Barthes, S. 19.

73 Tallis. Not Saussure, S. 20.

74 Allen, Graham. Roland Barthes. Routledge (New York 2003), S. 77.

75 Unger, Steven. Saussure, Barthes and structuralism. In: Sanders, Carol (ed.), The Cambridge Companion to Saussure. Cambridge University Press (Cambridge, UK 2004), S. 157–173, hier S. 161 (FN 7 und FN 8).

76 Ebd., S. 176 und Barthes, Roland. Elements of Semiology (translated by A. Lavers and C. Smith). Hill and Wang (New York 1977; French Original: Éléments de sémiologie. Editions du Seuil (Paris 1964)).

77 Graham. Roland Barthes, S. 67f und Derrida, Jacques. Writing and Difference (translated by Alan Bass). Routledge & Kegan Paul Ltd. (London 1978; French Original: Derrida, Jacques. L'écriture et la différence. Éditions du Seuil (Paris 1967)), S. 278f.

interpretiert Barthes neu, was Leser, was Autor, was Text und was Bedeutung ist.[78] Dies geschieht primär in seinem berühmt gewordenen Vortrag über den Tod des Autors.[79]

Narrative, so Barthes, würden nur unter der Grundannahme eines Adressaten und eines Adressierten und ihrer Positionen verstanden. In der Literaturkritik gibt es dann den Versuch, hinter dem Text den Autor zu entdecken. Angelehnt an den Strukturalismus geht Barthes aber davon aus, dass es diese Struktur sei, die in Wahrheit den Text bilde, und hier sei der Autor unnötig, da der Text vom Leser aktualisiert, also mit Bedeutung entsprechend der Struktur der Sprache aufgefüllt würde, daher müsse man auf etwaige Absichten eines Autors keine Rücksicht nehmen. Der Autor, den man im Text zu finden vermeine, folge nur den Regeln der Sprache und der Leser folge den Regeln ebendieser Codes und Praktiken, wie sie in der Gesellschaft wahrgenommen würden. Der Autor sei demzufolge nur dazu da, Bedeutung zu stabilisieren und dadurch auch das moderne Konzept der westlichen Gesellschaft von Wahrheit.[80] Literatur würde somit für die dominante Gesellschaft nur Konsumzweck sein: ein Buch kaufen, lesen, seine am Autor fixierte Bedeutung finden, es daher also verbrauchen, ein neues kaufen.[81] Bewusstsein bei Barthes ist etwas Intersubjektives und Realität wird zum unbegrenzten Text der Gesellschaft. Er schließt daraus, dass es eben nichts außerhalb von Text gebe, und nach wie vor wird seine Position mit der Derridas gleichgesetzt.[82] Weil Bedeutung immer nur in Relation zueinander existiere, gebe es gar keine Literatur im Sinne von Romanen oder Gedichten. Wo

78 Graham. Roland Barthes, S. 77.

79 Barthes, Roland. Der Tod des Autors. In: Jannidis, Fotis/Lauer, Gerhard/Martinez, Matias/Winko, Simone (Hg.). Texte zur Theorie der Autorschaft. Reclam (Stuttgart 2000; französisches Original: Barthes, Roland. La mort de l'auteur. In: Manteia, no. 5 (1968)), S. 185–193.

80 Graham. Roland Barthes, S. 74.

81 Ebd., S. 76.

82 Tallis. Not Saussure, S. 17.

sind die fehlenden Denkschritte, die von dem einen zum anderen führen? Erstens geht man davon aus, dass Zeichen nur in Unterscheidung voneinander Bedeutung haben. Zweitens nimmt man an, dass folglich ein Gedicht oder eine Aussage niemals isoliert stehen kann. Drittens setzt man voraus, dass, wenn es kein isoliertes Gedicht gibt, ohnehin gar kein Gedicht für sich selbst existiert.

Die erste Annahme mag korrekt sein unter dem Gesichtspunkt, dass damit das gemeint ist, was bei Saussure eine ideale Vorstellung von Sprache ist (die *langue*), die er jedoch von der ausgeformten, verwendeten, ausgesprochenen, ausgeschriebenen Sprache mit all ihren Verbiegungen und Fehlern (die *parole*) trennt. Denn in der Sprache, wie wir sie konkret verwenden, kann sie, da sie einen Kontext hat, sehr wohl gedeutet werden.

Bei der zweiten Annahme hängt es nun davon ab, wie wir »Isolieren« verstehen wollen: abgeschnitten von allen anderen Äußerungen? Dann ist die zweite Annahme natürlich wahr, aber dafür benötigt man wirklich keine linguistische Theorie – Zeichen, isoliert ohne System, ergeben keinen Sinn oder lassen keine möglichen beziehungsweise sinnvollen Interpretationen zu. Wenn isoliert hier jedoch meint in Unterscheidung zu anderen Äußerungen, wäre die zweite Annahme bereits falsch, und davon hängt ab, ob die dritte Annahme, dass es gar kein Gedicht gibt, entweder falsch oder bedeutungslos ist.[83] Barthes gibt uns also keine logisch schlüssige Erklärung dafür, dass der Leser allein über die Bedeutung entscheidet. Ebenso keine, warum denn alles Text sei, außer dem, was er aus Derrida herauszulesen scheint. Während er zum Beispiel behauptet, dass im System der Mode als eigenständigem sprachlichen Code die Substanz des wirklichen Kleidungsstückes, seine materielle Beschaffenheit, unter dem Druck des ihm auferlegten

83 Ebd., S. 19f.

Sinngehaltes verdampfe,[84] so hat man den Eindruck, dass seine Erklärungen unter dem Druck seiner eigenen Behauptungen verdampft sind. Barthes wirft ohne weitere Erklärungen mit Sätzen um sich wie »Die Unterscheidung von Form und Inhalt stellt eine falsche Dichotomie dar. Inhalt selbst ist eine Form, ein Code«.[85] Nicht nur wir sind überrascht, dass er eine derart zentrale Rolle in der Verschiebung von Strukturalismus zu Poststrukturalismus eingenommen hat, denn er behandelt sprachliche Zeichen so, als wären sie das Gleiche wie nichtsprachliche Zeichen und ignoriert Teile der vorhergehenden Theorien, wenn es ihm gerade passt.[86] Er behauptet außerdem, dass, wo Bedeutung ist, auch ein System sei, was natürlich nicht wahr ist, denn natürliche Zeichen, wie zum Beispiel tieffliegende Vögel, haben ebenfalls Bedeutung. Es wäre aber weit hergeholt zu glauben, dass dies einem System geschuldet sei.[87] Angelehnt an den französischen Psychiater und Psychoanalytiker Jacques Lacan (1901–1981), den wir kurz streifen werden, sagt Barthes: »Der Mensch existiert nicht vorsprachlich, weder als Spezies, noch als Individuum.«[88] Er hatte eine Obsession des »großen Spiels der Macht der Sprache« und ging davon aus, Macht anhand von Sprache analysieren zu können. Er geht dabei so weit zu sagen, dass es einen »Faschismus der

84 Quadflieg. Roland Barthes, S. 22f; vergleiche Barthes, Roland. Die Sprache der Mode (Aus dem Französischen von Horst Brühmann). Suhrkamp (Frankfurt am Main 1985), S. 285.

85 Barthes, Roland. Album. Unpublished Correspondence and Texts (translated by Jody Gladding). Columbia University Press (New York 2018; French Original: Barthes, Roland. Album: Inédits, correspondances et varia. Éditions du Seuil (Paris 2015)), S. 214 (eigene Übersetzung der Autoren).

86 Tallis. Not Saussure, S. 94f.

87 Ebd., S. 85 und dort FN 58.

88 Barthes, Roland. To Write: An Intransitive Verb? In: Macksey, Richard/Deodato, Eugenio (eds.). The Structuralist Controversy: The Languages of Criticism and the Sciences of Man. Johns Hopkins University Press (Baltimore 1970), S. 134–149, hier S. 135 (eigene Übersetzung der Autoren).

Sprache gebe«[89], denn Sprache erfordert immer Entscheidungen: die Identifikation eines Geschlechts, einer Person oder von Gegensätzen, wie wir sie bei Derrida finden. Die Intention eines Autors hat also keinen Platz bei Barthes. Rechtfertigt die Freiheit der Interpretation jede mögliche beliebige Auslegung? Wir haben bereits gesehen, dass Arbitrarität und Beliebigkeit nicht einerlei sind. Diese Theorie beschränkt sich bei Barthes auf Literatur, also ist sie einfach so umzumünzen auf tägliche Interaktion, auf alltägliche Gespräche, in denen ich den Produzenten einer Aussage zur Verfügung habe, um ihn zu fragen, wie er etwas gemeint haben könnte? Wohl kaum. Missverständnisse können passieren, aber mit diesen können Menschen zumeist umgehen. Jedoch müssen wir annehmen, dass Barthes der Versuch, seine Literaturtheorie in die Alltagskommunikation zu pressen, durchaus gefallen haben könnte. Für seine radikale Annahme wurde er übrigens ausgerechnet von Foucault in einer Rede vor der *Société française de philosophie* scharf kritisiert.[90] Gerade im Umfeld einer politisch korrekten Sprechart, müsse man aus Barthes' Theorie den Schluss ziehen, dass, wenn in Wahrheit der Rezipient die Bedeutung herstellt, der Sprecher immer unschuldig sei. Doch das Gegenteil ist der Fall: Der Rezipient stellt die Bedeutung her und dennoch wird der Sprecher angeklagt.[91]

---

89 Auf eine Aussage Ernest Renans, dass das Französische niemals eine reaktionäre Sprache sein könne, entgegnete er: »But language--the performance of a language system--is neither reactionary nor progressive; it is quite simply fascist; for fascism does not prevent speech, it compels speech.« Barthes, Roland. Lecture in Inauguration of the Chair of Literary Semiology, Collège de France, 7. Januar 1977. Online: https://www.albany.edu/~rn774/fall96/barthes.html.

90 Foucault, Michel. Was ist ein Autor? In: Jannidis, Fotis/Lauer, Gerhard/Martinez, Matias/Winko, Simone (Hg.). Texte zur Theorie der Autorschaft. Reclam (Stuttgart 2000), S. 198–229.

91 Wenn Mode aus (sprachlichen) Zeichen besteht und ein Sexualstraftäter sagt: »Sie hat es mit ihrer Kleidung herausgefordert«, ist seine Interpretation richtig und das Opfer schuld an der Gewalt des Täters? Eine rhetorische Frage. Wir gehen davon aus, dass dem auch Barthes nicht zugestimmt hätte.

2.4. Wer Macht hat, hat Sprache

Wir kommen nun zu einem weiteren französischen Soziologen, der versuchte, auf die strukturalistische Modewelle aufzuspringen, und einige Schwierigkeiten mit dem Strukturalismus Saussures hatte. Üblicherweise ist er in Büchern der Gegner jener akademischen Strömung kaum anzutreffen, wird außen vor gelassen, doch wir wollen ihm hier etwas mehr Augenmerk schenken. Denn im nächsten Abschnitt wird sich zeigen, wie einflussreich seine Schriften waren, und nur so können wir herausfinden, ob und wo er fehlging und wo es Nachfolger waren, deren Auslegungen sich mit dem vorhandenen Faktenwissen sperren. Gerade was das Teilgebiet Sprache in seinem Werk betrifft, bleibt er in weiten Teilen einem theoretischen Zugang verhaftet, in der Praxis ist bei ihm eher ein politischer Zugang zu finden und gemeinsam mit Derrida träumte er auch den Traum einer Repolitisierung der Intellektuellen.[92] Was hat der in Kapitel 1.3 bereits erwähnte französische Soziologe Pierre Bourdieu bei Saussure vorgefunden, womit er arbeiten konnte? Dass Zeichen ihre Bedeutung aus ihrer Unterscheidung und Beziehung zu anderen Zeichen erhielten. Das ergab für Bourdieu auch in der sozialen Welt Sinn: Der Status eines Menschen entscheidet sich durch seine Beziehungen und Unterschiede zu anderen Menschen. Jedoch handle es sich »im Gegensatz zu Saussures Modell um dynamische und nicht um statische Differenzen«.[93] Wir haben bereits im ersten Kapitel festgestellt, dass im linguistischen Strukturalismus Saussures die Differenzen

92 Moebius, Stephan. Pierre Bourdieu: Zur Kritik der symbolischen Gewalt. In: Moebius, Stephan/Quadflieg, Dirk (Hg.). Kultur. Theorien der Gegenwart. VS Verlag für Sozialwissenschaften (Wiesbaden 2006), S. 51–67, hier S. 63.

93 Bohne, Cornelia/Hahn, Alois. Pierre Bourdieu (1930–2002). In: Kaesler, Dirk (Hg.). Klassiker der Soziologie. Band II Von Talcott Parsons bis Anthony Giddens. C.H. Beck (München 1999; 5. überarbeitete Auflage 2007), S. 289–310, hier S. 303. Im Original bei Bourdieu: La Misère du monde. Paris 1993 (Deutsche Übersetzung: Das Elend der Welt. Konstanz 1997).

nicht statisch sind, jedoch statisch betrachtet werden sollen, denn die gestrige Bedeutung eines Begriffes sagt nicht viel über sein morgiges Netzwerk von Zeichen aus, eben weil diese Beziehungen dynamisch sind. Uns ist klar, dass dies der Fehler der Herausgeber des CLG war und nicht jener Bourdieus, wir müssen aber zugeben, dass wir doch ein wenig bestürzt sind, dass man diesen Irrtum in einer prominenten Aufsatzsammlung im Jahr 2007 immer noch herunterbetet.[94] Wir werden nun sehen, dass der *Cours* noch mehr Stolpersteine beinhaltete. Wie wir im Kapitel zu Barthes kurz angerissen haben, trennt Saussure die Sprache in eine *langue* und eine *parole*: Die *langue* ist der überindividuelle Teil der Sprache, die soziale Prägung, in der es keine individuelle Rolle gibt und keinen Schöpfer, der sie designt hätte. Die *parole* dagegen ist etwas Individuelles, die aktiv verwendete Sprache, in der wir selbst entscheiden können, wie wir sie verwenden. Die *langue* existiert bei Saussure nur in der Theorie, denn analysieren lässt sich nur das, was wirklich da ist: die Sprache in ihrer Verwendung und nicht ein überindividuelles Idealbild von Sprache, das bei allen Sprechern einer Sprachgemeinschaft ähnlich, wenn auch nicht deckungsgleich ist.[95] Bourdieu schreibt nun: »Sobald jemand Sprache als autonomes Objekt betrachtet, die radikale Trennung zwischen innerer und äußerer Linguistik, die Saussure machte, und zwischen der Wissenschaft der Sprache und der Wissenschaft der sozialen Verwendungen von Sprache, ist man verdammt, die Macht der Worte innerhalb der Worte zu suchen, also dort, wo sie nicht zu finden ist.«[96] Saussure dagegen sagt bei genauerer Lektüre das Gegenteil aus, dass man eben die Bedeutung nicht in den Worten, sondern in ihren Beziehungen, die sich

94 Bohne/Hahn. Pierre Bourdieu (1930–2002), S. 289–310.

95 Eine exzellente Zusammenfassung bietet Holdcroft. Saussure: Signs, System, and Arbitrariness.

96 Bourdieu. Language & Symbolic Power, S. 107 (eigene Übersetzung der Autoren).

ausschließlich in der Verwendung zeigen, suchen müsse. Glücklicherweise schafft es Bourdieu, selbst wenn er Saussure nicht ganz verstand, dies durch eigene geistige Leistung zu korrigieren, indem er begreift, dass die Bedeutung eben nicht in diesen Formen wohnt. Dies stellt auch eine Leistung dar, die, wie sich im nächsten Kapitel zeigen wird, jene, die auf seiner Lektüre aufbauen, oft nicht erbringen werden. Dies führt dazu, dass der Strukturalismus als überwunden oder aufgelöst gilt und Bourdieus Beisatz der Erkenntnis der Beschaffenheit von Sprache eine Ignoranz zuteilwerden wird, die man selten gesehen hat, obwohl seine Worte hier keine Unklarheit zulassen: Bedeutung ist nicht in der Form zu Hause.

Auch in der Einleitung fällt dies dem Herausgeber der Aufsätze Bourdieus nicht auf, obwohl das Erscheinen zeitlich nach der Entdeckung des saussureschen Nachlasses stattfand.[97] Bourdieu lehnt also die Trennung in *langue* und *parole* ab, weil er sie nicht ganz nachvollziehen kann, und der Herausgeber schließt aus der Trennung sogar, dass die Linguistik Sprache als homogen betrachten würde.[98] Aus dieser Position heraus kritisiert Bourdieu nun den Strukturalismus, nämlich immer wieder mit der gleichen Forderung: Das Soziale würde außer Acht gelassen. In Wahrheit hat der Strukturalismus nur das Modell geliefert, das erlaubt, die Beziehungen zwischen Begriffen (die sich nur in der Verwendung, im Sozialen, zeigen) zu analysieren. Der CLG war jedoch keine Umsetzung dessen, sondern ein Vorschlag für künftige Linguisten: Der Wunsch Saussures nach einer Semiologie, einer Lehre von der Bedeutung der Zeichen. Dadurch bleibt der Text theoretisch, obwohl er seine Lehren aus der Empirie der Junggrammatiker zieht. Dies führt wiederum dazu, dass Bourdieu Saussure immer und immer wieder vorwerfen wird, sich nicht ausreichend mit dem sozialen Gefüge zu befassen und

97 Bourdieu. Language & Symbolic Power. Introduction by Editor John B. Thompson, S. 4.

98 Ebd., S. 5.

eben, nun ja, Linguist zu sein und von der Sprache über die Sprache zu lernen, und nicht ein Soziologe.[99] Gerade Bourdieus Herangehensweise an Austin und an Sprache als Handeln wird sich für die nächste Generation an Theoretikern, die sich von Saussure abwenden, als prägend herausstellen. Es steht die Behauptung im Raum, er sei über Austin hinausgegangen.[100] Betrachten wir dies genauer: Er erkennt richtig, dass einige Äußerungen eher Handeln als Statement sind und daher von der sozialen Situation abhängen. Die Herausforderung Austins, das Verorten der Grenze zwischen Sprechen und Handeln, führt er darauf zurück, dass Sprache eine Form des sozialen Handelns und durch Konvention geprägt sei.[101] Das ist nicht falsch, wird für seine Nachfolger jedoch die Tür öffnen, sämtliche Sprache als Handeln zu betrachten. Gerade dass es Austin nicht um ein abstraktes Sprachgebilde geht, wie er es fälschlicherweise bei Saussure vermutet, sondern dass es die sprachlichen Alltagssituationen sind, denen sich Austin zuwendet, wird von Bourdieu geschätzt.[102] An Austin kritisiert er vehement, dass dieser nicht verstanden habe, dass das Glücken oder Nichtglücken hauptsächlich von den sozialen Bedingungen abhänge und er dabei Macht, Autorität und soziale Beziehungen ignoriere.[103] Aus Austins Schriften geht allerdings eindeutig hervor, dass er sich dessen durchaus bewusst war, sich jedoch von konkreten alltäglichen Sprechakten nicht wegbewegte, denn Machtverhältnisse zu interpretieren ist aus dem Sprechakt alleine oft nicht möglich. Aber auch Austin bemerkte, dass um zum Beispiel ein

99 Zum Beispiel in Bourdieu, Pierre. Outline of a Theory of Practice. Cambridge University Press (Cambridge, UK 1977; 28. Ausgabe, 2013; französisches Original: Bourdieu, Pierre. Esquisse d'une théorie de la pratique. Libraire Droz (Genf 1972)), S. 25; oder Bourdieu. Language & Symbolic Power, S. 37.

100 Bourdieu. Language & Symbolic Power. Introduction by Editor John B. Thompson, S. 18.

101 Ebd., S. 17.

102 Ebd., S. 8 und S. 22.

103 Ebd., S. 9.

Schiff zu taufen, der Sprecher befugt sein muss, diese Schiffstaufe vorzunehmen.[104] Bourdieu unterstellt Austin ferner, den »schweren Fehler« geglaubt zu haben, in der »linguistischen Substanz der Sprache« den Diskurs gefunden zu haben.[105] Etwas Derartiges konnten wir bei unserer Lektüre Austins nicht finden. Zudem wirft er Austin, weil dieser nahe an den sprachlichen Äußerungen bleibt, anstatt die Machtverhältnisse zu kritisieren, immer wieder vor, dass dieser selbst nicht tue, was er zu tun glaube.[106] Er hätte Austin also gerne als politisch aktiven Soziologen gesehen und wirft ihm damit gewissermaßen vor, dass er »nur« Linguist sei und bei dem bleibe, was er im nächstliegenden Kontext sprachlicher Äußerungen vorfindet.[107] Eine unglaublich harte Kritik, denn sie setzt voraus, dass die Sprachwissenschaft, die am eindeutig Beweisbaren in der Sprache verharrt, letztlich keine Daseinsberechtigung habe. Eine geradezu wütende Ablehnung. Da Bourdieus Texte unter Linguisten keine große kritische Leserschaft gefunden zu haben scheinen, wird ihm dies niemals zum Vorwurf gemacht. Wir tun dies also an dieser Stelle: Wir werfen ihm vor, dass er so vorwurfsvoll ist.

Darin erschöpft sich unsere linguistische Kritik an Bourdieu und wir wenden uns ein paar anderen Aspekten zu, die Bourdieu für die Frage nach dem politisch Korrekten interessant machen: Dadurch, dass er bei Austin findet, dass auch weltbeschreibende Aussagen Handeln sein können, führt er die Frage, ob sie das sind oder nicht sind, auf das »symbolische Kapital« des Sprechers zurück.[108] Anders gesagt: Was gemeint oder verstanden werden kann, ist eine Frage der Position des Sprechers und Hörers im sozialen Feld.[109] Das wirkt plausibel, denn selbstverständlich macht es einen Unterschied, ob der Satz

104 Austin. How to Do Things with Words, S. 8.
105 Bourdieu. Language & Symbolic Power, S. 106f.
106 Ebd., S. 111.
107 Ebd., zum Beispiel S. 113 und S. 115.
108 Ebd., S. 109.
109 Siehe auch Bourdieu. Outline of a Theory of Practice, S. 74.

»Zum Angriff!« vom Befehlshaber einer Armee oder von einem Kindergartenkind kommt – für diese Erkenntnis bräuchte es weder Linguisten noch Soziologen. In unserem Zusammenhang ist der Hinweis dennoch wertvoll, denn wenn jemand im öffentlichen Diskurs keine einflussreiche Position innehat, ist es dadurch gleichgültig, ob er politisch korrekte Sprache verwendet oder nicht. Von der Position hängt bei Bourdieu schließlich ab, ob man darüber entscheiden kann – in Einklang mit den sozialen Beziehungen –, ob etwas wahr ist oder nicht.[110] Damit stellt er, ebenso wie Foucault, das Konzept von erkennbarer Objektivität an sich infrage.[111] Dadurch entstehe eine symbolische Herrschaft, die zu den subtilsten Herrschaftsmitteln gehöre, denn sie vermittle Weltansichten, Sinnbezüge und selbstverständliche Denkweisen und diese Art der Unterdrückung sei unbewusst und könne daher nicht durch Bekehrung ausgetrieben werden.[112] Hier müssen sich die Vertreter der Weltverbesserung durch sprachliche Formen gefallen lassen, ob diese ihre Weltansicht und damit eine als selbstverständlich geltende Denkweise nicht ebenfalls zu diesen Mitteln gehören könnte.

Bourdieu jedenfalls deklariert sogar die Geschlechtsunterschiede als in dieser Art objektiv »konstruiert«.[113] Er erklärt, dass es keine »unschuldigen Worte« gebe, da gerade der politische Kampf eine kritische Situation für die Sprache, die verwendet wird, darstellt.[114] Dies ist problematisch, denn nur weil politischer Kampf im täglichen Diskurs sprachlich ist, ist nicht jede sprachliche Äußerung ein Politikum und diese Begründung daher nicht ausreichend. Jedoch grenzt er Rechtsdiskurse als besondere Art der »Sozialmagie«, die tatsächlich erschafft, was sie äußert, ab. Denn Rechtsprechung geht konkret

110 Siehe auch ebd., S. 21.
111 Siehe auch ebd., S. 96.
112 Moebius. Pierre Bourdieu, S. 53.
113 Bourdieu, Pierre. Die männliche Herrschaft. Suhrkamp (Frankfurt am Main 2005), S. 21–23.
114 Bourdieu. Language & Symbolic Power, S. 40.

von der politisch herrschenden Macht aus,[115] was nahelegt, dass die Behauptung, es gebe *keine* unschuldigen Worte, nicht in einer solchen Absolutheit gemeint sein kann. Denn nicht jede Aussage hat die Macht eines Rechtsdiskurses. Viel eher gibt es keine Worte, die nicht missbräuchlich von Machthabern verwendet werden könnten. Er führt den Begriff des Benennens (*naming*) ein, als soziales Handeln durch Lügen, Beleidigungen, Verdammungen, Kritik, Argumente oder Lob, und jemand in einer machtvollen Position könne so jemandem die Benennung auferlegen.[116] Dieses *naming* hat einen festen Platz bei den Theoretikern, die Bourdieu folgen, insbesondere in den postkolonialen Studien, in denen imperialistische Bestrebungen kritisiert werden. Dies bedeutet außerdem, dass die mächtigere Position in Bezug auf unser Problem einer reformierten Sprache jene ist, dass sie aus dem universitären Elfenbeinturm komme und deshalb dafür kritisiert werden könne, was allerdings von eben dieser Seite üblicherweise nicht wahrgenommen wird, und falls doch, als irrelevant oder unwissenschaftlich abgetan wird. Vielmehr noch: Die Verwendung abstrakter Sprache politischer Rhetorik würde, laut Bourdieu, zu Fanatismus und Jakobinertum führen.[117] Ebenso wie zum Beispiel Paul bemerkt er, dass populär gemachte Worte ihre diskriminierende Macht verlieren und daher banal und abgetragen wirken.[118] Eine Einsicht, die wir bei späteren Theoretikern nicht mehr finden werden. Leider bleibt er uns für viele Behauptungen, gerade für jene, dass die Geschlechterverhältnisse sozial konstruiert seien, eindeutige Belege schuldig. In den Fußnoten finden sich nur weitere persönliche Anmerkungen, die bestärken sollen, was er sagt, aber weder Verweise zu anderen Autoren noch zu Studien.[119] Bourdieu

115 Ebd., S. 42.
116 Ebd., S. 104–106.
117 Ebd., S. 213.
118 Ebd., S. 63–64.
119 Ebd., S. 121 und S. 128.

kritisiert, dass »spezielle Sprache« wie jene, die wissenschaftliche Sprache nachahmt, ohne jedoch Wissenschaft, sondern soziale Wissensproduktion zu sein, dazu diene, eine Mitgliedschaft in jenem elitären Klub zu erlangen.[120] Etwas, was sowohl auf die politisch korrekte Sprache als auch auf die Sprache der postmodernen Theoretiker zutrifft – sie wird so eher zum sozialen Erkennungsmerkmal und das Einzige, was diese Sprache konstruiert, ist der Ausschluss jener, die nicht so sprechen oder nicht so sprechen können.[121] Bourdieu führt außerdem den Begriff der »symbolischen Gewalt« ein,[122] den wir im nächsten Kapitel wiedertreffen werden. Symbolische Macht sei eine unsichtbare Kraft, die nur ausgeübt werden könne durch jene, die nicht wissen, dass sie ihr ausführendes Organ sind.[123] Dies könnte nur allzu leicht auf unsere Vertreter einer bereinigten Sprache bezogen werden. Ebenso wie seine Aussage, dass Wissenschaft den Respekt verliert, wenn sie bezichtigt wird, eben nicht objektiv, sondern ideologisch zu sein.[124] Auch die Begrifflichkeit des »intellektuellen Imperialismus« taucht bei ihm auf.[125] Insbesondere da jene, die analysieren, ihre eigene Position nicht reflektieren würden.[126] In unserem Kapitel zur Wissenschaftlichkeit der Wissenschaft werden wir auf diese Ironie zurückkommen. Dennoch schlägt er als Gegenstrategie zum Neoliberalismus den Zusammenschluss von Intellektuellen vor.[127] Bourdieu hat diverse Studien zu Bildung, Universität, Recht, Staat, Bürokratie,

120 Ebd., S. 141 f.

121 Ebd., S. 141 f. Siehe hierzu auch die komplexe Problematik eines umfassenden Genderns bei Nachrichten in leichter oder einfacher Sprache: https://www.genderleicht.de/gendern-in-leichter-sprache-anleitung/.

122 Bourdieu. Language & Symbolic Power, S. 153.

123 Ebd., S. 164.

124 Ebd., S. 153.

125 Bourdieu. Language & Symbolic Power. Introduction by Editor John B. Thompson, S. 3–4.

126 Ebd., S. 4.

127 Moebius. Pierre Bourdieu, 61; Bourdieu, Pierre. Das Modell Tietmeyer. In: Jurt, Joseph (Hg.). absolute Pierre Bourdieu. orange-press (Freiburg im Breisgau 2003), S. 184–189, hier S. 188.

Religion, Massenmedien, Sport, Kultur, Verelendung und Prekarisierung hinterlassen.[128] Nur zur Sprache selbst war keine dabei. Bourdieu sei nicht primär der *Homo academicus* gewesen, sondern hat Soziologie als Handwerk verstanden und war der Meinung, dass das Modell des engagierten Intellektuellen, der mit der Pose des Propheten zu allem eine Meinung hat, ohne dafür qualifiziert zu sein, ausgedient habe.[129] Dies wirkt insofern widersprüchlich, da er vom Strukturalismus, als dessen großer Kritiker er künftig gelten würde, vom *métier* her offenbar nicht qualifiziert war. Allerdings hat er bewiesen, dass er eben verstand, was er verstehen konnte, als jemand, der kein Linguist war, kein Strukturalist, jedoch in seiner Position als Soziologe. Als solcher war er einflussreich und hatte vieles zu sagen – man könnte fast meinen zu vieles und es wäre möglicherweise eine gute Idee gewesen, hätte er seinen eigenen Rat befolgt.

Aus dieser Soziologie Bourdieus heraus entwickeln sich die Einflüsse in Soziolinguistik, Psycholinguistik, Genderlinguistik und welche Vorsilben-Linguistiken es noch geben mag, in denen über weite Strecken an Sprachmagie festgehalten wird, wie wir sie bei Bourdieu vorfinden. Mit Saussure hat man sich in diesen Gebieten kaum mehr auseinandergesetzt, wozu auch, da er doch durch Bourdieu bereits als ausreichend kritisiert galt. In diesen universitären Studienrichtungen werden jene Inhalte, wie es in klassischen Sprachstudien oder in der komparativen Linguistik zu Beginn als Grundwissen vermittelt wird, oft nicht mehr behandelt. Diese französischen Denker, so verwirrend die Literatur, die sie verfassten, auch sein mag, sind bei näherer Betrachtung auch nicht dafür verantwortlich, die Slogans um Sprache und Macht in derlei simplifizierter Form in die Welt gesetzt zu haben. Selbst wenn ihre Namen in Diskussionen um

128 Bohne/Hahn. Pierre Bourdieu (1930–2002), S. 303.

129 Ebd., S. 289. Verweis der Autoren auf: Bourdieu, Pierre/Chamboredon, Jean-Claude/Passeron, Jean-Claude (eds.). Le métier de sociologue. Mouton (Paris 1983).

Sprache und Macht gerne ins Feld geführt werden, müssen wir die Ursache der undifferenzierten, weit verbreiteten Slogans an anderer Stelle suchen, nämlich dort, wo Behauptungen über ihre Schriften aufgestellt und unüberprüft übernommen werden – die Antwort (ebenso wie über Austins vermeintlichen Beitrag) müssen wir in der nächsten Generation der Theorien suchen und damit im nächsten Kapitel.

In Kürze

Bis heute sind die Fachgebiete Linguistik, Soziologie, Philosophie, Psychologie, Rhetorik und viele weitere, die mit dem Menschen zu tun haben, nicht präzise voneinander abgetrennt. Es ist jedoch unsere Pflicht, hier anzumerken, dass weder Foucault noch andere, die ihm in unserem Buch folgen werden, Sprache an sich erforschten oder sich gar Linguisten nannten. Wir haben es hier nicht mit Wissen über Sprache, sondern mit **Mutmaßungen** über die Gesellschaft zu tun, die wir von einer Linguistik, die anhand der Sprache zeigt, wie Sprache funktioniert, trennen sollten. Wie wir später erkennen werden, ist es nämlich ein Mangel dieser Trennung, der zu einigen Schwierigkeiten führen wird.

Auf den Strukturalismus, der dem Ethnologen Lévi-Strauss als erste »richtige Wissenschaft« in den sozialen Wissenschaften galt, die Gesetzmäßigkeiten zeigte, wie es sonst nur die Naturwissenschaften konnten, folgten zahlreiche Texte aus diesen Wissenschaften, welche die **Nachfolge oder gar die Überwindung des saussureschen Strukturalismus** anstrebten. Ihre Autoren werden **Poststrukturalisten** genannt.

Sprache ist Macht?

Foucault begründete die Diskursanalyse, die Analyse der strukturierenden kommunikativen Praxis. Wenn man Sprache nach ihren Strukturen untersuchen konnte, dann konnte man auch Gesellschaft anhand ihrer Strukturen untersuchen. Laut Foucault hängt das, was wir in einer Gesellschaft für wahr halten und was nicht, vom Diskurs ab. **Diskurs bezeichnet im Groben die Aussagen, die in einer Gesellschaft zu einem Thema getroffen werden.**

Wer Dominanz über den Diskurs hat, entscheidet, was als wahr gilt, und dies wird zum Regime der Wahrheit. Nicht Sprache ist also Macht, und auch nicht der Diskurs, sondern den Diskurs zu dominieren, die Deutungshoheit inne zu haben. Eine Fragestellung der Diskursanalyse wäre zum Beispiel: Wer dominiert den Diskurs um das, was Sprache ist in den Medien? Wer dominiert ihn in der Alltagssprache? Aber Vorsicht: Nur weil Sprache und Gesellschaft Strukturen haben, sagt die Struktur des einen nicht automatisch etwas über die Struktur des anderen aus. Nicht Sprache ist Macht, sondern **Diskursdominanz ist Macht**.

Alles ist Text?

Derrida arbeitete viele Widersprüche im linguistischen *Cours* Saussures heraus, die jedoch zumeist von den Herausgebern und nicht von Saussure selbst oder seinen Studenten stammten. Insbesondere die Überzeugung, Saussure hielte die Schrift gegenüber dem Sprechen für minderwertig, war für ihn Stein des Anstoßes.

Was er allerdings von ihm übernimmt, ist ein tiefes Verständnis für die Arbitrarität: Ein Zeichen kann niemals wirklich an die Realität anschließen, da es Referenz und nicht Abbild ist, daher könne man es nur mit noch mehr Zeichen und immer mehr Zeichen erklären – die Lücke kann niemals gefüllt werden. Wie erklärt man jemandem, was ein Baum ist, wenn man gerade keinen realen Baum zu Anschauungszwecken zur Verfügung hat, ohne ihn abzubilden? Man erklärt, mit mehr und mehr Worten.

Wie kommt man darauf zu glauben, Derrida habe die reale Welt für Text gehalten? In *Of Grammatology* schreibt er, dass es »**nichts außerhalb des Textes**« gebe – dass Text nur mit Text erklärbar sei. Er hätte auch schreiben können, dass es **nichts innerhalb des Textes** gibt, nur die Verweise liegen hier, aber das, worauf verwiesen wird, was nicht dekonstruierbar ist, liegt außerhalb des Textes.

Was erhalten blieb, ist seine Dekonstruktion: Sprachliche Zeichen verstehen wir dadurch, dass wir sie unterscheiden können, was er die *différance* nennt. Unterschiede bauen auf Gegensatzpaaren auf, die stets hierarchisch seien. In literarischen und historischen Texten können Gegensatzpaare also genannt, ausgetauscht und ersetzt werden. In der politisch korrekten Sprache hat dies Eingang in die Alltagskommunikation gefunden: Hierarchische Gegensätze wie Weiß und Schwarz und überhaupt alles, was in Gegensätzen kommen kann, müssen durch Ersetzung aufgelöst werden, obgleich es sich dabei zuallererst um eine **literaturwissenschaftliche Analysetechnik** handelt, deren Anwendungsberechtigung in der Alltagssprache fragwürdig ist.

Der Empfänger entscheidet über die Bedeutung einer Nachricht?

Barthes lehnt den Versuch der Literaturkritik, den Autor hinter dem Text zu entdecken, ab. In Wahrheit bilde die Struktur den Text sowie den Inhalt und dafür braucht man keinen Autor, da der Text vom Leser aktualisiert, also mit Bedeutung entsprechend der Struktur der Sprache aufgefüllt würde. Daher müsse man auf etwaige Absichten eines Autors keine Rücksicht nehmen. Begründungen dafür bietet Barthes nicht, dennoch hat sich diese **Herangehensweise an Literatur** zu einer Herangehensweise an Alltagskommunikation entwickelt. In der Alltagskommunikation – erinnern wir uns an die Sprechakttheorie – hat die Intention des Sprechers nämlich durchaus ihren begründeten Platz.

Wer Macht hat, hat Sprache, wer Sprache hat, hat Macht? Bourdieu konnte viel damit anfangen, dass bei Saussure Zeichen ihre Bedeutung aus der Unterscheidung und Beziehung zu anderen Zeichen erhielten. Das meinte er ebenfalls in der sozialen Welt zu erkennen: Der Status eines Menschen entscheidet sich durch seine Beziehungen und Unterschiede zu anderen Menschen. Einige Details an Saussures Arbeit hat er jedoch missverstanden. Viele seiner Nachfolger übernehmen das Missverständnis von Bourdieu und wischen damit die saussuresche Zeichenerklärung weg, ohne jedoch zu bemerken, wie Bourdieu die Widersprüche aus dem Missverständnis selbst auflöst: **Nicht in der Form ist die Bedeutung zu suchen, sondern in der Verwendung.**

Bei ihm finden wir auch die Annahme, dass Sprache, da sie durch Konvention geprägt sei und Konvention soziales Handeln sei, auch Handeln sein müsse. Ebenso wie die Behauptung, dass es keine unschuldigen Worte gäbe, was für seine Nachfolger Tür und Tor öffnete, die sprachliche Struktur mit der gesellschaftlichen fälschlicherweise einfach gleichzusetzen und sämtliche Sprache als Handeln zu betrachten.

Dabei übersehen sie allerdings, dass Bourdieu sich der Wandelbarkeit von Sprache durchaus bewusst war und eine klare Vorstellung davon hatte, dass jede Begrifflichkeit sich zum Guten wie zum Bösen drehen lässt – das ist, was es bedeutet, dass Begriffe abhängig von ihrer Verwendung sind.

Er selbst kommt zum Schluss, dass, was gesagt und verstanden werden kann, von der Position im sozialen Feld abhängt. Ob ein Sprechakt Handeln ist, ist zum Beispiel unter anderem davon abhängig, ob man Richter mit dementsprechenden Befugnissen ist. Dies ist ein wertvoller Hinweis, den er auf Austins Schultern erarbeitet: **Nicht jedermanns Sprache ist mächtig.**

III | Sprache ist Gewalt

Homophobie ist schwul.

Regenbogensticker auf einem Laternenpfahl in Graz, 2021

3.1. Auf Theorie folgt Theorie

Im ersten Kapitel haben wir dargelegt, was zu Recht als linguistisches Basiswissen gilt und was nicht. Im zweiten Kapitel haben wir uns Theorien zugewandt, die auf dieses Fundament aufbauen beziehungsweise es – wie wir gesehen haben oftmals zu Unrecht – einer Kritik unterziehen. In dieser selektiven Lektüre der im zweiten Kapitel besprochenen Theoretiker wird Austin zwar kritisiert, aber dennoch partiell als Autorität aufgebaut, während von Saussure nichts übrig bleibt, indem einfach darauf gepocht wird, dass vom Klassiker Bemerkenswertes stammt, jedoch habe er schlichtweg das vergessen, was der Kritiker hinzufügen will. Aus diesen Theoretikern und Kritikern in Kapitel 2 speist sich die Basisliteratur dessen, was heute in den Gender- und Kulturwissenschaften unterrichtet wird. In dieser sogenannten *linguistischen Wende* sind die eigentlichen Fakten über Sprache und ihre Funktionsweise immer mehr in den Hintergrund getreten. Hier besprechen wir nun, was den Grundstock dieser neuen Studienrichtungen ausmacht.

Eine zentrale Behauptung ist, dass die linguistische Wende zu einer kulturtheoretischen Wende geführt habe, einer Erweiterung des Fächerkanons, die als seine Weiterführung betrachtet wird.[1] Man kann einen beliebigen Sammelband zu Kulturtheorien oder der linguistischen Wende heranziehen und wird immer wieder auf die gleichen Namen stoßen, denen in der gesamten westlichen Hemisphäre eine Unmenge an Vorlesungen und Seminaren gewidmet sind. Der US-amerikanische Literaturtheoretiker Edward Said (1935–2003) machte die Orientalismuskritik groß, denn Okzident und Orient seien – im Sinne Derridas – als hierarchische Gegensätze konstruiert.[2] In der postkolonialen Theorie treffen wir neben Said auch die indisch-amerikanische Literaturwissenschaftlerin Gayatri Chakravorty Spivak (geboren 1942) und den indisch-britischen Literaturwissenschaftler Homi K. Bhabha (geboren 1949), die Eurozentrismus und gewaltsame Hierarchien kritisieren.[3] Wobei postkolonial nicht zeitlich nach der Kolonialzeit meint, sondern nach der Hinwendung zu an den Rand gedrängten, sogenannten marginalisierten Kulturen, indem die westliche Macht infrage gestellt wird.[4] Die Literaturwissenschaft, gespeist von Derrida und Barthes, sei hier richtungsweisend und löse die Ethnologie ab.[5] Überlappungs- und Überschneidungsmerkmale von Kulturen werden künftig in Kategorien wie Rasse, Klasse oder Geschlecht eingeordnet, die dann kritisiert werden.[6] Manchmal fällt auch

1 Moebius, Stephan/Quadflieg, Dirk. Kulturtheorien der Gegenwart – Heterotopien der Gegenwart. In: Moebius, Stephan/Quadflieg, Dirk (Hg.). Theorien der Gegenwart. VS Verlag für Sozialwissenschaften (Wiesbaden 2006), S. 9–13, hier S. 10–11.

2 Bachmann-Medick. Cultural Turns, S. 152f; Scruton. Fools, Frauds and Firebrands, S. 233f.

3 Bachmann-Medick. Cultural Turns, S. 189f; Nandi, Miriam. Gayatri Chakravorty Spivak: Übersetzungen aus anderen Welten. In: Moebius, Stephan/Quadflieg, Dirk (Hg.). Kultur. Theorien der Gegenwart. VS Verlag für Sozialwissenschaften (Wiesbaden 2006), S. 129–140.

4 Bachmann-Medick. Cultural Turns, S. 192.

5 Ebd., S. 191.

6 Ebd., S. 199f.

der Name Gilles Deleuze (1925–1995), ein französischer Philosoph.[7] Bei ihm gilt selbst der Zusammenhang von Ursache und Wirkung nur als Glaube aus Gewohnheit und die Identität des Menschen bestünde nur in Ausdifferenzierung zu anderen.[8] Im Unterricht dieser Studienzweige werden mit der größten Selbstverständlichkeit Sätze über solche Autoren hingeworfen wie zum Beispiel »Einerseits verdeutlicht sie die Modellierung der Geschlechtsrollen durch Sprache als (patriarchalisches) Herrschaftsinstrument«.[9] Namen wie Julia Kristeva (geboren 1941), die eigentlich aus der Literaturwissenschaft kommt, greifen weniger auf die bereits von uns besprochenen Theoretiker zurück, sondern auf den französischen Psychoanalytiker Jacques Lacan (1901–1981).[10] Er selbst hat seine Theorien noch auf Saussure aufgebaut, wir haben ihn allerdings im vorherigen Abschnitt nicht inkludiert, da seine Texte für unsere linguistische Untersuchung in ihrer Argumentation und Terminologie zu inkongruent erschienen – seine Grundannahme besteht in etwa darin, dass ein Kind erst Identität ausbilde im sogenannten Spiegelstadium, wenn es erkennt, dass es selbst nicht zur Mutter gehöre. Dies führt er mit verworrener Sprache aus und da ihm die grafische Darstellung bei Saussure offenbar gefiel, wirft er mit pseudo-mathematischen Formeln um sich, um dann Schlüsse daraus zu ziehen, die man aus den gegebenen Informationen wissenschaftlich nicht ziehen kann.[11] Von medizinisch diagnostischer Herangehensweise ist nicht mehr viel zu bemerken und wir sind nicht überrascht, dass er zwar – wie Freud – in

7 Rölli, Marc. Gilles Deleuze: Kultur und Gegenkultur. In: Moebius, Stephan/Quadflieg, Dirk (Hg.). Kultur. Theorien der Gegenwart. VS Verlag für Sozialwissenschaften (Wiesbaden 2006), S. 30–42, hier S. 31.

8 Ebd., S. 33. Scruton. Fools, Frauds and Firebrands, S. 181.

9 Bachmann-Medick. Cultural Turns, S. 256.

10 Kupke, Christian. Julia Kristeva: Das Pathos des Denkens oder Die zweifache Genese des Subjekts. In: Moebius, Stephan/Quadflieg, Dirk (Hg.). Kultur. Theorien der Gegenwart. VS Verlag für Sozialwissenschaften (Wiesbaden 2006), S. 223–235, hier S. 225.

11 Tallis. Not Saussure, S. 132.

der Literaturwissenschaft beliebt war, in den Naturwissenschaften jedoch kaum rezipiert wurde.[12] Hier müssen wir auch den argentinischen Politikwissenschaftler Ernesto Lacleau (1935–2014) nennen, der zwar in den Gender- und Kulturwissenschaften weniger stark vertreten ist als die vorhergehenden Autoren. Jedoch begann er damit, Derridas Dekonstruktivismus zur Analyse der Gesellschaft heranzuziehen.[13] Die Methode, Kultur wie einen Text zu interpretieren und Gegensatzpaare zu finden, eine Hierarchie in ihnen zu entdecken und sie zu kritisieren, hat der heutigen Sprachkritik im Alltag Tür und Tor geöffnet. Auch die – bereits aufgeklärte – Mär, dass bei Saussure Systeme von Differenzen eindeutig und stabil seien, ist in diesem Zusammenhang wiederzufinden.[14] Dann gibt es noch den britischen Soziologen Stuart Hall (1932–2014), der als Begründer der Kulturwissenschaften gilt. Er führt diese Dekonstruktion weiter, um »alternative Perspektiven zu entwickeln«, indem man zirkulierende Klischees und Stereotypen kritisiert, da diese die bestehenden Machtverhältnisse herstellten oder stabilisieren.[15] Ihm haben wir es primär zu verdanken, dass Popkultur zum legitimen Forschungsgegenstand erhoben wurde.[16] Man wird in den Gender- und Kulturwissenschaften mit diesen Namen beworfen, mit einer kurzen Zusammenfassung ihrer Theorien

12 Mathews, Peter D. Lacan the Charlatan. Palgrave Macmillan (Cham, Schweiz 2020).

13 Reckwitz, Andreas. Ernesto Laclau: Diskurse, Hegemonien, Antagonismen. In: Moebius, Stephan / Quadflieg, Dirk (Hg.). Kultur. Theorien der Gegenwart. VS Verlag für Sozialwissenschaften (Wiesbaden 2006), S. 339–349, hier S. 339 f.

14 Ebd., S. 342.

15 Winter, Rainer. Stuart Hall: Die Erfindung der Cultural Studies. In: Moebius, Stephan / Quadflieg, Dirk (Hg.). Kultur. Theorien der Gegenwart. VS Verlag für Sozialwissenschaften (Wiesbaden 2006), S. 381–393, hier S. 381.

16 Ebd., S. 382. Stuart Hall verdankt die Welt auch, dass es möglich ist, einen Kinofilm wie Kill Bill auf ein winziges Detail hin zu interpretieren (in diesem Fall Körpersprache) und ihn als antifeministisches, sexistisches Machwerk anzuklagen. Das wissen die Autoren aus eigener Erfahrung, da einem diese »Analyse« an den Gender Studies innerhalb eines Seminars ein »Sehr gut« einbringen konnte.

beglückt, mit noch kürzeren Zusammenfassungen und Slogans dessen, worauf sie angeblich fußen, nämlich den Theoretikern aus dem vorherigen Kapitel, und Saussure darf künftig als überwunden, abgehakt und zu-Ende-kritisiert gelten, ohne dass bei der Jagd nach dem universitären ECTS-Leistungspunkt Zeit bliebe, den entsprechenden Quellen nachzugehen.[17] Fassen wir also zusammen, was mit den Theoretikern des letzten Kapitels im Unterricht begründet wird: Sprache ist Macht und alles ist Sprache, der Rezipient eines Textes hat immer recht in Bezug auf dessen Inhalt und wer spricht, übt Macht aus, handelt also und darf daher vom Rezipienten dafür kritisiert – oder im Alltag – gescholten werden. Dass weder sämtliche Sprache noch die Sprache sämtlicher Sprecher einer Sprachgemeinschaft Macht ausüben, haben wir bereits mit Bourdieu ausgeführt, ebenso wie das, was für die Literaturwissenschaft über den Leser zutreffen

17 Hier erlauben wir uns eine persönliche Anmerkung aus eigener Erfahrung: Viele Studenten werden daran außerdem kein Interesse haben. Denn das universitäre System ist mittlerweile so verschult, dass es oftmals reicht, die entsprechenden Stichwörter auswendig zu lernen, um bei der Prüfung die erwartbare positive Note zu bekommen. Mit 30 anderen in einem Seminar zu sitzen bedeutet, dass dieses keinen Seminarcharakter mehr aufweist, dass es keine ausführliche Diskussion der Beiträge gibt, sondern gewissermaßen eine Vorlesung stattfindet – ein tieferes inhaltliches Verständnis ist für eine Benotung üblicherweise ohnehin nicht vonnöten. Das bedeutet allerdings ebenfalls, dass von studentischer Seite diese Inhalte für gewöhnlich nicht hinterfragt werden und selbst jene, die aus einem linguistischen Kurs kommend bei den Gender Studies landen und verstanden haben, was es an Saussure und Austin zu verstehen gab, werden, um ihre Note nicht zu gefährden, die Inhalte dieser neuen Studienfächer hinnehmen und kritiklos wiedergeben, um der Universität schleunigst nach dem Abschluss den Rücken zu kehren. Wer sich erdreistet anzumerken, dass dies nicht zu Saussure oder Austin passe, bekommt einen der Theoretiker aus dem letzten Kapitel des vorliegenden Buches genannt, wird die Wiederholung der Slogans erleben oder abgewimmelt werden. Denn diese Inhalte werden, obgleich sie nur auf unbewiesenen Theorien fußen, wie gefestigtes, über jeden Zweifel erhabenes Wissen unterrichtet. Sämtliche Empirie, die sich zu diesen Themen finden lässt, geht von der Prämisse aus, dass diese Theorien wahr sind, und die Seminararbeiten beschränken sich inhaltlich oft darauf, unter der Annahme, dass überall Macht, Patriarchat, Imperialismus, Sexismus, Rassismus und Kolonialismus zu finden sei, diese darin aufzustöbern und zu benennen. Wenn die Phänomene schwierig zu finden seien, müsse man eben nur immer akribischer suchen.

mag, nicht auf Alltagskonversation zutrifft. All diese Slogans für wahr zu halten ist notwendig, um unseren letzten glauben zu können: *Sprache ist Gewalt.* Dafür müssen wir von all den vorherigen Slogans ausgehen und noch einen winzigen Sprung machen, indem wir zusätzlich annehmen, dass sich Sprache auf menschliche Körper auswirke. Wir sind damit bei der US-amerikanischen Philosophin Judith Butler (geboren 1956) angelangt.

Butler kann zum Beispiel als »wohl bedeutendste zeitgenössische Vertreterin des Poststrukturalismus bezeichnet werden, auch wenn diese Bezeichnung den Facettenreichtum ihres Denkens kaum erschöpft.«[18] Sie hat in Yale und Heidelberg Philosophie studiert und schließlich eine Literaturwissenschaftsprofessur in Berkeley angetreten. Das Verfassen von Texten sei ihr Weg, das neu zu gestalten, was als Welt gilt.[19] Die von ihr vorgeschlagene »kulturelle subversive Praxis« sei die Relektüre von Kulturtheorien, zu ihrer Resignifizierung und Rekontextualisierung von Begriffen und ihrer bewussten Fehlaneignung.[20] Konkret heißt das, Texte zu lesen und wie bei Derrida nach ihren Gegensätzen zu suchen und diesen Begriffen neue Bedeutungen zu geben, sie neu einzuordnen oder sie sich anzueignen. Das ist, wie für Butler Dekonstruktion aussieht. Was soll dekonstruiert werden? Kulturelle Konstrukte. Was ist ein Konstrukt: ein zeitlicher Prozess, der durch laufende Wiederholung von Normen operiert.[21] Eine Konstruktion ist also die Wiederholung von Normen, um diese Normen

---

18 Kämpf, Heike. Judith Butler: Die störende Wiederkehr des kulturell Verdrängten. In: Moebius, Stephan/Quadflieg, Dirk (Hg.). Kultur. Theorien der Gegenwart. VS Verlag für Sozialwissenschaften (Wiesbaden 2006), S. 246–256, hier S. 246f.

19 Butler, Judith. Subjects of Desire: Hegelian Reflections in Twentieth-Century France. Columbia University Press (New York 1987), S. 44.

20 Kämpf. Judith Butler, S. 246f.

21 Butler, Judith. Bodies That Matter: On the Discursive Limits of »Sex«. Routledge (New York 1993), Introduction, S. 1–23 und S. 33.

zu verstärken. Die sich wiederholenden Normen nennt sie Performativität, die sie an Pierre Bourdieus Habitus anlehnt.[22] Eines dieser Konstrukte sei die Geschlechtsidentität. Da Butlers Fokus über viele Texte hinweg auf der Geschlechtsidentität ruht, ist es nicht verwunderlich, dass sie gerade in der sogenannten Queer Theory, einem Teil der Gender Studies, ausführlich rezipiert wurde.[23] Jedoch geht sie nicht nur so weit, zu sagen, dass *Gender*, wie es heute gemeinhin auch im deutschsprachigen Raum verwendet wird, ein kulturelles Konstrukt sei, das durch das System der Zwangsheterosexualität initiiert wäre,[24] sondern dass auch *Sex*, das biologische Geschlecht, ein kulturelles Konstrukt sei.[25] Es sei eine veränderbare Konstruktion und sei daher nicht mit dem Strukturalismus zu vereinbaren.[26] Bei der Lektüre wird daher oft ein nochmaliges Lösen vom Strukturalismus vermutet, obwohl im Strukturalismus nie behauptet wird, dass Konstruktionen nicht veränderbar seien, ebenso wenig wie es bei Saussure über Sprache behauptet wird. Butlers Begründung dafür, dass auch das biologische Geschlecht sozial konstruiert sei? Wenn Gender ein kulturelles Konstrukt ist, jedoch nur, wie wir Gender wahrnehmen, entscheidet, wie wir Sex wahrnehmen, dann könne Gender nicht von Sex abhängig sein, sondern dann sei es vielmehr umgekehrt.[27] Woran sie das festmacht, ist die Geschlechterbinarität – davon auszugehen, dass es nur zwei Geschlechter gebe,

22 Butler, Judith. Gender Trouble. Feminism and the Subversion of Identity. Routledge (New York 1990), S. 8.

23 Kämpf. Judith Butler, S. 246 f. Ebenfalls ein guter Überblick bei: Bachmann-Medick. Cultural Turns, S. 127.

24 Kämpf. Judith Butler, S. 249. Zitiert nach Butler, Judith. Das Unbehagen der Geschlechter (aus dem Amerikanischen übersetzt von Kathrina Menke). Suhrkamp (Frankfurt am Main 1991; englisches Original: Butler, Judith. Gender Trouble. Feminism and the Subversion of Identity. Routledge (New York 1990)), S. 60 und S. 196.

25 Ebd., S. 249.

26 Butler, Judith. Undoing Gender. Routledge (New York 2004), S. 47.

27 Butler. Gender Trouble, S. 8–11.

führe dazu, dass sich Menschen in diese zwei biologischen Kategorien einordnen müssten. Sie sagt also nicht, dass es überhaupt keine Geschlechtsidentität gäbe, sondern bislang nur, dass es ja auch andere sein könnten. Sie greift für diese Theorie auf Bourdieu zurück und schließt aus seinen Texten zur Benennung, dass, ein »Mädchen« genannt zu werden, das Mädchen »vermädlichen« würde, und das müsse im Gegensatz zu Bourdieu keine Verankerung in sozialen Behörden und Institutionen haben, um effektiv zu sein.[28] Damit wischt sie vieles von Bourdieu, was er über die Wichtigkeit der Position eines Sprechers sagt, um mit Sprache handeln zu können, einfach weg. Sie zitiert hier den oben erwähnten Lacleau: Der performative Charakter des Benennens ist Voraussetzung jeder Vorherrschaft und Politik.[29] Bourdieu sagt, dass die Bedeutung eines Sprechaktes, die Wortmagie, nicht in den »Worten«, in der Form liege, sondern in der Institution und der Position des Sprechers. Dies veranlasst Butler dazu, dies als Hinweis auf den Strukturalismus zu sehen, in dem dies gängige Ansicht sei und in dem daher die Tatsache unterdrückt würde, dass die »soziale Natur der Sprache eine ihrer inneren Kennzeichen sei« und dass ihr daher soziale Heterogenität, also soziale Vielfalt, anhaften würde.[30] Der Strukturalismus hat jedoch niemals behauptet, dass Sprache nicht sozial sei, wie wir an Saussure merken. Damit macht Butler einen Sprung von der Annahme, dass sowohl Sprache als auch Gesellschaft sozial konstruiert seien – was so weit richtig ist –, um damit zu begründen, dass alles Soziale auch sprachlich sei, was sich aber nicht so simpel daraus schließen lässt. In der Folge wirft sie Bourdieu vor, dass er dazu tendiere, die sozialen Positionen der Sprecher als fixiert zu

---

28 Butler, Judith. Performativity's Social Magic. In: Shustennan, Richard (ed.). Bourdieu. A Critical Reader. Blackwell Publishers (Cambridge 1999), S. 113–128, hier S. 120.

29 Ebd., S. 119.

30 Ebd., S. 120 f.

betrachten, was er ebenso wenig tut, wie Saussure es mit Zeichen gemacht hat. Denn wenngleich nicht jeder zu jedem Sprachhandeln befugt ist, seien auch soziale Positionen durch verborgene Performanzen konstruiert.[31] Damit, dass die Positionen der Sprecher ebenfalls nicht in Stein gemeißelt sind, löst sie Bourdieus wesentlichsten Beitrag völlig auf, denn dann ist ja immer jedes gesprochene Wort unter Verdacht, dass es Handeln sein könne: Falls Habitus formt und geformt wird sowie Sprache formt und geformt wird, dann sind alle gleichermaßen Handeln und folglich sind Benennungen, laut Butler, auch Performationen und ihre Effekte weder linguistisch noch sozial, sondern ununterscheidbar und zwangsläufig beides.[32] Dass hier der Denkschritt von der Analogie zwischen Sprache und sozialem Habitus hin zu Ursache und Wirkung niemals gemacht oder gar erklärt wird, wird geschickt verborgen durch eine Fülle obskuranter Begriffskonstruktionen und deren Gleichsetzungen untereinander. Was Sprache als Sprache auszeichnet, ob nun nach Saussure oder anderen Maßstäben, scheint Butler nicht zu interessieren. Auch in *Undoing Gender* zitiert sie keine linguistische Literatur oder tut dies nur durch die Brillen der Vorgänger: Sie zitiert Foucault, Derrida, Bourdieu, Spivak, Habermas, Geertz, Hegel, Wittig, Kristeva, Irigaray, Lacan, Lévi-Strauss, Freud, Deleuze.[33] Bei Butler ist Sprache also immer performativ, formend und geformt und daher immer Handeln, da sie über ihren Kunstgriff, eine Fehlzitation, die Position des Sprechers für nichtig erklärt hat. Manchmal sind solche Kunstgriffe weniger nötig, wie wir an Butlers Lektüre von Austin erkennen können: Dieser merkt an, dass manche Folgen eines Sprechaktes unbeabsichtigt sein können, und führt als Beispiel Beleidigungen an. Daher liege das Handeln des Sprechaktes hier weder in den Absichten des Sprechers noch in den

31 Ebd., S. 122.
32 Ebd., S. 126.
33 Butler. Undoing Gender, S. 198 oder Butler. Gender Trouble, S. 51.

Konventionen des Sprechaktes, sondern in den Folgen und damit beim Empfänger.[34] Ähnlich wie bei Barthes entscheide dadurch, dass der Empfänger die Nachricht gewissermaßen konstruiere, dieser auch über ihren Inhalt. Butler fährt fort, dass Austin klar machen würde, dass performative Sprechakte nicht von der Absicht des Sprechers abhängig seien.[35] Hierzu bringt Austin Beispiele, wie Entschuldigungen oder Versprechen, die ja gleichermaßen formal eine Entschuldigung darstellen oder ein Versprechen, selbst wenn die Entschuldigung nicht ernst gemeint ist und der Sprecher niemals das Bedürfnis hat, sich an sein Versprechen zu halten.[36] Die Beispiele stammen von Austin, jedoch macht er keineswegs klar, dass die Absichten des Sprechers damit im Sprechakt irrelevant seien, sondern nur, dass die Intention des Sprechers nicht mit der formalen Konvention übereinstimmen muss, denn schließlich, wie er aufzeigt, kann der Grund für das Versprechen oder die Entschuldigung ein anderer sein als der konventionell vorgeschriebene, was nun ganz und gar nicht das Gleiche bedeutet wie Butlers Auslegung, dass Sprechakte unabhängig von der Absicht des Sprechers seien. Damit erklärt sie, dass es eben nicht der Sprecher sei, von dem abhängt, ob Sprache Handeln ist, und der Sprecher ist zudem nicht Erschaffer der Sprache, die auf Körper einwirken würde, sondern Sprachhandeln liegt in den Konventionen der Sprache selbst. Folglich hat der Sprecher keine ursächliche Verantwortung im klassischen Sinne für das Gesagte, sondern übernehme Verantwortung nur durch den »zitathaften Charakter der Sprache«, durch die Wiederholung, mit der er linguistische Zeichen einer Gemeinschaft erneuert.[37] Damit kann niemand etwas für die sprachliche Gewalt, schuldig sind

34 Butler, Judith. Excitable Speech: A Politics of the Performative. Routledge (New York 1997), S. 17.

35 Ebd., S. 24.

36 Austin. How to Do Things with Words, S. 10–11.

37 Butler. Excitable Speech, S. 39.

jedoch alle – ein kurioser Widerspruch. Es scheint auch jenen, die heute Austin im Munde führen, um alle Sprache als Handeln zu bezeichnen, niemals aufgefallen zu sein, dass der Performanz-Begriff bei Austin zuallererst zu den Verben gehört, die tatsächlich Handlungen ausmachen. Zu sagen, alles sei Performanz, wie es Butler tut, ignoriert, dass eben nicht alle Aussagen den Handlungswert von Verben erfüllen können. Dennoch verlangt politische Korrektheit uns kaum jemals ab, Verben zu verändern und anzupassen, obwohl es doch dort ist, wo am meisten Handlung zu finden ist.[38] Eine Sonderrolle nimmt hier das Verb *to queer* ein, das durch die Queer Studies der späten 1980er Jahre als Technik des *queer reading* oder kurz *queering* Texte kritisch auf ihre Heteronormativität hin untersucht[39] – hierbei wird ein von außen zugewiesenes Adjektiv angeeignet, zum Prozess umfunktioniert und zu einem Verb und damit zur Handlung. Ansonsten kritisiert sie an Austin eben das, was sie bei Bourdieu über ihn gelesen hat,[40] und wird daraus schließen, dass Konvention das Wichtigste beim Sprachhandeln sei – so wischt sie die Intentionen des Sprechers einfach weg. Der Analytiker weise, laut Butler, auf den Sprechakt hin, seine Konsequenzen, seinen Tenor. Indem man sich auf die rhetorischen Aspekte konzentriert, ist es für den Analytiker möglich, Bedeutungen, die über Absichten des Sprechers hinausgehen, zu erkennen und jeder Mensch zeige mehr oder etwas anderes als das, was er meint.[41] Wir können uns vorstellen, dass solche Behauptungen, selbst wenn sie sich in einem Feld der Theorie, frei jeder empirischen Gravitation, einfinden, gerade junge Literaturwissenschaftsstudenten dazu ermutigen können, dem nachzugehen – doch Vorsicht: Butler bezieht sich hier explizit auf die Situation der Psychoanalyse und nicht auf

38 Austin. How to Do Things with Words, S. 4–11 und S. 54–66.

39 Siehe hierzu kurz zusammenfassend: https://en.wikipedia.org/wiki/Queering.

40 Butler. Excitable Speech, S. 145.

41 Butler. Undoing Gender, S. 171–173.

den täglichen Sprachgebrauch.[42] Was bei der Lektüre von Butler besonders auffällt, ist, dass sie Sprache niemals definiert, dann jedoch mit ihrem Kunstgriff alles Mögliche und Unmögliche ohne weitere Argumentation damit gleichsetzt. Sie deklariert zum Beispiel, dass Zensur eine Einschränkung von Sprache sei, und wenn Hasssprache oder Pornografie nicht mehr als Sprache verstanden werden, würde es sich nicht um Zensur handeln. Da allerdings auch Nichtsprachliches zensiert werden kann, geht sie dazu über, Nicht-sprachliches zur Sprache zu erklären, und umgekehrt.[43] Sie liefert dafür keine logischen Erklärungen. Die Unterscheidung zwischen sozial und linguistisch würde einschränken, wie man Performanz versteht, denn es gebe abseits der Bourdieuschen Teilung schließlich noch verborgene Vorgänge der Performanz, die sich einprägten.[44] Auch dies steht ohne Erklärung geschrieben. Zudem sagt Butler klar, dass ihrer Ansicht nach Performativität nicht nur Sprechakte, sondern auch körperliche Akte inkludiert.[45] Bereits in jenem Zitat Austins, das sie ihrem Buch *Excitable Speech* voranstellt »*Infelicity is an ill to which all acts are heir which have the general character of ritual or ceremonial, all conventional acts*«,[46] findet sie ihre Begründung dafür, dass alle Sprache Handeln sei, da Rituale eben auch Handlungen seien – ist Sprache rituell, dann ist es wie Bourdieus Habitus. Sie wiederholt diese Strategie für dieses Argument auch in ihrem Buch *Bodies That Matter*.[47]

42 Die von weiten Teilen der psychologischen Forschung seit Langem als bloße Traumdeuterei betrachtet wird, unter anderem, weil sie traditionell Traumdeutung inkludiert. Nicht jeder Literaturwissenschaftler sollte sich anmaßen, in seiner Freizeit sein Umfeld mit Butlerscher Psychoanalyse zu beglücken, zumal auch Butler selbst auf diesem Gebiet keinerlei Expertise hat.

43 Butler. Excitable Speech, S. 127.

44 Butler. Performativity's Social Magic, S. 120.

45 Butler. Undoing Gender, S. 198.

46 Butler. Excitable Speech, S. 1.

47 Butler, Judith. Körper von Gewicht. Die diskursiven Grenzen des Geschlechts. Suhrkamp (Frankfurt am Main 1997; englisches Original: Butler, Judith. Bodies That Matter: On the Discursive Limits of »Sex«. Routledge (New York 1993)), S. 224 und S. 282. Im englischen Original S. XIV–XIX, S. 188, S. 193.

Dass Austin all seine inhaltlichen Überlegungen vom *Act of Phones*, also von der reinen Form, abgrenzt, wird sie im Laufe ihres Werkes schlicht ignorieren. So wird Austin als Autorität wahrgenommen, obwohl er das, was Butler aus seiner Theorie macht, niemals geschrieben hat. Selbst Searle wird noch in den 1990ern, nachdem er sich Jahrzehnte sowohl mit Sprechakten als auch mit Intentionen befasst hat, feststellen, dass die Grenzen der Bedeutung eines Sprechaktes die Absichten des Sprechers sind, und alle bisherigen Analysen zeigen, dass, was mit Sprache getan werden kann, durchaus begrenzt ist.[48] Was Vertreter politischer Korrektheit daraus gemacht haben, schlägt in etwa diese Richtung ein: Die Machtlosen müssen den Diskurs dekonstruieren, um Entscheidungen, was etwas bedeutet, nicht den Mächtigen zu überlassen. Diskurs ist Sprache, Sprache ist Handeln, daher kann Sprache Gewalt sein, und die Intention des Sprechers ist gleichgültig. Zu Butlers Verteidigung muss man hier anmerken, dass sie niemanden aufgefordert hat, Alltagssprache zu bekritteln. Sie nennt als Strategie die Subversion: parodistische Performanz, als winzigen Freiraum des Widerstandes, denn der Unterdrückung zu entgehen ist ein leerer Traum und es gibt keine Hoffnung, etwas daran zu ändern. So ermutigt sie Leser zugleich, etwas gegen diese Macht zu unternehmen, doch dies geschieht dann nur von einem sicheren Platz aus, an dem weder etwas verloren noch erkämpft werden kann, und bleibt somit nur flüchtige Geste.[49]

---

48 Searle, John R. Geist, Sprache und Gesellschaft. Suhrkamp (Frankfurt am Main 2004), S. 179.

49 Kämpf. Judith Butler, S. 250; Butler. Das Unbehagen der Geschlechter, S. 56; Nussbaum, Martha C. The Professor of Parody. The hip defeatism of Judith Butler. 22. Februar 1999. In: The New Republic. Online: https://newrepublic.com/article/150687/professor-parody.

3.2. Konsequenzen im deutschsprachigen Raum

Natürlich könnte man hier noch glauben, dass es völlig gleichgültig sei, ob es falsch ist, was im Elfenbeinturm in den Kesseln kocht, solange dies den Rest der Welt nicht belangt, doch auch im deutschsprachigen Raum, und vor allem in der medialen Öffentlichkeit, haben diese Theorien Fuß gefasst: Der[50] deutsche skandinavistische Linguist Lann Hornscheidt (geboren 1965) hatte bis 2016 eine Professur für Gender Studies und Sprachanalyse am Zentrum für transdisziplinäre Geschlechterstudien der Berliner Humboldt-Universität inne. Der Name taucht gerade im Zusammenhang mit dem sogenannten *Gendersternchen* und Diskussionen über das Gendern im Duden immer wieder auf, da der Vorschlag zu dessen Verwendung von Hornscheidt stammt.[51] Hornscheidt selbst schlägt das Sternchen vor, da durch die Nennung nur des weiblichen und männlichen Genus jene, die sich keinem angeblich entsprechenden Sexus zugehörig fühlen, ausgeschlossen würden. Natürlich könnte man an dieser Stelle grundsätzlich infrage stellen, warum zum Beispiel der Bezug auf Herkunft und Hautfarbe in der sprachlichen Darstellung keine Rolle spielen soll, Frauen jedoch – stilisiert als das ultimative Andere, als der Gegenpol zum Männlichen, wie man in den Gender Studies sagen würde – sichtbar gemacht werden sollen, denn dem gleichen, nichtdiskriminierenden Prinzip folgt dies selbstverständlich nicht. Bei Hornscheidt ist Sprache ebenfalls Handeln, denn es gebe immer eine »Perspektive des Gebrauchs«[52]. So

50 Da Hornscheidt mehrfach das Pronomen wechselte, werden wir in der Folge nach Möglichkeit jenes verwenden, das in der jeweiligen Publikation, auf die wir uns beziehen, angegeben wird.

51 SNapa/Dpa. Was der Duden wirklich mit dem Gendersternchen vorhat. In: Salzburger Nachrichten, 8. Juni 2019. Online: https://www.sn.at/panorama/oesterreich/was-der-duden-wirklich-mit-dem-gendersternchen-vorhat-28946494.

52 Hornscheidt, Antje. Die sprachliche Benennung von Personen aus konstruktivistischer Sicht: Genderspezifizierung und ihre diskursive Verhandlung im

weit, so dünn die Begründung. In einem Buch bespricht Hornscheidt über mehrere Seiten eine in vielen Variationen bekannte Geschichte, in der ein Vater mit einem Sohn einen Autounfall hat.[53] Der Sohn wird ins Krankenhaus gebracht und der diensthabende Arzt sagt: »Ich kann nicht operieren, das ist mein Sohn«. Dabei stellt Hornscheidt selbst fest, dass selbst in Sprachen, die kein Genussystem haben, Menschen zögern festzustellen,[54] dass es sich offensichtlich um eine Ärztin handelt. Hornscheidt erkennt in dem Zusammenhang zwar, dass Genus wenig Relevanz habe, zieht jedoch nicht den logisch naheliegenden Schluss daraus, dass eine sprachliche Diskriminierung wohl nichts mit dem Genussystem zu tun haben könne.[55] Nein, laut Hornscheidt liege der Geschichte ein »heterosexuelles Deutungsmuster« zugrunde, das ja doch im Genussystem verankert sei. Die Forderung, dass Sprache sich eben an die gesellschaftlichen Realitäten anpassen müsse, wischt sie genauso weg: »Aus konstruktivistischer Sicht wird aber ebendiese Realitäten [sic!] erst durch den Sprachgebrauch geschaffen«[56] – demzufolge müsste man für Fortschritt am besten mit der Sprache vorauseilen. Statt ihre Erkenntnisse zu begründen, flüchtet Hornscheidt sich in selbstreferenzielle Formulierungen.

In Hornscheidts Sachbuch zum Thema wie geschlechtergerechte Sprache aussehen solle, finden wir auch Kritik am Binnen-I, das nicht mehr genug sei, da es mit Geschlechterdichotomie

---

heutigen Schwedisch Linguistik (Impulse und Tendenzen 15). De Gruyter (Berlin 2006), S. 616.

53 Hornscheidt. Die sprachliche Benennung von Personen aus konstruktivistischer Sicht, S. 361 f. Hornscheidt verweist hier ohne Zitat auf Rummler, Ulrike. Ärztin oder Arzt? Eine psycholinguistische Untersuchung zum generischen Gebrauch des Maskulinums bei Grundschülerinnen und Grundschülern. In: Osnabrücker Beiträge zur Sprachtheorie 51, 1995, S. 173–189. Auf einer persönlichen Ebene wollen wir hier anmerken, dass im 21. Jahrhundert auch Familien mit zwei Vätern immer weniger stutzig machen.

54 Hornscheidt. Die sprachliche Benennung, S. 387.

55 Ebd., S. 378 und dort FN 89.

56 Ebd., S. 379.

operiert, und Kritik an Partizipformen, da diese »diskriminierende Genderbilder und die Zentrierung von männlichen Vorstellungen« nicht herausfordern.[57] Wir erinnern uns an dieser Stelle abermals an die sogenannte Euphemismustretmühle: Der gewünschte Effekt wird nicht erzielt, auch wenn er gar nicht möglich wäre, also fröhlich weiter zur nächsten verkrampften Sprachveränderung. Dass Sprachveränderungen Wirklichkeiten »gestalten und verändern«[58], wird auch hier reproduziert, aber nicht weiter argumentiert, es wird schlicht vorausgesetzt.

Sogar jene Behauptungen der kognitiven Linguistik, zu der wir im nächsten Kapitel kommen werden, gehen Hornscheidt nicht weit genug: Sprache würde Denken nicht einfach beeinflussen, sondern steuern, Hornscheidt zitiert – wie wir es von Butler kennen – Foucault und Bourdieu zu diesem Thema[59] und übernimmt von Butler die konstruktivistische Sicht, Frauen würden nur durch diskursive Praxis erschaffen.[60] Dann finden wir bei Hornscheidt jenen Mythos über Saussure, der, wie wir wissen, von Bourdieu ins Dasein gesetzt wurde, nämlich dass im Strukturalismus die Sprache von der Verwendung getrennt würde.[61]

Hornscheidt spricht wiederholt von »strategischem Sprachwandel«[62] und dass die Ansicht, Sprache würde die Welt widerspiegeln, wie sie aus dem Strukturalismus, also von Saussure, käme,[63] falsch sei, weil Sprache in die Lebenswelt eingreifen würde. Diese Behauptung unterstellt dem Strukturalismus gewissermaßen, das Gegenteil von dem zu behaupten, was er

57 Hornscheidt, Lann/Sammla, Ja'n. Wie schreibe ich divers? Wie spreche ich gendergerecht? Ein Praxis-Handbuch zu Gender und Sprache. w_orten & meer (Insel Hiddensee 2021), S. 49.

58 Ebd., S. 150.

59 Hornscheidt. Die sprachliche Benennung von Personen aus konstruktivistischer Sicht, S. 23–26.

60 Ebd., S. 45–46 und S. 47.

61 Ebd., S. 55 sowie S. 62–63.

62 Ebd., zum Beispiel S. 39 und S. 618 f.

63 Ebd., S. 55.

in Wahrheit tut, weswegen wir darauf schließen müssen, dass keine eigene Auseinandersetzung Hornscheidts mit Saussure stattgefunden hat. Damit erklärt Hornscheidt auch die Trennung von *signifiant* und *signifié* für nichtig[64] und greift dafür auf Bourdieu zurück.[65] Der Arbitraritätsbegriff wird so verstanden, dass er alles außerhalb des Zeichens ignoriere und daher einzig und allein eine deskriptive Forschung zuließe und zudem bedeute, dass Sprache statisch sei, weswegen man ihn aufgeben müsse,[66] was, wie wir gemerkt haben, nicht mit dem Arbitraritätsbegriff bei Saussure übereinstimmt.

Hornscheidt[67] übernimmt die Behauptung Barthes', dass Strukturalismus Form und Inhalt gleichsetze, die wir bereits in unserem letzten Kapitel kennengelernt haben.[68] Bourdieus Irrtum, dass Saussure Sprache von ihrer Verwendung getrennt hätte, wird zitiert[69] sowie der Phonozentrismus, der ihm von Derrida unterstellt wurde,[70] ebenso wie die Behauptung, dass *signifiant* und *signifié* bei Saussure getrennte Entitäten wären,[71] obwohl Saussure sie als Einheit versteht. Was Hornscheidt über Arbitrarität schreibt, wurde ebenso von anderen Theoretikern übernommen[72] wie diese Fehleinschätzungen.

Überhaupt hat man den Eindruck, dass Hornscheidt in dem über 600 Seiten starken Werk keine Unterstellung und Fehlinterpretation, die über Saussure und den Strukturalismus durch die Welt der Soziologie, Gender Studies, Kulturwissenschaften,

64 Ebd., S. 20–24.
65 Ebd., S. 27.
66 Ebd., S. 14–16.
67 Für alle in diesem Teil folgenden Aussagen siehe Hornscheidt. Die sprachliche Benennung von Personen aus konstruktivistischer Sicht.
68 Ebd., S. 13.
69 Ebd., S. 25.
70 Ebd., S. 20.
71 Ebd., S. 22.
72 Ebd., S. 16. Was sie über Arbitrarität schreibt, hat sie übernommen von: Münker, Stefan/Alexander Roesler. Poststrukturalismus. J. B. Metzler (Stuttgart/Weimar 2000).

Politik- und Medienwissenschaften geistert, auslässt, sie üblicherweise unhinterfragt übernimmt und das, obwohl es zeitlich ohne Weiteres möglich gewesen wäre, sich mit dem Nachlass Saussures und jenen, die ihn aufgearbeitet haben, auseinanderzusetzen, so wie wir es getan haben.[73] Austin und Searle werden durch den gesamten Text hindurch nur durch die butlersche Brille gesehen und auch Wittgenstein sowie Luckmann, Lakoff, Goffman und Pusch, die wir noch ein wenig besser kennenlernen werden, finden sich in der Literaturliste. Zumindest hat Hornscheidt die Originalquellen weitgehend gemieden und die meisten Texte dieser Literaturliste haben mit der Überprüfung von Thesen anhand der Sprache nicht viel zu tun – wozu überprüfen, wenn man mittels der Legitimation großer Namen einfach Theorie als Wissen verkaufen kann? Die wenigen empirischen Studien, die erwähnt, jedoch kaum besprochen werden, sind Perzeptionsstudien von jener Machart, auf welche wir später noch eingehen werden, und beziehen sich auf das Schwedische. Und dies soll nun die »wissenschaftliche« Grundlage bilden, um deutschsprachige Wörterbücher »geschlechtergerecht« anzupassen?

Wörterbücher sind für Hornscheidt Manifestationen eines dominanten Sprachverständnisses und über Bestrebungen, den Duden auf Gendergerechtigkeit hin umzugestalten, hat sich Hornscheidt mehrfach wohlwollend geäußert.[74] Jedoch ist es üblicherweise nicht die Aufgabe von Wörterbüchern, vorschreibend zu fungieren, sondern nur, den aktuellen Konsens zu verzeichnen, und solange es diesen spezifisch gendergerechten Sprachkonsens nicht gibt, kann er nicht in ein solches aufgenommen werden. Wie wir daran merken, werden immer noch

73 Siehe dazu punktgenau auf diese Irrtümer hinführend: Tallis. Not Saussure; Stawarska. Saussure's Philosophy; Carol Sanders (ed.), The Cambridge Companion to Saussure.

74 Hornscheidt. Die sprachliche Benennung von Personen aus konstruktivistischer Sicht, S. 36.

Fehlbehauptungen über den Strukturalismus kritisiert, um sich an ihm zu reiben. Er wird als das Gegenteil von dem, was er ist, dargestellt, um ihn für nichtig zu erklären.

Wir haben nun zwar einige Missverständnisse der Auslegung verschiedener Texte gefunden, unsere eigentliche Frage ist jedoch noch unbeantwortet: Ist Sprache Gewalt? Die Theoretiker, auf die wir bislang näher eingegangen sind, bleiben uns ihre Antworten schuldig, wie denn die Auswirkung auf den menschlichen Körper konkret aussähe. Ein Glück, dass sich nicht nur Theorien mit Gewalt befassen: Tatsächlich gib es schon seit langer Zeit Untersuchungen zum Thema, was Gewalt konstituiert. Was dabei hervortritt, ist, dass wir Handeln erst dann Gewalt nennen können, wenn eine »absichtliche Schädigung physischer Natur« vorliegt.[75] Zwar werden Gewaltwahrnehmung und Konfliktsituation unterschiedlich bewertet, je nachdem, ob die Probanden den Kontext kannten oder nicht, jedoch ist der Kontext nicht begriffsbestimmend. Dies soll dazu führen, dass im Sinne einer Vergeltungslogik nicht etwas als Gewalt bezeichnet werden kann, das keine physische Gewalteinwirkung ist und als Begründung für einen Gegenschlag durch tatsächliche Gewalt dienen kann.[76] Mögliche moralische Kategorisierungen bieten keine deskriptiven Kriterien und können daher für den Gewaltbegriff nicht herangezogen werden,[77] schließlich wurde in der

75 Fuchs, Albert. Was ist Gewalt? Gewaltwahrnehmung und Konflikteskalation. In: Mann oder Opfer? Dokumentation einer Fachtagung der Heinrich-Böll-Stiftung und des »Forum Männer in Theorie und Praxis der Geschlechterverhältnisse« am 12.-13. Oktober 2001 in Berlin. Heinrich-Böll-Stiftung (Berlin 2002), S. 9–23, hier S. 16. Fuchs verweist auf weitere Studien: Carpenter, B. & Darley, J. M. (1978). A naive psychological analysis of counter-aggression. In: Personality and Social Psychology Bulletin, 4 (S. 68–72); Jones, E. E. & Nisbett, R. E. The actor and the observer: Divergent perceptions of the causes of behavior. In: E. E. Jones, D. E. Kanouse, H. H. Kelley, R. E. Nisbett, S. Valins and B. Weiner, Attribution: Percieving the causes of behavior (S. 79–94). General Learning Press (Morristown 1971).

76 Fuchs. Was ist Gewalt?, S. 20.

77 Ebd., S. 20.

Weltgeschichte bereits aus moralischen Gründen Gewalt angewandt. Ist Sprache also Gewalt? Mitnichten.

Werden Studien aus der Gewaltforschung von jenen herangezogen, die deklarieren, dass Sprache Gewalt sei? Zitiert werden Butler, Foucault und andere aus diesem Buch jedoch nicht nur von aktivistisch motivierter Sprachwissenschaft, sondern auch in Texten, die von Juristen, Menschen aus dem Umfeld der Biologie oder Politikwissenschaft stammen.[78] In den Literaturwissenschaften ist es ebenfalls üblich, auf diese Art von Texten zur Sprache zurückzugreifen und ihre Fehleinschätzungen ohne weitere Überlegung zu wiederholen.[79] Ist es die Aufgabe von Juristen zu überprüfen, ob Lehrende in den Gender Studies ihre Linguistik stringent haben? Wohl kaum. Sie alle haben keine Wahl, als jenen zu vertrauen, die aus dem jeweiligen Studienfach kommen. Ist es die Aufgabe einzelner Studenten, Widersprüche aufzuspüren und zu überprüfen? Oder glauben diese nicht vielmehr, was man ihnen im Unterricht als wissenschaftlich präsentiert, ohne weitere Fragen zu stellen? Wäre es die Aufgabe Hornscheidts im universitären Rahmen gewesen, sich mit der Materie ausführlich auseinanderzusetzen, anstatt Fehler und Fehleinschätzungen zu übernehmen und aus diesen Schlüsse zu ziehen? Durchaus.

Doch in einer großen Zahl an Studienrichtungen scheint dies allerdings niemanden weiter zu stören. Während sich

---

78 Berger, Christian/Bischof, Thiemo Raoul. Sexualität und Wahrheit im Asylverfahren. In: politix 43 | 2018, S. 29–38; oder Voß. Making Sex Revisited; oder Mitteilungen des Instituts für Wissenschaft und Kunst. Sprache, Körper und Politik. Neue Ergebnisse der feministischen Theorie und Geschlechterforschung, 57. Jahrgang 2002, Nr. 3–4. Online: https://www.iwk.ac.at/wp-content/uploads/2014/06/Mitteilungen_2002_3-4_sprache_koerper_politik.pdf.

79 Stojić, Aneta. Verbale Gewalt zwischen Sprachsystem und Sprachgebrauch (am Beispiel der sprachlichen Diskriminierung lexikalischer Ebene). In: Knežević, Jelena/Heine, Simone/Ivanović, Ljubomir (Hg.). Folia linguistica et litteraria: Zeitschrift für Sprach- und Literaturwissenschaft (18/2) (Sonderausgabe). Macht und Politik in der deutschen Sprache, Literatur und Kultur. Institut für Sprache und Literatur Philologische Fakultät, Nikšić Universität Montenegro (2017), S. 73–88. Online: http://www.folia.ac.me/image/folia_18_2.pdf.

Hornscheidt in vielen Texten zu wundern scheint, warum ausgerechnet die Linguistik die linguistische Wende nicht mitvollzogen habe – die, wie wir gerade auch an Hornscheidts Arbeit sehen, nicht gerade linguistisch, sondern geradezu antilinguistisch war –, haben diese Theorien und Annahmen über Sprache als Gewalt ihren Siegeszug in den intersektionalen und damit postkolonialen queeren Gender- und Kulturwissenschaften angetreten. Ihre Lehren sickern durch jene, die sie studiert haben und weiterhin studieren, langsam über soziale Medien sowie über das Feuilleton in den Alltag und führen zu einer illiberalen, dogmatisch-totalitären Herangehensweise an Sprache sowohl im öffentlichen als auch im privaten Umfeld ebenso wie in der späteren Arbeitswelt jener Studenten.[80]

Natürlich wird es nun viele geben, die zurecht bemerken, dass es doch recht einfach war auszuhebeln, warum Sprache Gewalt sein solle, wenn man sie mit konkreter körperlicher Gewalt gleichsetzt, und zur Verteidigung der Vertreter all dieser Theorien gilt es durchaus festzustellen, dass die wenigsten an diese Art von Hokuspokus glauben, jedoch der psychische Einfluss von Worten nicht zu vernachlässigen sei. Daher werfen wir nun einen näheren Blick auf die Auswirkungen von Studien, die unter den poststrukturalistischen Prinzipien unterrichtet werden.[81] In diesen Studienrichtungen ist es üblich zu propagieren, dass Menschen auf multiple Arten beschützt werden sollen. So weit wollen wir dem auch zustimmen. Jedoch gibt es mittlerweile Prämissen, die sogar als Unwahrheiten betrachtet werden können, wie der US-amerikanische Psychologe Jonathan Haidt (geboren 1963) und der US-amerikanische Jurist und Journalist Greg Lukianoff (geboren 1974) herausgearbeitet haben:[82] Die

---

80 Lindsay/Pluckrose. Cynical Theories, Chapter 9, »Social Justice in Action«, S. 213–235.

81 Ebd., Chapter 1.

82 Lukianoff, Greg/Haidt, Jonathan. The Coddling of the American Mind: How Good Intentions and Bad Ideas Are Setting up a Generation for Failure. Penguin Press (New York 2018).

Unwahrheit, dass, was einen nicht umbringt, einen schwächer mache; die Unwahrheit, dass man immer seinen Gefühlen vertrauen solle; die Unwahrheit einer Weltwahrnehmung von »Wir gegen die anderen«, als sei das Leben eine Schlacht zwischen Gut und Böse.

Diese drei Prämissen gehen laut ihrem Werk weder mit alten Weisheiten noch mit psychologischer Forschung einher und schaden den Individuen, die sie verinnerlichen. Es wird dabei davon ausgegangen, dass Studenten fragil sind und in sicheren Räumen, sogenannten Safe Spaces, lernen und unterrichtet werden müssen. Doch Sicherheit bedeutet neuerdings nicht mehr primär physisch, sondern umfassend psychisch, weswegen in jüngster Vergangenheit zum Beispiel vermehrt Redner an Universitäten ausgeladen werden, um die Studenten vor ihren Worten und Ideen zu schützen. Triggerwarnungen sind vor problematischen Inhalten zu finden und der Trigger meint nun nicht mehr den Auslöser einer posttraumatischen Belastungsstörung (PTBS), englisch *post-traumatic stress disorder* (PTSD), sondern etwas, was jemanden emotional stören könnte. Eine Therapie von PTBS würde übrigens inkludieren, sich den Triggern auszusetzen, um die Reaktion bewältigen zu lernen.[83] Gefühle sind keine verlässliche Quelle für die Orientierung in der Welt, da sie diese zu leicht verzerren können, sie können uns wahrnehmen lassen, was uns bewusst schwerfallen würde, leiten uns aber auch oft in die Irre. Dies würde zu emotionsgeladenem Debattieren, Katastrophenbeschwören, Verallgemeinern, Schwarz-Weiß-Denken, Labeling, negativem Filtern der Welt, Schuldzuweisungen oder dem Beiseiteschieben alles Positiven und der Überzeugung zu wissen, was andere dächten, führen.

83 Siehe dazu Saad, Gad. The Parasitic Mind. How Infectious Ideas Are Killing Common Sense. Regnery Publishing (Washington, D.C., 2020), S. 95–98, speziell S. 98 und dort FN 14 mit Verweis auf: American Psychological Association. What Is Exposure Therapy? July 2017. Online: https://www.apa.org/ptsd-guideline/patients-and-families/exposure-therapy.

Gerade der letzte Punkt ist interessant, denn wenn die Absichten des Sprechers keinen Platz mehr in der Gesprächssituation haben, kann der Hörer mit »wissenschaftlicher« Souveränität seines erlernten Studiums nicht nur wissen, was sein Gegenüber denkt, sondern es angeblich sogar besser wissen, als dieses selbst. Haidt und Lukianoff greifen den Begriff der Mikroaggressionen auf als kurze tägliche verbale oder am Verhalten festzumachende, nicht zwingend absichtliche feindliche oder negative Herabwürdigungen.[84] Dies wird behauptet, obwohl sich die Forschung zu Aggression darüber einig ist, dass Aggression auf der Absicht basiert, jemandem zu schaden oder jemanden zu verletzen.[85]

Nicht nur, dass die beiden Autoren klarstellen, dass Aggression nicht unabsichtlich sein kann und dass dies nur eine weitere Aufforderung ist, soziale Situationen emotional auf das Schlechtestmögliche hin zu interpretieren. Sie stellen die berechtigte Frage, ob es eine gute Idee ist, Studenten dahingehend zu schulen. In Kapitel 4 ihres Buches wenden sie sich explizit der Frage nach sprachlicher Gewalt zu: In einem Artikel in der *New York Times* vom Juli 2017[86] erklärt die US-Amerikanerin

---

84 Lukianoff/Haidt. The Coddling of the American Mind, S. 40–46. Interessant ist es, hier anzumerken, dass einer der einflussreichsten Proponenten des Konzeptes der Mikroaggressionen, der US-amerikanische Psychologieprofessor Derald Wing Sue, mittlerweile vor einem Missbrauch seines Forschungskonzeptes in Instituten warnt, wenn Menschen öffentlich an den Pranger gestellt und beschämt werden. Siehe: https://www.chronicle.com/article/what-happens-when-your-research-is-featured-on-fox-amp-friends/.

85 Baron, Robert A./Richardson, Deborah R. Human Aggression. Plenum (New York 1994; 2nd edition) und DeWall, C.N./Anderson, C.A. The General Aggression Model. In: Shaver, P./Mikulincer, M. (eds.). Human aggression and violence: Causes, manifestations, and consequences. American Psychological Association (Washington, D.C., 2011), S. 15–33. Online: https://psycnet.apa.org/doi/10.1037/12346-001. Siehe außerdem Chapter 2, »Theories of Aggression« (S. 43–66) in Krahé, B. The Social Psychology of Aggression (2nd edition). Psychology Press (New York 2013).

86 Feldman Barrett, Lisa. When Is Speech Violence?, 14. Juli 2017. In: The New York Times. Online: https://www.nytimes.com/2017/07/14/opinion/sunday/when-is-speech-violence.html.

Lisa Feldman Barrett (geboren 1963), die eine Psychologieprofessur innehat, dass Worte Stress verursachen können, und lang andauernder Stress kann zu physischen Schädigungen führen, daher könnten manche Arten von Sprache eine Form der Gewalt sein.

Haidt und Lukianoff argumentieren gegen diesen logischen Fehlschluss: Schädigungen sind nicht das Gleiche wie Akte der Gewalt. Auch das Schlussmachen mit dem Beziehungspartner oder eine Unmenge an Hausarbeiten kann Stress verursachen, sind aber dennoch noch lange keine Gewalt. Eine Unterscheidung von lang andauerndem verbalen Missbrauch und der allgemeinen Sprachverwendung einer Sprachgemeinschaft hat in der poststrukturalistischen Herangehensweise allerdings keinen Platz. Wozu das laut Haidt und Lukianoff noch führt, ist, dass der Begriff so weit ausgeweitet wurde, dass Worte selbst für Gewalt gehalten werden können. Es wird folglich argumentiert, dass Gewalt gegen jene, die Unliebsames sagen, selbst wenn sie keine Gewalt anwenden, zur Selbstverteidigung erhoben werden könnte. Das Ergebnis sehen die beiden in den Statistiken von Depressionen, Angststörungen, Suiziden und versuchten Suiziden, die in den letzten Jahren rapide angestiegen sind.[87]

Worte, wie wir an unserem ersten Kapitel in der Theorie gesehen haben, bedeuten das, was wir ihnen beimessen. Haidt und Lukianoff geben uns passend für den konkreten Fall einen Ratschlag des römischen Kaisers Mark Aurel (121–180) mit auf den Weg: »Fasse die Dinge nicht so auf, wie sie dein Beleidiger auffaßt oder von dir aufgefaßt haben will; sieh dieselben vielmehr so an, wie sie in Wahrheit sind.«[88]

---

87 Für die Analyse der umfassenden empirischen Daten siehe Lukianoff/Haidt. The Coddling of the American Mind, Chapter 7, »Anxiety and Depression«, S. 143–161.

88 Antonius, Marcus Aurelius. Des Kaisers Marcus Aurelius Antonius Selbstbetrachtungen (übersetzt von Albert Wittstock). Philipp Reclam jun. Verlag (Stuttgart 1949), viertes Buch, 11. Eintrag. Online: https://www.projekt-gutenberg.org/antonius/selbstbe/chap004.html.

Das Forschungsfeld, in dem Zusammenhänge von Sprache und Gewalt weiter analysiert werden, ist jenes der »Epistemischen Ungerechtigkeit«. In den meisten seiner Texte geht es jedoch nicht, wie man erwarten würde, um die direkten Auswirkungen von Sprache, sondern häufig eher um die Machtverhältnisse, die dazu führen, nicht sprachliches Subjekt zu sein und anderen Menschen in einem Machtgefüge, die (ganz im Bourdieuschen Sinne) über Sprache verfügen, unterworfen zu sein, wie zum Beispiel der Zwang, die Sprache von Kolonialherren zu erlernen.[89] Ein modernes Beispiel, das in dieses Feld fällt, ist der Zusammenhang von Sprache und Nonbinarität, wobei hier schnell klar wird, dass nicht Wortwahl, sondern konkrete administrative Gewalt und von außen auferlegte, (nicht-sprachliche) körperliche Zwänge Schaden anrichten: Stillt ein Transmann ein Kind, so ist die ständige Erinnerung der weiblichen Brust durch das Stillen hier als Trauma genannt und dieses ist nun doch mehr körperlich als sprachlich.[90] Zudem fehlt es hier an konkreter weiterer Forschung, denn eine Anekdote ergibt noch keinen Datensatz, nach dem wir die Gesellschaft anpassen können.

In manchen dieser Fachartikel wird deklariert, dass Sprache »geradezu schädlich« sein kann, zum Beispiel dass rassistische Rede zu Rassismus führt.[91] Nachdem hier keine Kausalkette gezeichnet wird, halten wir dies für möglich, jedoch nicht

---

89 Giladi, Paul. Epistemic Exploitation and Ideological Recognition. In: Giladi, Paul/McMillan, Nicola (eds.). Epistemic Injustice and the Philosophy of Recognition (Routledge Studies in Contemporary Philosophy). Routledge (New York 2023), S. 138–170, hier S. 148.

90 Freeman, Lauren/Stewart, Heather. The Problem of Recognition, Erasure, and Epistemic Injustice in Medicine: Harms to Transgender and Gender Non-Binary Patients – Why We Should Be Worried. In: Giladi, Paul/McMillan, Nicola (eds.). Epistemic Injustice and the Philosophy of Recognition (Routledge Studies in Contemporary Philosophy). Routledge (New York 2023), S. 297–325, hier S. 308–310.

91 Maitra, Ishani/McGowan, Mary Kate. Introduction and Overview. In: Maitra, Ishani/McGowan, Mary Kate (eds.). Speech and Harm Controversies over Free Speech. Oxford University Press (Oxford 2012), S. 1–23, hier S. 1.

exklusiv, denn wir sind auch ziemlich sicher, dass umgekehrt Rassismus zu rassistischer Rede führt. Beispiele, die genannt werden, zeigen jedoch deutlich, dass es nicht die Wortform ist, die hier zu Problemen führt, nicht einmal der unmenschliche Inhalt, sondern die Frage, wer solche Äußerungen tätigt, dass also abermals die Machtverhältnisse das ursächliche Problem sind, die Sprache zur Machtausübung instrumentalisieren können.[92] Auch dabei ist eine direkte Kausalität schwierig nachzuweisen, selbst in Beispielen der Nazipropaganda sind die »schädlichen Auswirkungen« eher als indirekt Einstellungen formend eingestuft – Einstellungen, die Propaganda nicht hätte mitbefördern können, wäre sie im Dritten Reich nicht auf fruchtbaren Boden gefallen.[93] Damit der Sprechakt des Bewerbens einer hasserfüllten Idee glücken kann, müssen auch gewisse Umstände gegeben sein;[94] auch das Beispiel, dass die Tabakindustrie Tabak bewirbt und dadurch Lungenkrebs erzeugt, ist ein zu verkürztes, denn die Werbung der Tabakindustrie erreicht nicht alle Menschen gleichermaßen. Wie immer ist alles nicht so einfach. Auch der Versuch, das Problem von einer machtvollen Autorität, die faktisch Schaden anrichten kann, auf den gewöhnlichen Sprecher und Beleidigungen auf der Straße zu verlagern, wirkt für uns unzulänglich: Die Frage wird aufgeworfen, ob es denn nicht Gewalt sei, wenn ein Sprecher ohne besondere Machtposition jemanden auf der Straße beleidigt und diese Person dann derartige psychologische Schäden erleidet, dass sie weder Ausbildung noch Arbeit

---

92 Maitra/McGowan. Introduction and Overview, S. 1–7.

93 Altman, Andrew. Freedom of Expression and Human Rights Law: The Case of Holocaust Denial. In: Maitra, Ishani/McGowan, Mary Kate (eds.). Speech and Harm Controversies over Free Speech. Oxford University Press (Oxford 2012), S. 24–49, hier S. 41.

94 Langton, Ray. Beyond Belief: Pragmatics in Hate Speech and Pornography. In: Maitra, Ishani/McGowan, Mary Kate (eds.). Speech and Harm Controversies over Free Speech. Oxford University Press (Oxford 2012), S. 72–93, hier S. 76–80.

nachgehen kann. Dabei wird die Vermutung aufgestellt, dass noch andere, die der Situation beiwohnen, dem Beispiel folgen könnten.[95] Für unzulänglich halten wir diese Ausführungen deshalb, weil sie ohne einen einzigen Beleg, ohne rationale oder empirische Begründung, überhaupt ohne weitere Fußnote zu eben diesem genannten Phänomen auskommen. Wir können die Richtigkeit dieser Behauptung in keiner Form überprüfen und legen sie daher enttäuscht beiseite. Auch dort, wo es um den Zusammenhang von Sprache und Genozid, also Propaganda, geht, ist eine eindeutige Kausalkette schwierig zu finden, immerhin jedoch in einer Fußnote die durchaus naheliegende Feststellung, dass Sprache allein noch keinen Genozid auslösen kann.[96] Nicht einmal, dass Beleidigungen stets beleidigend sind, ist hundertprozentig nachweisbar, denn dies hat nicht nur mit Machtverhältnissen, sondern auch mit Ingroup- und Outgroupdynamiken zu tun.[97] Lexikalische Effekte, wie die Effekte von Sprache auf das Publikum genannt werden, ob kognitiv oder non-kognitiv, sind weder über große Bevölkerungsgruppen noch zeitlich stabil, sie sind unvorhersehbar, nicht kalkulierbar und Synergien daraus sind es erst recht – auch die Auswirkungen auf ein Individuum, das zusätzlich von anderen Elementen beeinflusst wird, sind unvorhersehbar, ganz gleich wie sehr wir uns den Kopf zerbrechen, welche Sprechakte welche Wirkung haben können oder nicht,

95 Maitra, Ishani. Subordinating Speech. In: Maitra, Ishani/McGowan, Mary Kate (eds.). Speech and Harm Controversies over Free Speech. Oxford University Press (Oxford 2012), S. 94–120, hier S. 95–117.

96 Tirrell, Lynne. Genocidal Language Games. In: Maitra, Ishani/McGowan, Mary Kate (eds.). Speech and Harm Controversies over Free Speech. Oxford University Press (Oxford 2012), S. 174–221, hier S. 175f und besonders FN 7 auf S. 176: »Schabas 2000. Neither Schabas nor I maintain the absurd view that speech alone caused the genocide. Speech acts were a key mechanism for reshaping social norms, and it was the confluence of linguistic and non-linguistic behaviors that promulgated genocide.«

97 Tirrell, Lynne. Genocidal Language Games, hier S. 94 und besonders FN 58.

und der Ruf nach mehr Forschung ist an dieser Stelle durchaus gerechtfertigt.[98]

Ein stark beackertes Thema im Rahmen der Epistemischen Ungerechtigkeit ist *silencing*: Jemanden zum Schweigen zu bringen und Teilhabe am Diskurs zu verhindern.[99] Dazu gehört nicht nur, nicht zu sprechen, sondern auch keinen Ausdruck zu haben für das, was gesagt werden müsste, um Unterdrückung entgegen zu treten.[100] Wie erinnern uns an das oben genannte Beispiel des Erlernens der Sprache der Kolonialherren? Hier finden wir es wieder.[101] Auch das Ignorieren eines klaren *Neins* zum sexuellen Konsens eines Partners gehört in diese Kategorie.[102] Wir werfen hier die Frage auf, ob nun jene, die nicht das aktuellste politisch korrekte Vokabular gebrauchen, auch in diese Kategorie jener gehören, denen schlicht Ausdruck fehlt, weswegen ihre Teilhabe am Diskurs stark eingeschränkt ist. Da wir selbst jedoch keine empirischen Untersuchungen dazu anstellen können, bleibt diese Frage zunächst unbeantwortet, insbesondere da Dynamiken der Macht in unserer modernen Welt von hoher Komplexität geprägt sind. Schweigen zu verursachen dient vornehmlich der Kontrolle der sprachlich ausgelösten Bilder[103], wenn wir dem US-amerikanischen

98 Cappelen, Herman/Dever, Josh. Bad Language (series Contemporary Introductions to Philosophy of Language). Oxford University Press (Oxford 2019), S. 121f.

99 Thiesmeyer, Lynn (ed.). Discourse and Silencing. Representation and the language of displacement. John Benjamins Publishing Company (Amsterdam/Philadelphia 2003).

100 Shotwell, Alexis. Forms of knowing and epistemic resources. In: Kidd, Ian James/Medina, José/Pohlhaus, Gaile Jr. (eds.). The Routledge Handbook of Epistemic Injustice. Routledge (New York 2017), S. 79–88, hier S. 87.

101 Tuana, Nancy. Feminist epistemology: the subject of knowledge. In: Kidd, Ian James/Medina, José/Pohlhaus, Gaile Jr. (eds.). The Routledge Handbook of Epistemic Injustice. Routledge (New York 2017), S. 125–138, hier S. 131.

102 Fricker, Miranda. Epistemic Injustice. Power & the Ethics of Knowing. Oxford University Press (Oxford 2007), S. 140f.

103 Anderson, Luvell. Epistemic injustice and the philosophy of race. In: Kidd, Ian James/Medina, José/Pohlhaus, Gaile Jr. (eds.). The Routledge Handbook of Epistemic Injustice. Routledge (New York 2017), S. 139–148, hier S. 141.

Philosophen Luvell Anderson Glauben schenken wollen. Doch eine einzelne sprachliche Form ist noch lange kein ausgeformtes Bild, dazu braucht es Rahmenbedingungen. Laut Anderson können missglückte Sprechakte zu *silencing* führen.[104] Da es sich hier jedoch nicht um Gewalt durch sprachliche Äußerung, sondern Nicht-Teilhabe durch Nicht-Äußerung handelt, kann auch er unsere Frage, ob denn Sprache nun Gewalt ist, nicht ausreichend beantworten. Auch das Beispiel mit dem ignorierten, nicht gegebenen Konsens beantwortet die Frage nicht, denn die sprachliche Äußerung »Nein« kommt von der Frau und ist keine Gewalt, was nach der Ignoranz der Äußerung folgt, ist jedoch Gewalt, und zwar keine sprachliche: die Vergewaltigung. Ebenso historische Zeugnisse einer ausgesprochen von Gewalt geprägten Zeit, wie die Beobachtungen des deutschen Literaturwissenschaftlers Victor Klemperer (1881–1960), zeigen keine Eindeutigkeit: Klemperer glaubte zum Beispiel im whorfschen Sinne, dass die Seele von Sprechern durch ihre Sprache ausgedrückt würde.[105] Klemperers Vorwurf an die Masse war, sich leicht beeinflussen zu lassen, dass die Öffentlichkeit sich der Propaganda willig hingab,[106] und er meinte: »Wer denkt, will nicht überredet, sondern überzeugt sein; wer systematisch denkt, ist doppelt schwer zu überzeugen.«[107] Er drückte sein Unverständnis aus, wie jemand mit einem Sprachduktus wie Adolf Hitler die Massen gewinnen konnte,[108] obgleich er doch zuvor feststellte, dass die Sprache nach der Macht kam, also die Macht die Sprache bestimmte und nicht die Sprache die Macht,[109] denn die Unterjochung geschah eben doch

104 Ebd., S. 139–148.

105 Barbe, Katharina. Klemperer As A Sociolinguist. In: Journal of Sociolinguistics 11/4, 2007, S. 505–519, hier S. 507.

106 Ebd., S. 516f.

107 Klemperer, Victor. LTI. Notizbuch eines Philologen. Reclam Verlag (Leipzig, 1975; Text nach 3. Auflage, 19. Auflage 2001), S. 128.

108 Ebd., S. 164.

109 Ebd., S. 131.

durch konkrete körperliche Gewalt und nicht durch sprachliche. Dass seine Grundannahme, dass die Seele des Menschen durch seine Sprache sichtbar sei, nicht ganz richtig sein kann, hätte Klemperer spätestens auffallen müssen, als er sich selbst dabei ertappte, jenes Vokabular zu verwenden, das er kritisierte: »[Das Wort Organisieren] tauchte an übervielen Stellen gleichzeitig und mit der gleichen Selbstverständlichkeit auf. Grund dafür ist wieder, was am Anfang meines Notizbuches steht: daß Sprache für uns dichtet und denkt. [...] Ich schreibe nun schon eine ganze Weile: es war ... es war. Aber wer hat denn gestern erst gesagt: ›Ich muß mir ein bißchen Tabak organisieren?‹ Ich fürchte, das bin ich selber gewesen.«[110]

Näher kommen wir der Frage, unter welchen Umständen Sprache Gewalt sein kann, wenn wir uns Fragen des psychischen Missbrauchs annähern, wie zum Beispiel dem Gaslighting, doch dieses benötigt einige Voraussetzungen, um *funktionieren* zu können: Das Opfer hängt emotional am Täter und das gibt dem Gaslighting überhaupt erst seine Macht, wodurch emotionaler Raum quasi kolonialisiert wird, das Opfer sich selbst nicht mehr trauen kann; über die sprachliche Komponente finden wir hier jedoch nichts.[111] An dieser Stelle finden wir exemplarische Kritik an schlampigen Wissenschaftskommunikatoren angebracht, in diesem Fall an einem Autor im Magazin *The Atlantic,* wo Gaslighting als »Sprachwaffe« zusammengefasst wird, obgleich die Definition der Wissenschaftlerin im Interview lautete: »Eine Form von bewusster oder unbewusster psychologischer Manipulation übertragen durch Sprache oder durch Handlungen eines Sprechers mit wahrgenommenem höheren Status mit dem Effekt der Entwertung

110 Ebd., S. 132–133; siehe dazu auch Platonows Baugrube (Suhrkamp 2016) zum Begriff »Organisieren« im Klassenkampfjargon der Sowjetunion, S. 84.

111 Oliver, Kelly. Gaslighting: Pathologies of Recognition and the Colonisation of Psychic Space. In: Giladi, Paul/McMillan, Nicola (eds.). Epistemic Injustice and the Philosophy of Recognition (Routledge Studies in Contemporary Philosophy). Routledge (New York 2023), S. 114–137, hier S. 122.

oder Leugnung der Realität des Gesprächspartners oder dessen gelebter Erfahrung in einer Interaktion oder Interaktion mit der Auswirkung diesen in Mikro- oder Makrokontext zu diskreditieren«.[112] Eine Definitionszusammenfassung, so verkürzt, dass wir sie schlicht falsch nennen müssen. Nicht einmal hier finden wir also unsere Belege dafür, dass Sprache Gewalt ist, bemerken aber, dass wir immer wieder zur Frage der Diskursmacht zurückkehren.

Die Frage, ob und wie Sprache Schaden anrichten kann, wirft uns auch zurück auf die Humpty-Dumpty-Frage: Wer entscheidet, was Wörter bedeuten? Die Antwort darauf ist nicht so einfach, wie der Dekonstruktivismus uns weismachen möchte, da wir in einer komplexen Welt leben und als Einzelpersonen, auch wenn Humpty Dumpty das gerne hätte, keine Kontrolle darüber haben:

»›When I use a word,‹ Humpty Dumpty said in rather a scornful tone, ›it means just what I choose it to mean – neither more nor less.‹ / ›The question is,‹ said Alice, ›whether you can make words mean so many different things.‹ / ›The question is,‹ said Humpty Dumpty, ›which is to be master – that's all.‹«[113]

Variierende Dimensionen, Interaktionen und nie endende Modifikationen bei vielen Agenten, natürlichen Vorkommnissen, Unfällen, langen Zeitperioden – wir haben nicht die Kontrolle über die Sprache verloren, wir hatten sie nie. Überhaupt

112 Madison, Caleb. Are You Using *Gaslight* Correctly? In: The Atlantic, 11. April 2022. Online: https://www.theatlantic.com/newsletters/archive/2022/04/are-you-using-gaslight-correctly/629522/ (eigene Übersetzung der Autoren). Darin befindet sich eine Definition der US-amerikanischen Soziolinguistin Tracy Conner: »A form of conscious or subconscious psychological manipulation mediated through language or by the actions of a speaker with a perceived higher status that has the effect of invalidating or denying the interlocutors' reality or lived experience in an interaction or interactions, with the impact of discrediting them within a micro or macro context.«

113 Carroll, Lewis. Through the Looking-Glass, and What Alice Found There. Macmillan Publishers (London 1871), Chapter VI. Online: https://www.alice-in-wonderland.net/resources/chapters-script/through-the-looking-glass/chapter-6/.

ist es offenbar sogar möglich, dass Sprache gar nichts bedeutet.[114]

114 Cappelen/Dever. Bad Language, S. 60–61.

In Kürze

Butlers Thesen

Zu den bekanntesten Vertretern der nächsten Generation an Theoretikern gehört Butler. Ihre Texte hatten ähnlich großen, wenn nicht sogar größeren Einfluss auf die Queer Studies und das Verständnis von Sprache als Gewalt, wie Bhabha und Spivak auf die postkolonialen Studien.

In Butlers Lesart von Austin wird die Intention des Sprechers weggewischt. Denn dadurch, dass Sprache frei nach Bourdieu stets Habitus sei, den Butler Performanz nennt, sei sie nicht nur sozial konstruiert, also eine Norm, sondern auch sozial konstruierend beziehungsweise normverstärkend. Dies begründet sie damit, dass Sprachhandeln nach Austin eben auch rituell sein kann. Der Habitus ist ebenfalls Ritual, also ist Sprache Ritual – dass Sprache aber bei Austin nicht ausschließlich Ritual ist, scheint ihr zu entgehen.

Dass die Intention eines Sprechers bei Austin nicht zwingend deckungsgleich mit der erwarteten konventionellen Intention eines Sprechaktes ist, wie zum Beispiel bei einer unehrlichen Entschuldigung zum Zwecke der Deeskalation, bewegt Butler dazu zu behaupten, dass Austin selbst die **Intention des Sprechers für irrelevant** gehalten hätte, was – folgen wir ihren Verweisen – schlicht **nicht wahr** ist. Hier könnte man einwerfen, dass dann der Sprecher schließlich nicht schuld an der etwaigen

Misere sein könnte, doch sie hebelt dies mit einem rhetorischen Kunstgriff aus: Der Sprecher übernehme die Verantwortung durch den »zitathaften Charakter der Sprache«.

Zwar übernimmt Butler vieles von Bourdieu, doch seine Erkenntnis, dass die **soziale Position** des Sprechers von Relevanz ist, **ignoriert** sie einfach weg. Von ihm scheint sie zudem sämtliche Irrtümer über Saussures Werk zu übernehmen, ohne jedoch Bourdieus Auflösungen dieser Irrtümer Augenmerk zu schenken.

Butler schlägt also eine neue Dekonstruktion vor, eine Dekonstruktion der Performanz durch eine andere »subversive« **Performanz: Neuauslegung von Kulturtheorien und bewusste Fehlaneignung von Begriffen.** Eines dieser zu dekonstruierenden Konstrukte sei die Geschlechtsidentität. Laut Butler sei es unsinnig, Gender als kulturelles Konstrukt zu sehen, da auch Sex, das biologische Geschlecht, ein kulturelles Konstrukt sei, da kulturell entschieden wird, was Gender und was Sex ist. Dass dies keine solide Argumentation, sondern die Gleichsetzung von Interpretation und interpretiertem Sachverhalt ist, hat dem Siegeszug dieser These in den Gender Studies nichts anhaben können. Auch nicht, dass Butler das Interpretieren der tiefer liegenden performativen Schichten, das **Deuten des Sprachgebrauchs**, zwar für die **Psychoanalyse** vorschlägt, nicht jedoch für den Alltag.

Argumente dafür hat Butler nicht, vielmehr bauen ihre Texte auf endlosen Gleichsetzungen auf: Wenn Handeln Performanz ist und Sprache Handeln ist, dann ist Sprache Performanz. Sie setzt im Laufe ihrer Texte alle möglichen und unmöglichen Dinge mit Sprache gleich. Sie macht sich zudem niemals die Mühe, Sprache an sich zu definieren. Bei Butler ist wirklich die ganze Welt Sprache, Konstrukt, Performanz, Handeln, Struktur, Einwirkung auf den Körper, Gewalt etc. Über Saussure wiederholt sie altbekannte Irrtümer der Vorgänger, obwohl es bereits beim Erscheinen ihrer Texte durchaus möglich gewesen wäre, sich mit dem Nachlass und den dadurch angestoßenen Schriften auseinanderzusetzen. Mit dem, was wissenschaftlich bewiesenermaßen Sprache ausmacht, hat sie sich offensichtlich nicht tiefer gehend befasst.

Hornscheidts Thesen

Noch ein weiteres Mal durch den ideologischen als auch theoretischen Fleischwolf gedreht sind zum Beispiel die Texte Hornscheidts. Der Verfechter einer gendergerechten Sprache und des Instrumentalisierens von Wörterbüchern zu diesem Zweck, hatte über mehrere Jahre eine Professur für Gender Studies und Sprachanalyse inne. Bei Hornscheidt finden wir die behaupteten Gleichsetzungen Butlers wieder ebenso wie die Irrtümer über Saussure, obwohl es hier nicht nur möglich, sondern auch zeitlich leicht zu bewerkstelligen gewesen wäre, sich mit dem Nachlass zu befassen.

Vielmehr noch muss man sich über Hornscheidts Behauptung wundern, dass Sprache und Verwendung bei Saussure getrennt seien, wie es auch Bourdieu geglaubt hat. Doch geht Hornscheidt so weit zu **behaupten, dass bei Saussure Sprache die Welt widerspiegle**. Wie absurd dies ist in Anbetracht dessen, was wir über Saussure, seine Arbeit und die Arbeit seiner Vorgänger in Kapitel 1 gezeigt haben, ist dem Leser vermutlich klar. Neben der Absurdität zeigt es aber deutlich, dass viele **Quellen** in den Geisteswissenschaften selbst von jenen, die das Privileg haben zu unterrichten, **nicht mehr aufgesucht werden**. Nur dadurch können Fehlannahmen und **Fehlschlüsse derart plump und unüberprüft wieder und wieder auf höchsten akademischen Ebenen übernommen werden.**

Sprache und Gewalt

Wir haben dargelegt, was die argumentative Basis dafür sein soll, weshalb Sprache Gewalt sei, fanden allerdings nur **Gleichsetzungen, Behauptungen und Fehlinterpretationen von**

Vorgängern. Warum jedoch ist Sprache keine Gewalt? In der Gewaltforschung ist Gewalt das Überschreiten einer physischen Schwelle. Wie exakt die physische Quelle überschritten würde, wird aus den Theorien, die wir besprochen haben, niemals klar, doch wird es von einigen damit begründet, dass lang andauernde sprachliche Belastung zu Stress führen kann, und da Stress zu physischen Symptomen führen kann, sei folglich Sprache selbst Gewalt. Hier wird keine Unterscheidung zwischen dem allgemeinen Sprachgebrauch in der Sprachgemeinschaft, mit dem wir hier größtenteils befasst sind, und zum Beispiel spezifischen Formen eines verbalen Missbrauches gemacht. Selbst jenen, die über genozidale Propagandasprache forschen, ist bewusst, dass Sprache alleine noch keinen Genozid verursacht, sondern die Auslegung dieser durch eine dominante Diskursmacht.

Haidt und Lukianoff

Haidt und Lukianoff sind diesen neuen Tendenzen der Gleichsetzung von Sprache und Gewalt an den Universitäten nachgegangen und stellen dabei fest, dass es gerade der Glaube daran sei, dass andere einem mit Sprache Böses antäten, der dann in der Folge zu einer Belastung führt. Diese müsste nicht kausal zwingend folgen, allerdings werden vermehrt Studenten dazu ermuntert, sich in die Suche nach Triggern, Mikroaggressionen und sprachlicher Gewalt hineinzusteigern, was für ihre psychische Gesundheit negative Folgen hat. Abhilfe schafft hier Mark Aurel: **Wir können uns dagegen entscheiden, uns von Worten verletzt zu fühlen.**

IV | Sprache und Denken – wir haben wissenschaftliche Ergebnisse

More ambiguous results would be painful, of course, but they would still protect the reputations of scholars who sincerely believe in their work – even if they are sometimes wrong.

Daniel Kahneman, *Open letter to colleagues »A proposal to deal with questions about priming effects«.* In: *Nature,* September 26, 2012

4.1. Framing und die empirische Wissenschaft

Endlich sind wir an jenem Punkt angelangt, dem vermutlich unsere Leser im Dickicht all der Theorien gespannt entgegengefiebert haben: Einwände gegen die politisch korrekte Sprache werden weggewischt mit der Aussage, dass wir doch wissenschaftliche Ergebnisse hätten, die eindeutig belegten, wie sinnvoll sie sei. Sehen wir uns diese angeblich soliden Daten nun genauer an. Unser Ausgangspunkt wird hier das Werk einer Person sein, die großen Einfluss im deutschen Sprachraum auf die öffentliche Wahrnehmung dessen, was heute gemeinhin Framing genannt wird, hatte: die deutsche Linguistin Elisabeth Wehling (geboren 1981).[1] Besonders unangenehm ist sie öffentlich aufgefallen in der Diskussion um ein Strategiepapier, das sie für die ARD verfasst hat[2] und das sich auch für Vergleiche mit der Propagandalehre des Dritten Reiches aufdrängte.[3] Sie ist ein Beispiel dafür, wie schlechte Wissenschaft und Wissenschaftskommunikation den öffentlichen Diskurs massiv beeinflussen können: Wehling erklärt in ihren Vorträgen und Büchern, dass Frames verändert werden müssten, um die Wahrnehmung zu verändern.[4] Sie wurde wiederholt von vielen Medien, insbesondere in Deutschland und Österreich, die ihr Buch *Politisches Framing* zum Thema mitunter sogar als »eine Art Standardwerk zur Forschung« bezeichnen, als Expertin eingeladen oder angefragt.[5] Kommen wir also zum Inhalt.

Im ersten Teil ihres Buches stellt sie aktuelle Studien zu Framing vor und umreißt diese kurz. So zitiert sie etwa eine Studie von Zhong und Liljenquist von 2006, in der angeblich gezeigt würde, dass die »Metapher *Moral ist Reinheit* [sich] – wie sollte es auch anders sein! – direkt in unserer Wahrnehmung und unserem Handeln nieder[schlägt]«.[6] Diese Studie als Beweis für ihre folgenden Thesen ins Feld zu führen stellt sich

---

1 Wehling, Elisabeth. Politisches Framing. Wie eine Nation sich ihr Denken einredet – und daraus Politik macht. Bundeszentrale für Politische Bildung (Bonn 2017; Erstausgabe: Herbert von Halem Verlag, Köln 2016).

2 Wehling, Elisabeth. Framing-Manual. Unser gemeinsamer, freier Rundfunk ARD (Berkeley International Framing Institute 2019). Online: https://cdn.netzpolitik.org/wp-upload/2019/02/framing_gutachten_ard.pdf (Archivlink: https://archive.is/RGRqV).

3 Simon, Cordula/Auer, Stefan. Propaganda, Framing und die Wissenschaft hinter medialer Repräsentation. In: Austrian Center for Intelligence, Propaganda and Security Studies. Journal for Intelligence, Propaganda and Security Studies Vol. 14, No. 1/2020, S. 141–160. Online: https://acipss.org/wp-content/uploads/2021/03/JIPSS_V14_N1_SIMON-AUER-Propaganda-Framing-und-die-Wissenschaft-hinter-medialer-Repraesentation.pdf.

4 Zu Begriffsdefinition und Begriffsgeschichte siehe Kapitel 4.3.

5 Biazza, Jakob. Kampf um den Deutungsrahmen. In: Süddeutsche Zeitung, 18. Februar 2019. Online: https://www.sueddeutsche.de/medien/ard-framing-manual-rundfunkbeitrag-sprache-1.4335445.

6 Wehling. Politisches Framing, S. 65.

bei näherer Betrachtung als fragwürdig heraus, da sie zwar signifikante Resultate liefert, jedoch nach einer Inflationskorrektur der sogenannte R-Index (ein statistisches Werkzeug, das dazu dient, die erfolgreiche Wiederholbarkeit empirischer Studien zu überprüfen)[7] weit unter 50 Prozent liegt. Dies wiederum bedeutet, dass solche Studien niedrige Replikationsraten aufweisen und deshalb nur wenig aussagekräftig sind.[8] Diese Untersuchungen zu den sogenannten Priming-Studien stammten anfänglich vor allem von Ulrich Schimmack, einem deutschen Psychologieprofessor, der sich der Überprüfung von Studien verschrieben hat und der so weit geht, diese konkrete Studie als *trainwreck*, also wörtlich »Zugwrack«, oder im übertragenen Sinn »totale Katastrophe«, zu bezeichnen.[9] Bei den untersuchten Studien handelt es sich um Versuche, in denen manipulative Einflussnahme bei der Verarbeitung eines Reizes (»Priming«) durch Worte oder Bilder genommen werden soll, um eine Kausalität von Sprache oder Bildern zum Denken erkennen zu können.

Eine weitere von Wehling angeführte Studie, in der es um räumliche und emotionale Nähe geht, wurde im Jahr 2008 von

---

7 Eine Definition zu Replication: »In empirical studies with sampling error, replicability refers to the probability of a study with a significant result to produce a significant result again in an exact replication study of the first study using the same sample size and significance criterion.« Online: https://replicationindex.com/. Allgemein zu Replication: Schimmack, Ulrich. Replicability-Index. Improving the Replicability of empirical research. Online: https://replicationindex.com/about/ (abgerufen am 27. März 2020). Zu dieser Studie von Zhong und Liljenquist siehe Ritchie, Stuart. Science Fictions. Exposing Fraud, Bias, Negligence and Hype in Science. The Bodley Head (London 2020), S. 26–28 und dort FN 10: »Brian D. Earp et al, Out, damnded Spot: Can the »Macbeth Effect« be Replicated?« Basic and Applied Social Psychology 36, No1, 2014, 91–98. Online: https://doi.org/10.1080/01973533.2013.856792«.

8 Siehe dazu aktuell und umfassend recherchiert Ritchie. Science Fictions, Chapter 2, »The Replication Crisis«, S. 25–43.

9 Schimmack, Ulrich/Heene, Moritz/Kesavan, Kamini. Reconstruction of a Train Wreck: How Priming Research Went off the Rails, 2. Februar 2017. Online: https://replicationindex.com/2017/02/02/reconstruction-of-a-train-wreck-how-priming-research-went-of-the-rails/.

Williams und Bargh verfasst.[10] Auch hier werden wir in den Replikationsüberprüfungen fündig. Die Studie konnte bei Wiederholungen schlichtweg nicht die erwarteten Ergebnisse reproduzieren: »*Although the replication failure was reported in 2015, the original article continues to be cited as if no replication failure occurred or the replication failure can be dismissed.*« Bargh, von dem Wehling insgesamt drei Studien zitiert, setzte selbst nach einem kritischen Appell des israelisch-US-amerikanischen Psychologen Daniel Kahneman (1934–2024) von 2012 an ihn und wachsender Kritik an der Belastbarkeit der eigentlichen Aussagekraft vieler Replikationsstudien an sich eher auf »absichtliche Blindheit« und »stoische Missachtung«, wie Schimmack es ausdrückt.[11]

Auch Kahnemans Untersuchungen nennt Wehling als Quelle,[12] jedoch haben viele seiner empirischen Forschungsarbeiten in der Replikation versagt.[13] Zu einigen spezifischen von ihr genannten Studien gibt es einstweilen keine Versuche zur Replikation. Hierbei ist wichtig anzumerken, dass Kahneman selbst als Herausgeber für einige Untersuchungen fungierte, die

10 Wehling. Politisches Framing, S. 67. Siehe dazu Ritchie. Science Fictions, S. 28 und dort FN 11: »Original study: Lawrence E. Williams & John A. Bargh, ›Keeping One's Distance: The Influence of Spatial Distance Cues on Affect and Evaluation‹, Psychological Science 19, no. 3 (Mar. 2008): pp. 302–8; https://doi.org/10.1111/j.1467-9280.2008.02084.x; Replication: Harold Pashler et al., ›Priming of Social Distance? Failure to Replicate Effects on Social and Food Judgments‹, PLOS ONE 7, no. 8 (29 Aug. 2012): e42510; https://doi.org/10.1371/journal.pone.0042510«.

11 Schimmack, Ulrich. Estimating Reproducibility of Psychology (No. 140): An Open Post-Publication Peer-Review, 17. April 2018. Online: https://replicationindex.com/2018/04/17/estimating-reproducibility-of-psychology-no-140-an-open-post-publication-peer-review/.

12 Wehling. Politisches Framing, S. 70. Kahneman selbst hat in »Thinking, Fast and Slow« noch daran festgehalten, dass »Unglaube keine Option« sei und der Leser akzeptieren müsse, dass diese Fakten auch auf ihn zuträfen. Kahneman, Daniel. Thinking, Fast and Slow. Farrar, Straus and Giroux (New York 2011; hier verwendete Taschenbuchausgabe von Penguin 2012), S. 54–60 über Barghs Studien S. 58.

13 Schimmack. Estimating Reproducibility of Psychology.

wegen mangelhafter Replizierbarkeit unter Kritik gerieten.[14] Seit 2011 kämpft Kahneman deshalb aktiv für eine Verbesserung von Replikation und Validierung, was in diesem Feld eine große Herausforderung darstellt.[15] Die von Wehling genannten Studien sind älteren Datums. Sie stammen aus der Psychologie, und mit traditioneller Linguistik oder dem linguistischen Faktenwissen, das wir bereits vor über hundert Jahren zur Verfügung hatten, haben sie alle recht wenig zu tun.

Ebenso führt Wehling eine Studie von Boroditsky, Schmidt und Webb von 2003 an, in der es um die Zuordnung von Geschlechtern zu unbelebten Gegenständen geht.[16] Die Artikel unbelebter Gegenstände änderten den Blick auf diese, so würden Gegenstände mit männlichem Artikel eher Attribute wie robust zugeordnet bekommen, weibliche dagegen eher elegant oder ästhetisch. Natürlich wäre es durchaus legitim, Boroditsky und ihren Kollegen aus der Perspektive von den in diesem Buch besprochenen Theorien vorzuwerfen, dass sie damit eine geschlechtlich binäre Hierarchie reproduzieren würden. Jedoch hat die Studie viel drängendere praktische Probleme, wie zum Beispiel, dass nur knapp mehr als hundert Probanden pro Sprache zur Verfügung standen, was ihre Aussagekraft selbstverständlich schmälert. Was die Studie zu fragen vergisst, ist, was daran Ursache und was daran Wirkung sein könnte – wir finden in den Studienergebnissen keine Anhaltspunkte, warum sich Sprache in das Denken eins zu eins einfressen könnte.

---

14 Klein, Richard. Investigating Variation in Replicability. In: Social Psychology 45 (2014), S. 142–152. Online: https://doi.org/10.1027/1864-9335/a000178.

15 Schimmack, Ulrich. Thinking Too Fast About Life-Satisfaction Judgments, November 11, 2018. Online: https://replicationindex.com/2018/11/27/thinking-too-fast-about-life-satisfaction-judgments/.

16 Wehling. Politisches Framing, S. 51 f. Boroditsky, Lera / Schmidt, Lauren A. / Webb, Philipps. Sex, Syntax, and Semantics. In: Getner, Dedre / Goldin-Meadow, Susan (eds.). Language in Mind: Advances in the Study of Language and Thought. MIT Press (Cambridge, MA 2003), S. 61–79.

Auch in jener Studie, die kulturelle Unterschiede an der Wahrnehmung von Farben nach Sprachmustern feststellen sollte, sind die Ergebnisse mit Vorsicht zu genießen: Wie schnell eine Farbe von einer anderen unterschieden werden kann, je nachdem wie viele Begriffe oder Unterscheidungen eine Sprache dafür kennt, sollte untersucht werden. Das Russische unterteilt helles und dunkles Blau und kennt dafür zwei verschiedene Wörter. Ebenso sind Sprachen, in denen es keinen eigenen Begriff für Grün gibt, bekannt.[17] Wie groß waren also die Unterschiede zwischen russisch- und englischsprachigen Studienteilnehmern? Genug, um zu sagen, sie nähmen die Welt anders wahr? Entscheiden Sie selbst: Es handelt sich um 124 Millisekunden. 124 Millisekunden, die übrigens wegfielen, sobald die Teilnehmer parallel zu ihrem Zuordnen von Farbquadraten Zahlenreihen wiedergeben mussten. Weitere Studien von Boroditsky haben sich in Bezug auf Zahlen, die sie liefern, nicht als schlüssig erwiesen: Die Überinterpretation von winzigsten Ergebnissen ist keine solide Grundlage für Sprachpolitik.[18]

Der US-amerikanische Linguist John McWhorter (geboren 1965) kritisiert dies in seinem Werk *The Language Hoax: Why the World Looks the Same in Any Language*, da Unterschiede zwischen Kulturen, die dort dargestellt werden, in diesen Daten nicht festgemacht werden und kein tatsächlicher Bias in der Herangehensweise an Artikel nachgewiesen werden kann. Gerade jene Studie, die beweisen sollte, dass Menschen, die Mandarin sprechen, Zeit eher vertikal als horizontal wahrnehmen, hat sich als nicht haltbar herausgestellt. Zum einen, weil im

17 McWhorter, John. The Language Hoax: Why the World Looks the Same in Any Language. Oxford University Press (Oxford 2014), hier »Introduction«, XIV. Deutscher. Through the Language Glass Chapter 9, »Russian Blues«, 217–232. Jene Studie auf die Deutscher sich bezieht: Winawer, J./Witthoft, N./Frank, M.C./Wu, L./Wade, A.R./Boroditsky, L. Russian blues reveal effects of language on color discrimination. Proceedings of the National Academy of Sciences 104 (19) 2007, S. 7780–85.

18 McWhorter. The Language Hoax, Chapter 1.

Studiendesign eine methodologische Vermischung stattfand: Die Teilnehmer bekamen Bilder gezeigt, die horizontal oder vertikal angeordnet waren; damit ist sie nur wenig aussagekräftig, was den Einfluss von Sprache betrifft, die, wie wir wissen, kein Abbild der Welt ist. Zum anderen waren zwar Mandarinsprecher beim Erkennen vertikal angeordneter Bezüge 170 Millisekunden schneller als englische Muttersprachler, jedoch stellte sich die Links-rechts-(also die horizontale)-Zuordnung bei allen als schneller heraus.[19]

Zudem vermischen diese Studien Wahrnehmung, Erinnerung, Denken, Bewertung und Vorurteile: Wie sollen wir von der Wahrnehmung einer Farbe auf die Funktionsweise politisch korrekter Sprache schließen können? Hier werden Äpfel mit Birnen gleichgesetzt, denn selbst ohne langwierige Definitionsmarathons sollte klar sein, dass Wahrnehmung und Denken nicht ein und dasselbe sind. Wie immer ist das alles nicht so einfach.

Viele von Wehling genannte Studien vermischen Grundlagen von Linguistik mit anderen Fachrichtungen: Wenn eine Studie darauf ausgelegt ist, dass Menschen nach dem Lesen von bestimmten Begriffen Bilder auf eine bestimmte Art aufnehmen oder interpretieren, lässt das keine Rückschlüsse darauf zu, dass dies auch beim Paaren von Text mit Text entsprechend funktionieren würde, nachdem – linguistisch gesehen – Sprache keine Abbildung der Welt darstellt.[20]

Auch in ihren eigenen empirischen Studien arbeitet Wehling, wie einer ihrer Vorträge nahelegt, mit dem Zeigen von Bildern.[21] Dabei stellt sie die These auf, dass, wer seine Kinder

19 Ebd., Chapter 1.

20 Siehe die Aufbereitung des CLG in Kapitel 1.

21 Wehling, Elisabeth. Die Macht der Sprachbilder – Politisches Framing und neurokognitive Kampagnenführung. Vortrag am 5. August 2017 auf der re:publica in Berlin. Online: https://re-publica.com/en/session/macht-sprachbilder-politisches-framing-und-neurokognitive-kampagnenfuhrung (Archivlink: https://web.archive.org/web/20181126161305/https://re-publica.com/en/session/

streng erzieht, eher konservative Parteien wählen würde. Diese Untersuchung sagt etwas über Werte und politisches Bewusstsein aus, jedoch nichts über die Sprachverwendung selbst. Die Tests zur Verschiebung der politischen Position der Probanden beruhten nicht auf dem Austausch einzelner Begriffe, sondern auf dem Austausch ausgebauter Gesamtbilder und Texte, die vielschichtige Lebensrealitäten abbilden und nicht an einzelne Begriffe gebunden sind. Dass sich das politische System nicht nur in Amerika, sondern ebenso in Europa in zwei Lager teilt, die durch Familienhintergrund kognitiv umgesetzt werden, sagt ebenso nichts über die Verwendung einzelner Begriffe aus. Gerade bei abstrakten Begriffen bieten derlei komplexitätsreduzierte Studien im Labor keine Anhaltspunkte mehr.

Ein Beispiel dieser Vermischung finden wir, wenn Wehling in ihren Vorträgen den McGurk-Effekt voranstellt.[22] Hierbei wird dem Publikum zuerst eine Lautfolge vorgespielt und anschließend dieselbe Lautfolge gemeinsam mit einer Videoaufnahme der Lippenbewegungen – weichen diese Lippenbewegungen von dem zuvor Wahrgenommenen ab, richtet sich die Wahrnehmung nach der Lippenbewegung und nicht nach dem akustischen Signal. Es handelt sich hierbei also ganz und gar nicht um einen von vielen Beweisen, der uns zeigen soll, dass Sprache das Denken beeinflusst, sondern dass Bilder die Sprachwahrnehmung beeinflussen. Es werden also Äpfel mit Birnen verglichen, um damit die Sinnhaftigkeit der Ersetzung einzelner Begriffe zu begründen und dadurch wiederum positive Auswirkungen auf das Denken zu erzielen.

Studien, die bei Wehling zu finden sind, sind auch beim israelischen Linguisten Guy Deutscher (geboren 1969) zu finden,

---

macht-sprachbilder-politisches-framing-und-neurokognitive-kampagnenfuhrung; direkter Link zum Video auf Youtube: https://www.youtube.com/watch?v=3tuaXaXJ02g).

22 Ebd.; zum Effekt selbst: McGurk, Harry/Macdonald, John. Hearing lips and seeing voices. In: Nature, Band 264, 1976, S. 746–748. Online: https://doi.org/10.1038/264746a0.

der anhand ähnlicher Grundannahmen sein Buch damit gefüllt hat, dass Sprache unsere Wahrnehmung lenke. Aus einem linguistischen Feld kommend, argumentiert er gegen Arbitrarität mit denselben Begründungen, mit der all jene, die sich nicht näher damit befasst haben, argumentieren – mit Begründungen, die Saussure selbst schon besprochen hatte.[23] Ein weiteres Problem in diesen Forschungen ist, dass das Berechnen der Wahrscheinlichkeit der Ergebnisse (p-value) in 89 Prozent aller einführenden Psychologiebücher schlicht falsch erklärt wird.[24]

Die Beweislage ist also erstens dünn und zweitens beweist sie leider oft nicht, was nötig wäre, um unzweifelhaft festzustellen, welchen exakten Einfluss Sprache auf das Denken hat. Die Empirie ist schlicht nicht stark genug, um an ihr politische Sprachveränderungen auszumachen. Eine Auseinandersetzung mit dem, was in der Linguistik bereits lange bekannt ist und was nicht, hätte vielleicht einen Einfluss darauf, wie jene Forschungsergebnisse korrekter interpretiert werden.

Ein Beispiel für einen soliden methodologischen Ansatz finden wir an der Linguistik in Göttingen: In den dort ausgeschriebenen Promotionsstellen[25] wird als Forschungsfrage vorgeschlagen zu untersuchen, ob Worte, die ähnliche Bedeutung haben, eine größere Wahrscheinlichkeit als zufällig haben, Ähnlichkeiten in der Form aufzuweisen. Dazu muss eine »phonologische Distanz« der Worte berechnet werden – wie ähnlich

---

23 Deutscher. Through the Language Glass, Chapter 4, »Those Who Said Our Things Before Us«, S. 77–98.

24 Ritchie. Science Fictions, S. 87 und dort FN 16: »Scott A. Cassidy et al., ›Failing Grade: 89% of Introduction-to-Psychology Textbooks That Define or Explain Statistical Significance Do So Incorrectly‹, Advances in Methods and Practices in Psychological Science 2, no. 3 (Sept. 2019), pp. 233–39; https://doi.org/10.1177/2515245919858072. See also Raymond Hubbard & M. J. Bayarri, ›Confusion Over Measures of Evidence (p's) Versus Errors (α's) in Classical Statistical Testing‹, American Statistician 57, no. 3 (Aug. 2003): 171–78; https://doi.org/10.1198/0003130031856«.

25 Georg-August-Universität Göttingen. Job Openings – PhD positions – Suggested projects. Online: https://www.uni-goettingen.de/de/suggested+projects/636208.html (24. Mai 2021).

sind sie sich klanglich? Dann muss anhand von Korpusanalysen des Kontextes (welche Begriffe sich im semantischen Umfeld finden, die diese untersuchten Begriffe inhaltlich prägen) die semantische Distanz (die Unterschiede in der Bedeutung) festgestellt werden. Durch dieses Studiendesign werden Probanden zunächst in Relation zu etwas gesetzt, um im zweiten Schritt zu überprüfen, ob die theoretische Annahme empirisch nachgewiesen werden kann. Oder um die Fragestellung anders zu formulieren: Gibt es semantische Ähnlichkeiten, die mit formalen Ähnlichkeiten einhergehen, die bereits ohne ausgebildetes Referenzsystem wahrgenommen werden können, rein assoziativ, ohne Konvention und daher zwingend die Arbitrarität infrage stellen? Die Überprüfungen der Ergebnisse finden anhand der sich entwickelnden Sprachkenntnisse von Kindern statt: Somit kann das Ausbilden von Assoziationen untersucht werden. Wie Sie merken, ist das alles etwas komplexer, als uns Wehling anhand der Studien aus der Psychologie weismachen möchte. Bei erwachsenen Teilnehmern kann man zwar Assoziationen untersuchen, jedoch nicht deren Entstehung, weswegen das Zusammenspiel von Ursache und Wirkung bei sogenannten Perzeptionsstudien, die die Wahrnehmung von Teilnehmern abfragen, nicht untersuchbar ist.

4.2. Framing und die weniger empirische Wissenschaft

Werfen wir einen Blick auf Teil zwei von Wehlings Buch zum politischen Framing: »Teil Zwei – Von gejagten Bürgern zu gefälligen Wetteraussichten: Ausgewählte Frames unserer politischen Debatte«[26]. Hier stellt sie Begriffe aus den Medien vor und erklärt, welche Bilder diese auslösen. Bei einem Blick auf

26 Wehling. Politisches Framing, S. 70–176.

die Fußnoten stellt man schnell fest, dass all diese Erklärungen nicht an empirische Überprüfung gekettet sind – es handelt sich dabei um Wehlings eigene freie Assoziationen, also um ihre persönliche Meinung. Als von anderen »Sprachspezialisten« der Modebegriff der »sexualisierten« Gewalt aufkam, denn es sei primär Gewalt und habe nur sekundär mit Sex zu tun, widerspricht Wehling und behauptet, dass dies eine Verschleierung des Sexuellen sei,[27] wobei wir uns fragen müssen, warum genau ihre Interpretation besser sein sollte als die Interpretationen anderer.

Nirgendwo lässt sich erkennen, dass sie ihre Begriffe alle im Einzelnen überprüft hat, empirische Studien zu Begriffen wie »Flüchtlingswelle«[28] lassen sich in Wehlings Schaffen nicht finden. Aber Sprache ist nun eben keine Abbildung der Welt und daher sind diese Erkenntnisse nicht auf die Allgemeinheit umzumünzen, denn Bedeutungswandel ist eine höchst unkontrollierbare Angelegenheit, wie wir bereits in Kapitel 1 festgestellt haben. Ergebnisse jedoch, die ohne jegliche wissenschaftliche Methodik zustande gekommen sind, können nicht als valide wissenschaftliche Erkenntnisse bezeichnet werden.

Interessant ist hierbei, dass sie späteren Auflagen ihres Buches ein Kapitel hinzugefügt hat, das den Terminus »Flüchtling« enthält, den sie in einem Interview mit der Zeitung *Die Zeit* im Jahr 2016 interpretiert: Hier erläutert sie, dass das Suffix »-ling« Begriffe verkleinere und aufgrund dessen herabwürdigend sei, da es zudem ein generisches Maskulinum ist, wirke der Begriff außerdem aggressiv.[29] Abermals handelt es sich allem

27 Wehling, Elisabeth. Sprechen über #MeToo. Alle reden über Framing – so funktioniert es. In: Der Spiegel, 12. Oktober 2018. Online: https://www.spiegel.de/kultur/gesellschaft/sprechen-ueber-metoo-warum-es-keine-sexualisierte-gewalt-gibt-a-1232770.html.

28 Wehling, Politisches Framing, Kapitel 11.3.

29 Vorsicht vor diesen Wörtern. Interview mit Elisabeth Wehling. In: Die Zeit, 25. Februar 2016. Online: https://www.zeit.de/2016/10/sprache-manipulation-elisabeth-wehling/komplettansicht (Archivlink: http://archive.is/wip/q40ZO).

Anschein nach um Wehlings persönlich-weltanschauliche Assoziationen. Dies ist der einzige Begriff, zu dem eine empirische Studie aufzufinden war, verfasst von Marlene Rummel, die mit fast fünfhundert Probanden »-ling-Wörter« auf die negativen Komponenten des Suffixes überprüft hat und zu dem Schluss gekommen ist, dass es nicht das Suffix ist, sondern der Kontext, in dem das Wort gebraucht wird, der zu seiner Pejoration geführt hat. Ein Schicksal, dem, wie in der Studie deutlich wird, auch Begriffsalternativen wie »Geflüchtete« nicht entgehen können.[30] Auf starke Resonanz stieß Wehlings Interpretation allerdings in Medien, die versuchen, besonders inkludierend zu sprechen. Dies zeigt, dass, wenngleich Sprachwandel nicht steuerbar ist, dennoch Proponenten dieser Theorien großen Einfluss auf den Sprachgebrauch einzelner Gruppen ausüben können.

Im starken Kontrast zu dieser Studie aus der Linguistik, die ganz präzise nach dem Suffix gefragt hat, steht zum Beispiel eine Umfrage[31], die auf das – von Wehling behauptete – negative Konnotat des Suffixes verweist und den negativen Beigeschmack nicht zwingend auf die »morphologische Struktur« zurückführt, ohne spezifisch dazu eine Studie zu liefern. Verwiesen wird auf Wörterbuchbeiträge oder Interviews von Sprachforschern ähnlicher ideologisch-wissenschaftlicher Stoßrichtung wie Wehling.[32] Die Befragung zeigt, dass die Mehrheit

30 Rummel, Marlene. Brisantes Suffix? Zum Gewicht von -ling im Konzept des Flüchtlings. Justus-Liebig-Universität Gießen (Masterarbeit, Gießen 2017), S. 156–161, hier vor allem S. 159–161. Online: https://geb.uni-giessen.de/geb/volltexte/2017/13049/.

31 Amin, Amira. »Flüchtlinge« oder »Geflüchtete«: Wie ein Wort zu einem Konzept im medialen Fluchtdiskurs wird. In: Zagreber Germanistische Beiträge 28/2019 (Gehrmann, Siegfried/Turkovic, Sladan (Hg.) Themenausgabe: Anglophonisierung der Wissenschaftssprache), S. 211–229. Die Studie kann im Gegensatz zu Rummels Arbeit nur 76 Teilnehmer aufweisen – wem die 500 zuvor schon wenig erschienen, der möge sich gerne so viele Umfragen, die als Studien präsentiert werden, zu Gemüte führen, wie es beliebt; die traurige Wahrheit ist, dass es schwierig ist, Teilnehmer für Studien zu finden und 70 bis 80 Teilnehmer in den Bereichen der Untersuchung um Sprache üblich sind.

32 Ebd., S. 217.

den Begriff neutral sieht, wiederholt dennoch die Grundannahme in der Konklusion, dass Sprachgebrauch Vorurteile verstärken oder abbauen könne, ohne dies in den Ergebnissen der Umfrage wiederzufinden.[33]

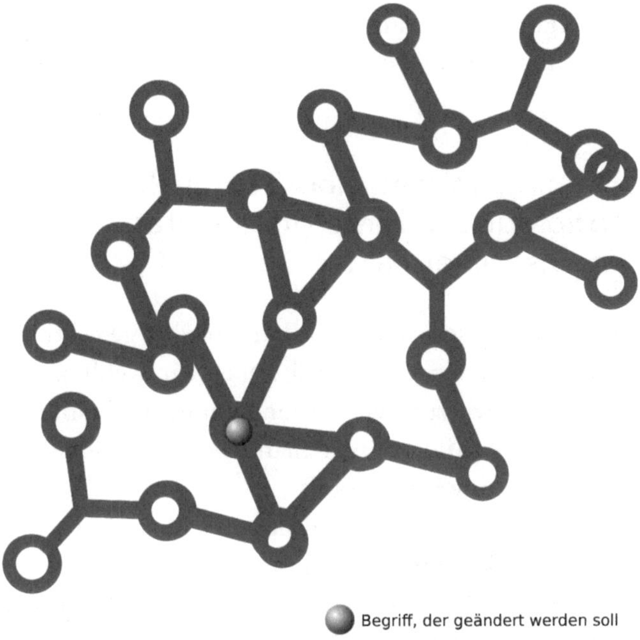

Erinnern wir uns an die Struktur der Sprache: Um Frames zu ändern, müssten alle Begriffe um jenen negativ behafteten Begriff, der ins Positive verkehrt werden soll, ebenso eine Änderung vollziehen. Quelle: Eigene Illustration der Autoren.

Wir erkennen hierin ein stures Festhalten am Glauben an einen spezifischen sprachlichen Einfluss, selbst wenn dieser empirisch nicht bewiesen werden konnte. Was ist das Ergebnis des Austauschens eines Begriffs wie Flüchtling durch Geflüchtete? Der neue Begriff wird, wie wir es von Paul kennen, den Platz des alten im Sprachsystem einnehmen, falls er sich durchsetzt. Denn

33 Ebd., S. 226–227.

um die Konnotate, das heißt, worauf ein Begriff in allen Nuancen referiert, ändern zu können, müsste man all jene Begriffe im Sprachsystem in ihren Referenzen ändern, die diesen prägen (siehe Abbildung auf der vorangehenden Seite). Die Euphemismustretmühle dreht sich nur schneller und wir wenden uns nun den Hintergründen zu, aus denen Wehling ihren Framing-Begriff entnommen hat.

4.3. Framing im medialen Gebrauch – soziologische Hintergründe statt linguistischer Fakten

Wie heute im deutschsprachigen Raum medial gemeinhin der Begriff »Framing« verwendet wird, haben wir Wehling zu verdanken. Werfen wir zur weiteren Einordnung des Framing-Begriffs einen Blick auf die wissenschaftliche Verwendung desselben. Wehling definiert Frames als

»[…] durch Sprache im Gehirn aktiviert. Sie sind es, die Fakten erst eine Bedeutung verleihen, und zwar, indem sie Informationen im Verhältnis zu unseren körperlichen Erfahrungen und unserem abgespeicherten Wissen über die Welt einordnen. Dabei sind Frames immer selektiv. Sie heben bestimmte Fakten und Realitäten hervor und lassen andere unter den Tisch fallen. Frames bewerten und interpretieren also. Und sind sie erst einmal über Sprache – etwa jener in öffentlichen Debatten – in unseren Köpfen aktiviert, so leiten sie unser Denken und Handeln an, und zwar ohne dass wir es merken.«[34]

Und, von ebenso zentraler Bedeutung für ihr Verständnis von Framing: »Frames haben einen ideologisch selektiven Charakter. Sie bewerten und interpretieren gesellschaftliche und

34 Wehling. Politisches Framing, S. 15.

politische Gegebenheiten aus einer bestimmten Weltsicht heraus«.[35]

In der Linguistik kennt man die Frame-Semantik, die später in die Construction Grammar überging und gerade in der KI-Forschung ihren Platz hat: Charles J. Fillmore, ein US-amerikanischer Linguist (1929–2014), definiert Frames als »System von Konzepten, die so verbunden sind, dass man, um eines davon verstehen zu können, die Struktur verstehen muss, zu der es gehört.«[36] Von einem verständnisnotwendigen System von Konzepten, in denen freie grammatische Morpheme, also selbst jene Wörter, die keine kontextunabhängige Bedeutung tragen, oder sogar die grammatische Struktur selbst in den Verstehensprozess und damit in Analysen eingebunden sind, ist bei Wehling jedoch keine Rede. Mit den linguistischen Untersuchungen, in denen Abhängigkeiten von Verben, Konstrukten und semantischen Rahmen ausgearbeitet werden, hat Wehlings Interpretationsarbeit wenig gemein.

Die Forschungsrichtung, die sich im Rahmen der Linguistik mit einer gewissen Distanz herausgebildet hat, ist die Construction Grammar, die auf der Suche nach sprachlichen Konstruktionen ist, die nur durcheinander verstanden werden können. Forscher aus diesem Gebiet stehen vereinfachten Darstellungen von gedanklichen Vorgängen höchst reserviert gegenüber.[37] In

35 Ebd., S. 176.

36 Fillmore, Charles J. Frame Semantics. In: Linguistic Society of Korea (ed.), Linguistics in the Morning Calm. Selected Papers from SICOL-1981 (Seoul 1982), S. 111–137, hier S. 111.

37 Siehe dazu Kuzar, Ron. Book review of Adele E. Goldberg, Constructions: A construction grammar approach to argument structure (Chicago 1995). In: Journal of Pragmatics 29 (1998), S. 353–367. Online: https://www.academia.edu/2651748/Constructions_A_construction_grammar_approach_to_argument_structure; Goldberg, Adele E. Constructions: A construction grammar approach to argument structure. The University of Chicago Press (Chicago 1995). Außerdem Goldberg selbst in einem Interview: »Heute glaubt niemand mehr daran, dass unser Verhalten nach Stimulus-Response-Modellen funktioniert.« (eigene Übersetzung der Autoren). In: Pinheiro, D. Interview: Adele E. Goldberg. Linguíſtica, n. 12, v. 3, no prelo (2017). Online: https://www.academia.

der sprachwissenschaftlichen Frame Semantic werden also die sprachlichen Netze nach ihrer Struktur analysiert, bei Wehling werden sie das nicht – sie werden nur interpretiert und mit weiteren Konnotaten versehen.

Wehling verweist mehrfach auf den US-amerikanischen Linguisten George Lakoff (geboren 1941), bei dem sie in Berkeley studiert und promoviert hat.[38] Lakoff verweist so wie Wehling für die Herkunft des Framing-Begriffes auf Charles Fillmore, aber ansonsten bevorzugt auf Philosophen oder Psychologen. Dabei ist oft schwierig zu erkennen, aus welcher Feder welche Behauptung stammt, da Lakoff kaum Direktverweise bietet, aber die wenigsten sind emsige Empiriker.[39] Lakoff behauptet zudem, dass Fillmore herausgefunden hätte, wie Frames funktionieren, doch das ist weder bei Fillmore noch bei ihm ein Thema – er selbst postuliert gerade einmal, dass sie funktionieren, aber die Erklärung der Funktionsweise ist nirgendwo auszumachen.[40] Wittgenstein findet ebenso seinen Platz in der Literaturliste wie Whorf, und in späteren Texten folgen einige der Studien, die wir weiter oben im Rahmen der Replikationskrise kennengelernt haben.

Ein Vorwurf, der Lakoff oft ereilt hat, ist das Ausblenden von Ursache und Wirkung in seinen Überlegungen und Untersuchungen, denn nirgendwo lässt sich ein Anhaltspunkt dafür finden, dass wir unser Leben nach »konzeptuellen Metaphern«

---

edu/30456989/Interview_Adele_E_Goldberg. Für einen Überblick und eine weiterführende Literaturliste siehe: Hoffmann, Thomas. Construction Grammars. In: Dancygier, Barbara (ed.). The Cambridge Handbook of Cognitive Linguistics. Part III: Aspects of linguistic analysis. 6. Construction Grammars. Cambridge University Press (Cambridge 2016), S. 310–329.

38 Wehling. Politisches Framing, S. 60.

39 Lakoff, George. Moral Politics: How Liberals and Conservatives Think. The University of Chicago Press (Chicago 1996; hier verwendete zweite Ausgabe von 2002).

40 Lakoff, George. Charles Fillmore, Discoverer of Frame Semantics, Dies in SF at 84: He Figured Out How Framing Works. In: Huffington Post, February 18, 2014. Online: https://www.huffpost.com/entry/charles-fillmore-discover_b_4807590.

formen würden. Zwar gibt es Nachweise für die Existenz dieser Metaphern,[41] dass es jedoch das Leben sein könnte, das ursächlich für die Metaphern ist und nicht umgekehrt, wird nicht bewiesen. Das scheint Lakoff allerdings nicht viel auszumachen, denn er zieht es schlichtweg vor, den Themenkomplex Ursache-Wirkung als rein metaphorisches Konzept zu besprechen.[42]

Elisabeth Camps Betrachtungen zu Frames und Metaphern sind zum Beispiel weitaus differenzierter: Sie lenken nicht eindeutig, können dies jedoch unter Umständen. Die individuellen Bilder, Gefühle und Begleiterscheinungen lassen sich schwer abschätzen und ob Frames etwas Positives oder Negatives auslösen, ebenso wie Metaphern, kann gleichermaßen vorkommen, denn es sind Werkzeuge und auch in ihrer Wahrnehmung sind sie nicht außerhalb des Rationalen zu Hause.[43] Oder anders gesagt: Wir sind nicht instinktiv mit unseren Gefühlen Frames unterworfen. So einfach ist die Sache nicht.

Frames sind eher ein repräsentatives Vehikel, um Perspektiven auszudrücken, Perspektiven wiederum sind für Camp veränderungsoffen.[44] Nicht nur sprachliche Frames, sondern auch was sie »Charakterisierungen« in der Sprache nennt: All diese Vorgänge beeinflussen Einstellungen, chaotisch, affektgeladen und intuitiv; – ein Frame muss nicht zwingend eine Perspektive ausdrücken, nur weil er dies kann. Sie alle sind flexibel und können von konzeptionellen Gedanken abweichen.[45] Leider

41 Allbritton, David. The use of metaphor to structure text representations: evidence for metaphor-based schemas (PhD dissertation). Yale University (New Haven 1992).

42 Johnson, Mark/Lakoff, George. Metaphors We Live By. The University of Chicago Press (Chicago 1990; hier verwendete zweite Auflage 2003), Chapter 14, »Causation: Partly Emergent and Partly Metaphorical«.

43 Camp, Elisabeth. Perspectives and Frames in Pursuit of Ultimate Understanding. In: Grimm, Stephen R. (ed.). Varieties of Understanding: New Perspectives from Philosophy, Psychology, and Theology. Oxford University Press (Oxford 2019), S. 17–46, hier S. 18.

44 Ebd., S. 18f und S. 24.

45 Ebd., S. 27.

kommt Camp dabei ohne ein einziges Beispiel oder eine einzige, weiterführende Fußnote aus – wie genau sich der Einfluss von Frames gestaltet, ist daher fragwürdig. Wir müssen ihr jedoch immerhin hoch anrechnen, dass sie nicht Behauptungen aufstellt und diese als Forschungsergebnisse präsentiert, wie Wehling das tut, sondern hauptsächlich Fragen darüber aufwirft, was noch zu erforschen ist. Denn für Forschung, wie Camp feststellt, ist es völlig unproduktiv, die mannigfachen Modifikationen in der gesprochenen Sprache auszublenden, und Semantik benötigt mehr als nur vorausgesetzte Wahrheitsbedingungen – sie pocht auf Kontext.[46] Wir wollen dem zustimmen: Wissenschaft macht keine Fortschritte, beginnt man bei den erwünschten Konklusionen. Auch Konzepte sind laut Camp flexibel und keineswegs abgeschlossen, wie man gerade an den Uneindeutigkeiten von Stimulus-Response-Modellen erkennen kann.[47]

Auch mit den lakoffschen Behauptungen über Metaphern dürfte Camp kaum glücklich sein. Denn Metaphern lösen eben nicht stets aus, dass etwas (Julia in Romeo und Julia) als etwas anderes (Julia als Sonne) gesehen wird, nicht wörtlich – wir finden uns nicht in einer Illusion wieder, dass Julia sich in einen Feuerball verwandelt hat.[48] Sie kitzelt in jener weniger linguistischen als vielmehr literaturwissenschaftlichen Arbeit genau jene Beispiele hervor, die nahelegen, dass komplexe kognitive Vorgänge ineinandergreifen müssen für das, was im Spannungsfeld von Sprache und Denken passiert. Metaphern können ebenso schnell (ohne Zeitverzögerung) verstanden werden wie wörtlich

46 Camp, Elisabeth. Slurring Perspectives. In: Analytic Philosophy Vol. 54 No. 3, September 2013, S. 330–349, hier S. 334.

47 Camp, Elisabeth. Putting Thoughts to Work: Concepts, Systematicity, and Stimulus-Independence. In: Philosophy and Phenomenological Research Vol. LXXVIII No. 2, March 2009, S. 275–311.

48 Camp, Elisabeth. SHOWING, TELLING AND SEEING. Metaphor and »Poetic« Language. In: The Baltic International Yearbook of Cognition, Logic and Communication Vol. 3: A Figure of Speech, August 2008, S. 1–24, hier S. 2.

gemeinte Rede, einem Automatismus folgend, als sei auch die Metapher ein rein sprachliches Phänomen und kein lebensveränderndes Bild.[49] Demzufolge wäre eine lang erlernte Metapher ebenso wie andere sprachliche Äußerungen, die häufig Verwendung finden, ebenso wie wir es aus dem semantischen Sprachwandel kennen, gewissermaßen ausgewaschen, die Bildhaftigkeit weggespült in den Gezeiten der Sprachverwendung. Wie ausgeprägt dies jedoch ist, können wir nicht beurteilen und wollen Camp darin folgen, dass Metaphern eben ein gewisses »*Je ne sais quoi*«[50] haben, das es näher zu erforschen gilt.

Wehlings Framing-Begriff ist daher jenem aus den Sozial-, Medien- und Kommunikationswissenschaften wesentlich näher. Sie nennt nicht nur Fillmore im Zusammenhang mit der Herkunft des Framing-Begriffs, sondern auch den kanadischen Soziologen Erving Goffman (1922–1982), der seinen Framing-Begriff zwar ebenso von Fillmore übernommen hat, ihn jedoch auf unterschiedliche soziale Situationen anzuwenden versucht, immer unter der Prämisse, dass Frames tagtäglichen Veränderungen unterworfen sind.[51] Näher kommen wir der Definition von Wehling beim US-amerikanischen Politikwissenschaftler Robert M. Entman (geboren 1949), der ebenfalls auf Fillmore und Goffman verweist:

»Framing essentially involves selection and salience. To frame is to select some aspects of a perceived reality and make them more salient in a communicating text, in such a way as to promote a particular problem definition, causal interpretation, moral evaluation, and/or treatment recommendation for the item

49 Camp, Elisabeth. Metaphor in the Mind: The Cognition of Metaphor. In: Philosophy Compass 1/2 (2006), S. 154–170, hier S. 156f.

50 Camp, Elisabeth. Metaphor and that certain ›je ne sais quoi‹. In: Philosophical Studies 129 (2006), S. 1–25.

51 Goffman, Erving. Frame Analysis. An Essay on the Organization of Experience. Northeastern University Press (Boston 1986; first published by Harper & Row 1974), S. 544.

described. Typically frames diagnose, evaluate, and prescribe […].«[52]

Sowohl bei Wehling als auch bei Entman liegt der Fokus des Framing-Begriffs auf der Selektion.

4.3.1. Was wir aus dem Korpus lernen können – und was nicht

In diesem Umfeld findet sich auch das Forschungsgebiet des deutschen Sprachwissenschaftlers Anatol Stefanowitsch (geboren 1970), der vielen aufgrund seiner Streitschrift *Eine Frage der Moral. Warum wir die politisch korrekte Sprache brauchen* ein Begriff sein dürfte.[53] Immer wieder greift er auf Lakoff und Johnson in seinen Korpusanalysen zurück.[54] Der Text aus dem Dudenverlag selbst hat uns überrascht, insofern er völlig ohne Nachweise auskommt, über keinen Fußnotenapparat oder gar eine Literaturliste verfügt. Für die Standards des Dudenverlags scheint es ausreichend zu sein, dass der Verfasser Prof. Dr. vor dem Namen führt, für einen wissenschaftlichen Text ist dies allein nicht genug. Aufgrund seiner Popularität gewähren wir ihm hier dennoch kurz einen Platz: Viel Kritik an der politischen Korrektheit betrachtet er recht flach, wie zum Beispiel dass sich ja niemand an Partizipien wie Anwesende stoße,

52 Entman, Robert M. Framing: Toward Clarification of a Fractured Paradigm. In: Journal of Communication, Volume 43, Issue 4, December 1993, S. 51–58, hier S. 52.

53 Stefanowtisch, Anatol. Eine Frage der Moral. Warum wir politisch korrekte Sprache brauchen. Dudenverlag (Berlin 2018).

54 Stefanowtisch, Anatol. Corpus-based approaches to metaphor and metonymy. In: Gries, Stefan Th. / Stefanowitsch, Anatol (eds.). Corpus-Based Approaches to Metaphor and Metonymy (series: Bisang, Walter / Hock, Hans Henrich / Winter, Werner (eds.). Trends in Linguistics Studies and Monographs 171). Mouton de Gruyter (Berlin 2006), S. 1–16; Stefanowtisch, Anatol. Words and their metaphors: A corpus-based approach. In: Gries, Stefan Th. / Stefanowitsch, Anatol (eds.). Corpus-Based Approaches to Metaphor and Metonymy (series: Bisang, Walter / Hock, Hans Henrich / Winter, Werner (eds.). Trends in Linguistics Studies and Monographs 171). Mouton de Gruyter (Berlin 2006), S. 63–105; Stefanowitsch, Anatol. Corpus linguistics: A guide to the methodology (Textbooks in Language Sciences 7). Language Science Press (Berlin 2020).

jedoch an Studierende. Dabei scheint ihm zu entgehen, dass Anwesende eben just in jenem Moment anwesend sein müssen, wann auf sie verwiesen wird, aber Studenten wohl kaum ohne Unterlass studieren – denn die Funktion des Partizips wäre es, traditionellerweise darzustellen, dass es sich dabei um die aktuelle Tätigkeit handelt.[55] Da Sprache sich aber ohne Unterlass wandelt und was zu einer Zeit korrekt war, sich zur anderen ändert, stimmen wir ihm zu, dass Argumente, die korrekte Grammatik aus Tradition beinhalten, von geringer Substanz sind.

Jedoch müssen wir hier anmerken, dass Stefanowitsch damit sein eigenes Argument, dass man sehr wohl in alten literarischen Werken Änderungen einbringen dürfe, schließlich habe es derlei Änderungen aus politischen Gründen in Kinderbüchern und Ähnlichem immer gegeben,[56] ad absurdum führt. Auch wenn einem abwertenden Ausdruck ein neutraler zugrunde liege, könne man ihn dann dennoch nicht verwenden, denn auch hier besitzt das Argument der Tradition für ihn keine Gültigkeit, schließlich ändert sich Sprache stets, wie er richtig bemerkt.[57] Wie es jedoch mit neutralen Begriffen aussieht, denen ein abwertender Kern zugrunde liegt, der längst vergessen wurde, darauf geht er nicht ein. Er kennt Euphemismen[58]; die Euphemismustretmühle und die Gesetze des Sprachwandels, wie wir sie am Anfang dieses Buches besprechen, scheinen ihm allerdings unbekannt zu sein. Einfachere Sprache simpel beizubehalten lehnt er ab, da neue Formen Aufmerksamkeit auf bestimmte sprachliche Strukturen lenken sollten,[59] wobei er auf Hornscheidt verweist.[60] Stefanowitsch begründet dies damit, dass auch Verordnungen nicht einfach

---

55 Stefanowtisch. Eine Frage der Moral, S. 17.
56 Ebd., S. 14f.
57 Ebd., S. 33.
58 Ebd., S. 27.
59 Ebd., S. 18f.
60 Zu Hornscheidt siehe unser Kapitel 3.2.

seien, jedoch spricht auch niemand in Verordnungsvokabular und niemand wird dies der Gesellschaft abverlangen wollen, wohingegen es die Tendenz, Gendern in sämtlichen Institutionen und Medien durchzusetzen, sehr wohl gibt.

Das generische Maskulinum lehnt Stefanowitsch aufgrund der Perzeptionsstudien Puschs ab.[61] Zwar meint er, dass es darum gehe, wie etwas gesagt würde, und nicht darum, was gesagt würde, allerdings trifft er im gesamten Hauptteil seines knappen Textleins keinerlei Unterscheidungen zwischen Sprache, die dem politisch korrekten Jargon ohne böse Absicht hinterherhinkt, und Beleidigungen, die er beide in einen Topf wirft. Daraufhin ist sein Hauptargument Moral, allerdings macht die Behauptung, etwas sei moralisch (richtig), es noch nicht zu einem funktionierenden Mechanismus, und dieses Funktionieren der politisch korrekten Sprache zur Weltverbesserung setzt er einfach, ohne es zu hinterfragen, als gegeben voraus. Beleidigungen scheinen durch das gesamte Buch hindurch sein Steckenpferd zu sein. So behauptet er, dass das Deutsche weit weniger Beleidigungen für Männer als für Frauen und für Weiße als für Nicht-Weiße jeglicher Couleur bereithalte und daher in der Struktur und vor allem seinem Wortschatz nicht zu Gleichbehandlung ausgelegt sei.[62]

Damit befinden wir uns endlich in der nächsten Umgebung dessen, was Stefanowitschs Basis seiner wissenschaftlichen Karriere ist: Korpuslinguistik. Sie ist eng verwandt mit der Construction Grammar, die wir in Kapitel 4.3 kurz erwähnt haben – in diesem Tätigkeitsfeld werden Korpora, also Sammlungen aus Begriffen oder sprachlichen Konstruktionen, gesammelt, statistisch ausgewertet und interpretiert. Unsere Leser werden sich nun fragen: Wo ist das Problem, klingt doch plausibel?

61 Stefanowtisch. Eine Frage der Moral, S. 35.
62 Ebd., S. 38.

Das Problem ist, dass nicht alles, was in einem Korpus stark vertreten ist, sich kognitiv signifikant äußert, wie Gaëtanelle Gilquin mit einer kleinen Aufschlüsselung der Diskrepanzen zum Thema Prototypen und Ursachen vorführt: Kausalität durch Veränderungen des Korpus kann nicht nachgewiesen werden.[63] Oder anders: Nur weil wir eine Ansammlung an Worten oder Morphemen haben, können wir nicht einschätzen, wie häufig diese verwendet werden oder welchen Einfluss auf Geisteshaltungen sie ausüben. Denn Korpus ist nicht gleich Korpus – ist es ein schriftlicher Korpus? Ein Korpus aus dem Netz, wie die KI ihn nutzt? Handelt es sich um Tonaufnahmen? Werden Probanden Sprachexperimente abverlangt? Welches Register, welche Varietät, welches Genre wird untersucht? Wird nur nach Belegen für eine vorgefasste These gesucht und werden dadurch Störfaktoren ausgeblendet?[64] Korpuslinguistik, auch gepaart mit experimentellen Zugängen, ist eine chaotische Sache. Das erklärt auch, warum Lakoff und Johnson nur vage Referenzen präsentieren und ihre Thesen auf ihre eigenen Erfahrungen ohne empirische Basis zurückführen.[65] Auch Stefanowitsch scheint bereits aufgefallen zu sein, dass die Sache nicht so einfach ist und dass Sprache zwar ihre Sprecher beeinflussen

---

63 Gilquin, Gaëtanelle. The place of prototypicality in corpus linguistics: Causation in the hot seat. In: Stefan Th./Stefanowitsch, Anatol (eds.). Cognitive Linguistics Corpus-Based Approaches to Syntax and Lexis (series: Bisang, Walter/Hock, Hans Henrich/Winter, Werner (eds.). Trends in Linguistics Studies and Monographs 172). Mouton de Gruyter (Berlin 2006), S. 159–191, hier S. 176. Weiterführende Literatur: Gilquin, Gaëtanelle. Language production: A window to the mind? In: Götzsche, Hans. Memory, Mind and Language. Cambridge Scholars Publishing (Newcastle 2010), S. 89–102; sowie Gilquin, Gaëtanelle/Gries, Stefan Th. Corpora and experimental methods: A state-of-the-art review. In: Corpus Linguistics and Linguistic Theory (Vol. 5, no. 1) (2009), S. 1–26.

64 Gilquin, Gaëtanelle/Gries, Stefan Th. Corpora and experimental methods, S. 11–13.

65 Gaëtanelle. The place of prototypicality in corpus linguistics, S. 166 und weiter Lakoff, George. Women, Fire, and Dangerous Things. What Categories Reveal about the Mind. The University of Chicago Press (Chicago 1987), S. 55 sowie Johnson/Lakoff. Metaphors We Live By, S. 75.

möge, es allerdings diesbezüglich höchst gemischte Forschungsergebnisse gibt[66] – obwohl er gerne ein schwaches Ergebnis als starkes oder eindeutiges darstellt.[67]

Probieren wir Stefanowitschs Methodik, sein eigenes Vokabular an Schimpfwörtern nach der Häufigkeit von Begriffen zu befragen, doch einmal aus: Nehmen wir Astrid Wintersbergers *Der kleine Wappler*[68] zur Hand und fragen nach der Häufigkeit männlicher abwertender Begriffe und weiblicher abwertender Begriffe. Hierbei lassen wir geschlechtsneutrale Begriffe oder jene, die leicht zu gendern wären, sowie Beleidigungen für andere Minderheiten weg und dennoch kommen wir auf etwa dreimal so viele männliche (etwa 150) wie weibliche Beleidigungen. Dennoch würden wir uns niemals erdreisten zu behaupten, dass daher in Österreich Männer stärker diskriminiert würden als Frauen, denn jeder dürfte zustimmen, dass dies eine höchst absurde Interpretation wäre.[69] Die Crux liegt bei der Korpuslinguistik also (wie eigentlich fast immer) in der Interpretation der vorhandenen Daten. Da bei den wenigen Begriffen, 18 abwertende für Frauen und nur 4 für Männer, die Stefanowitsch nennt, nicht erkennbar ist, auf welchen Korpus er zurückgreift, müssen wir davon ausgehen, dass es sich bei seiner doch recht

---

66 Goschler, Juliana/Stefanowitsch, Anatol. Beyond typology: The encoding of motion events across time and varieties. In: Goschler, Juliana/Stefanowitsch, Anatol (eds.). Variation and Change in the Encoding of Motion Events. Human Cognitive Processing (HCP) Cognitive Foundations of Language Structure and Use (Series Volume 41). John Benjamins (Amsterdam/Philadelphia 2013), S. 1–14, hier S. 2.

67 Stefanowitsch, Anatol. Constructing causation: A construction grammar approach to analytic causatives (Doctoral Dissertation). Rice University (Houston, TX 2001).

68 Wintersberger, Astrid. Der kleine Wappler. So flucht und schimpft Österreich. Residenz Verlag (Salzburg 2021, erweiterte Neuauflage). Der »Wappler« erhebt keinen Anspruch auf Vollständigkeit, wenngleich er sorgfältig recherchiert scheint, Stefanowitschs kleine Sammlung kann dies aber mit seiner Handvoll Beispielbegriffen auch nicht leisten.

69 Wahrscheinlicher erscheint es, dass Frauen lange keinen Platz in der Öffentlichkeit hatten. Ohne Beweise lehnen wir uns jedoch nicht zu weit aus diesem Fenster, tun Sie mit dem kleinen Wappler doch, was Sie wollen.

knappen Auswahl – ähnlich wie bei Wehlings Forschung – um seinen persönlichen Wortschatz handelt. Wendeten wir nun seine eigene Logik, dass die Struktur der Sprache eindeutig etwas über das Denken aussage, auf ihn an, müsse man ihn für misogyn halten. Wir halten aber diese Interpretation in Bezug auf Stefanowitschs Agenda für ebenso absurd wie die Behauptung, Männer in Österreich würden überproportional diskriminiert. Wir haben nur einen weiteren Hinweis darauf, dass Korpusanalysen nicht sonderlich verlässlich sind.

In ähnlichem Fahrwasser schwimmt auch der deutsche Germanist und Linguist Henning Lobin (geboren 1964), der zwar immerhin von Saussure schon einmal gehört zu haben scheint, selbst wenn er behauptet, der Strukturalismus sei eine Abkehr von der Welt,[70] woran man seine Unkenntnis des saussureschen Nachlasses erahnen kann. Jedoch, wenn es ums Gendern geht, vertraut er auf Damaris Nüblings These, dass, um zu beleidigen, häufig Männer verweiblicht und Frauen vermännlicht würden, um zu zeigen, dass sie nicht ihrem Rollenbild entsprächen.[71]

Suchen wir also die wissenschaftliche Quelle jenes populärwissenschaftlichen Werkes Lobins auf: Bei Nübling[72] werden Beispiele aufgegriffen, wie Vermännlichung des Genus bei Frauen und Verweiblichung des Genus bei Männern abwertend seien.[73] Dass diese Abwertung nicht absolut zu setzen und am Ende sowohl historisch als auch in der vergleichenden Sprachwissenschaft, wie unser Beispiel mit dem Arzt im Russischen

70 Lobin, Henning. Digital und vernetzt. Das neue Bild der Sprache. J.B. Metzler Verlag (Stuttgart 2018), S. 37f.

71 Lobin, Henning. Sprachkampf. Wie die Neue Rechte die deutsche Sprache instrumentalisiert. Dudenverlag (Berlin 2021), S. 47.

72 Nübling, Damaris. Zusammenhang von grammatischer, biologischer und sozialer Kategorisierung (Akademie der Wissenschaften und der Literatur, Abhandlungen der Geistes- und sozialwissenschaftlichen Klasse Jahrgang 2020, Nr. 1, vorgetragen in der Plenarsitzung am 12. April 2019). Stuttgart 2020. Online: https://www.germanistik.uni-mainz.de/files/2021/04/Nuebling-2020-Genus-und-Geschlecht.pdf.

73 Stefanowtisch. Eine Frage der Moral, S. 18–29.

zeigt (siehe Kapitel 5.1), (erlernte) Interpretation ist, scheint ihr nicht aufzufallen, obwohl sie auch Beispiele für alternative Begründungen einer Genuszuweisung liefert, wo sich Genus dem Klang, der Wortbildung oder Herkunft beugt.[74] Der Sprechakt vollzieht sich, wie wir bereits angemerkt haben, erst wenn die Absicht des Sprechers und das Ergebnis ineinandergreifen. Wenn die Absicht des Sprechers die Beleidigung ist – und ausschließlich auf beleidigende Begriffe mit Genusverschiebung bezieht sich Nübling –, dann ist der Sprechakt erst geglückt, wenn sich der Rezipient beleidigt fühlt, und dieses Gefühl ist eine Frage erlernter Interpretation und Reaktion. Oder anders: Wir müssen uns nicht beleidigt fühlen, denn es gibt keinen Grund, wenn uns jemand nicht wohlgesinnt ist und uns sagt »Spring!«, dass wir springen. Genauso gibt es keinen Grund, Menschen mit weniger reflektierter Sprache vorzuwerfen, sie hätten Bösartiges gedacht, auch wenn sie uns wohlgesonnen sind. Ähnlich dem, dass wir uns nicht durch Verkleinerungsformen verkleinert fühlen müssen.[75] Tatsächlich müssen wir immer selbst entscheiden, wessen Äußerungen wir warum welches Gewicht beimessen.

Resümierend bedeutet dies: So wie das jeweilige Genussystem einer Sprache keine Aussagen zur entsprechenden Gesellschaft liefert, wie wir im letzten Kapitel gezeigt haben, bieten auch diese Korpusanalysen keine solide Basis, gesellschaftliche Phänomene einzig an der sprachlichen Struktur abzulesen. Sie sind ebenso verlässlich wie Perzeptionsstudien – nicht sonderlich.

---

74 Ebd., S. 9f.

75 Wie zum Beispiel bei Peter Wawerzinek, der »Schreiberling« eher wie eine Monstranz vor sich herträgt in seinem gleichnamigen Buch *Bin ein Schreiberling* (Berlin, Transit Verlag 2017). Wir tippen hier unsere Hüte zum Gruß, sind wir doch auch ebensolche.

4.3.2. Das soziologische Rauschen im Hintergrund

Wie wir bereits in unserem ersten Kapitel anklingen lassen haben, ist die Idee, dass Sprache das Denken forme, nicht annähernd neu und es lässt sich eine Kontinuität dieser Grundannahme von Wilhelm von Humboldt über Benjamin Lee Whorf, Thomas Luckmann, George Lakoff und Lera Boroditsky feststellen.[76] Dies ist mit ein Grund, warum die Herangehensweise von Boroditsky, von McWhorter oder dem kanadisch-US-amerikanischen Linguisten Steven Pinker (geboren 1954) als Neowhorfianismus bezeichnet wird.

Neben den genannten Theorien, die wir bereits ausführlicher besprochen haben, ist die Überzeugung, dass die Gesellschaft in ihrem Denken von der Sprache abhängig sei, niemals in Zweifel gezogen worden. Wir finden sie zum Beispiel beim deutschen Soziologen Niklas Luhmann (1927–1998), der Kommunikation eine Art von Handlung nennt, auch wenn »diese Auffassung […] typisch ohne Begründung eingeführt [wird].«[77] In der Folge erspart er sich nähere Begründungen und postuliert: »Soziales als besondere Realität konstituierende[r] Prozeß ist ein Kommunikationsprozeß«.[78] Dazu liefert er weder Studien – überhaupt war er kein großer Freund des empirischen Überprüfens seiner Aussagen[79] – noch Erklärungen, nur ein allgemeines

---

76 Gardt, Andreas. Konstruktivismus und Realismus. Grundpositionen linguistischer Theorie. In: Sprachreport. Informationen und Meinungen zur deutschen Sprache Heft 3/2018, 34. Jahrgang. Institut für Deutsche Sprache Mannheim, S. 32–42. Online: https://pub.ids-mannheim.de/laufend/sprachreport/pdf/sr18-3.pdf.

77 Luhmann, Niklas. Soziale Systeme: Grundriß einer allgemeinen Theorie. Suhrkamp (Frankfurt am Main 1991, 4. Auflage), S. 192f. Er verweist auf zum Beispiel Moles, Abraham A./Rohmer, Elisabeth. Theorie des actes: Vers une ecologie des actions, Paris 1977, S. 15ff [sic!].

78 Luhmann. Soziale Systeme, S. 193.

79 Stichweh, Rudolf. Niklas Luhmann. In: Kaesler, Dirk (Hg.). Klassiker der Soziologie. Band II. Von Talcott Parsons bis Anthony Giddens. C. H. Beck (München 1999; 5. Überarbeitete Auflage 2007), S. 240–265, hier S. 241.

Philosophieren darüber, dass Kommunikation eben nicht das Gleiche sei wie Handlung.

Die Relevanz von Kommunikation begegnet uns ebenfalls bei Habermas in der Lebenswelt als Ort des kommunikativen Handelns.[80] Seine Texte wurden ebenfalls in jenem Rahmen rezipiert, dass sprachliche Äußerungen wie bei Austin eben auch immer Handlungen darstellten.[81] Folgen wir den Fußnoten bei Entman und Goffman, landen wir nicht nur bei alten Bekannten wie Bourdieu, sondern zudem bei Autoren wie zum Beispiel dem US-amerikanischen Ethnologen Clifford Geertz (1926–2006), die die »interpretative Wende« eingeleitet haben.[82] Damit wurde bloßes Interpretieren zur legitimen wissenschaftlichen Methode erhoben – Kultur ist damit interpretierbar wie Text.[83] Für Goffman sind kommunikative Formen Umsetzungen von Kultur zwischen Akteuren. Diese erzeugen Sinn für die Wirklichkeit, jedoch nicht Wirklichkeit selbst,[84] wie wir es zum Beispiel bei Hornscheidt gesehen haben.

Die linguistische Wende gilt als Neuorientierung, als »Mega«-Turn, der andere »*cultural turns*« nach sich gezogen habe und aus der Sprachphilosophie komme.[85] Diese wird jedoch fälschlicherweise auf Saussure zurückgeführt und bezeichnet im Großen und Ganzen die Überzeugung von den Grenzen der

---

80 Honneth, Axel. Jürgen Habermas. In: Kaesler, Dirk (Hg.). Klassiker der Soziologie. Band II. Von Talcott Parsons bis Anthony Giddens. C. H. Beck (München 1999, hier verwendete 5. überarbeitete Auflage 2007), S. 265–289.

81 Jörke, Dirk. Jürgen Habermas: Das Vernunftpotential der Moderne. In: Moebius, Stephan / Quadflieg, Dirk (Hg.). Kultur. Theorien der Gegenwart. VS Verlag für Sozialwissenschaften (Wiesbaden 2006), S. 491–503, hier S. 493.

82 Bachmann-Medick. Cultural Turns, S. 47.

83 Ebd., S. 70.

84 Knoblauch, Hubert. Erving Goffman. Die Kultur der Kommunikation. In: Moebius, Stephan / Quadflieg, Dirk (Hg.). Kultur. Theorien der Gegenwart. VS Verlag für Sozialwissenschaften (Wiesbaden 2006), S. 157–170, hier S. 166 f.

85 Bachmann-Medick. Cultural Turns, S. 33. Siehe auch bei Rorty, Richard M. Introduction. Metaphilosophical Difficulties of Linguistic Philosophy. In: Rorty, Richard M. (ed.). The Linguistic Turn. Essays in Philosophical Method. With Two Retrospective Essays. University of Chicago Press (Chicago 1967; edition of 1992), S. 1–39, hier S. 3 und S. 33.

Sprache als Grenzen des Denkens. Im Anschluss an Saussure ginge die linguistische Wende von der Vorstellung aus, dass von der Sprache aus die Wirklichkeit strukturiert würde und Realität als Zeichensystem interpretiert werden könne.[86]

Dass, nur weil sowohl Sprache als auch Gesellschaft strukturiert sind, von einer Struktur nicht auf die andere geschlossen werden kann, haben wir bereits festgestellt. Dass jedoch von den Autoren jener Werke, die von der linguistischen Wende erzählen, niemandem auffällt, dass, wenn sprachliche Zeichen in sich selbst keine Identität haben, sie nicht Identität und damit Wirklichkeit der Gesellschaft formen können, scheint niemand zu bemerken. Dass dadurch die Wende, wie wir längst festgestellt haben, nicht linguistisch, sondern antilinguistisch war und der Glaube an die weltverändernde Sprache sich nahezu in allen geisteswissenschaftlichen Gebieten findet, am allerwenigsten jedoch bei Linguisten, sollte zu denken geben.

Auch dass es möglich ist, diesen Glauben in Texten abseits der antilinguistischen Wende seit Humboldt kontinuierlich finden zu können, dass sich viele der sogenannten Vorsilbenlinguistiken, die aus der Psychologie, Soziologie und Politikwissenschaft stammen, jedoch üblicherweise nicht historisch einordnen, sollte dem Leser klarmachen, dass dies nicht nur nichts mit Linguistik, sondern zudem gar nichts mit einer Wende zu tun hat: Die Sprache forme unser Denken, ist keine neue Erkenntnis aus einem Paradigmenwechsel, sondern die Ablehnung des Paradigmenwechsels, der möglich gewesen wäre in Anschluss an Saussure. Ein Beibehalten eines alten Aberglaubens, der nicht nur bei jenen, die sich als Nachfolger Saussures sahen – den Poststrukturalisten –, sondern auch in anderen Winkeln der Universitäten nicht an der Sprache selbst getestet wurde. Die linguistische Wende ist also antilinguistischer Stillstand, weit entfernt von Argumenten und über jeden Zweifel erhabener

86 Bachmann-Medick. Cultural Turns, S. 34.

Forschung. Während jeder Landwirt ohne große Überlegung feststellen könnte, dass Mist eben nicht anders riecht, nennt man ihn Dünger, klammert man sich im Elfenbeinturm an den Aberglauben der allmächtigen weltformenden Sprache.

Wir wissen nun bereits, dass das generalstabsmäßig verordnete Austauschen von Begriffen nicht funktionieren kann und dass jene, die uns dazu auffordern, nicht linguistischem Wissen folgen. Wie soll dieses wehlingsche Framing nun erfolgen?

Diverse Stimulus-Response-Modelle beschränken sich – wie auch die Darstellung Wehlings – auf simplifizierende Perspektiven und über Vorgänge in Köpfen kann häufig immer noch, trotz der Fortschritte bei Gehirnscans, größtenteils nur spekuliert werden. Wer sie ins Feld führt, begnügt sich oft mit vagen Hinweisen auf Pawlow und andere Behaviouristen[87], so wie es Wehling selbst in einem Vortrag tut.[88] Wissenschaftstheoretisch handelt es sich um überholtes Kausalitätsdenken.[89] Bedauerlicherweise ist dieses, wie wir an Wehlings Schriftstücken erkennen, nach wie vor in manchen Studien dominant. Sie führt bei dieser Gelegenheit auch Studien zum Thema Ekel und Moral ins Feld, die nicht nur allgemeine Replikationsschwierigkeiten hatten,[90] sondern auch die Überprüfung mit Gehirnscans ist fragwürdig, da in diesem Gebiet jahrzehntelang ein

87 Bussemer, Thymian. Propaganda: Konzepte und Theorien. Verlag für Sozialwissenschaften (Bielefeld 2008; 2., überarbeitete Auflage), S. 235.

88 Wehling, Die Macht der Sprachbilder.

89 Bussemer. Propaganda: Konzepte und Theorien, S. 338.

90 Ritchie. Science Fictions, S. 28 und dort FN 13: »Priming disgust was often done by filling a room with a bad smell. The studies on this topic are thus particularly notable for the many papers where straight-faced psychologists had to talk about the effects of ›fart spray‹, including one that involved a deadpan discussion of ›a proprietary odorant called Liquid Ass®. For ›Liquid Ass‹ see T. G. Adams et al., ›The Effects of Cognitive and Affective Priming on Law of Contagion Appraisals‹, Journal of Experimental Psychopathology 3, no. 3 (July 2012): p. 473; https://doi.org/10.5127/jep.025911. For the review of that line of research, see Justin F. Landy & Geoffrey P. Goodwin, ›Does Incidental Disgust Amplify Moral Judgment? A Meta-Analytic Review of Experimental Evidence‹, Perspectives on Psychological Science 10, no. 4 (July 2015): pp. 518–36; https://doi.org/10.1177/1745691615583128«.

Softwarefehler zu falschen Daten geführt hat und zudem in den Ergebnissen oft Korrelation und Kausalität gleichgesetzt werden.[91]

Jenes Priming-Element (vergleiche Kapitel 4.1), das wir bislang einzig und allein als gesichert betrachten können, ist die von Wehling zitierte hebbsche Lernregel.[92] Wir finden es wieder in religiösen Gesängen, Gebeten, Sporthymnen, Protestchants, bei Tweets und nun auch bei der ARD. Es trägt in der Propagandaforschung auch den Namen *exposure learning* – einer Sache viel ausgesetzt zu sein, bedeutet höhere Akzeptanz durch den zunehmend angenehmer werdenden Zustand der Vertrautheit – also Lernen durch Wiederholung.[93]

An sich müsste der Beweis erbracht werden, dass die Änderung einer Formulierung unzweifelhaft das Abrücken von Vorurteilen nach sich zieht. Wie genau das vonstattengehen soll, ist im Chaos dessen, was zwischen Kommunikation, Denken, Erinnerungen, Wahrnehmungen und vielen anderen kognitiven Vorgängen, die mit Sprache zu tun haben können, eine wirkliche Herausforderung. Mit den derzeitigen Mitteln und der Vermischung all dieser Einflüsse ist es jedoch gewiss nicht getan und wir wollen im Folgenden abermals auf die vorsichtigeren Herangehensweisen

---

91 Ebd., S. 33 und dort FN 34: »Benjamin O. Turner et al., ›Small Sample Sizes Reduce the Replicability of Task-Based fMRI Studies‹, Communications Biology 1, no. 1 (Dec. 2018): 62; https://doi.org/10.1038/s42003-018-0073-z sowie FN 35: Anders Eklund et al., ›Cluster Failure: Why fMRI Inferences for Spatial Extent Have Inflated False-Positive Rates‹, Proceedings of the National Academy of Sciences 113, no. 28 (12 July 2016): pp. 7900–5; https://doi.org/10.1073/pnas.1602413113 and Anders Eklund et al., ›Cluster Failure Revisited: Impact of First Level Design and Physiological Noise on Cluster False Positive Rates‹, Human Brain Mapping 40, no. 7 (May 2019): 2017–32; https://doi.org/10.1002/hbm.24350;
siehe auch Ritchie. Science Fictions, S. 150 und dort FN 22 sowie S. 159 und dort FN 67: David Marc Anton Mehler & Konrad Paul Kording, ›The Lure of Causal Statements: Rampant Mis-Inference of Causality in Estimated Connectivity‹, ArXiv:1812.03363 [q-Bio], 8 Dec. 2018; http://arxiv.org/abs/1812.03363. […]«.

92 Wehling. Manual, S. 19.

93 Jowett, Garth S. / O'Donnell, Victoria. Propaganda and Persuasion. Sage Publications (London 1999; 3rd edition 2002), hier S. 177.

aufmerksam machen, bei denen man versucht, all diese Elemente einer näheren Betrachtung zu unterziehen.

Wenden wir uns jenen Forschern zu, die mehr mit Forschung und weniger mit Öffentlichkeitsarbeit befasst sind als Wehling oder Stefanowitsch, sieht die Sache anders aus: Der US-amerikanische Psychologe Gary Lupyan zum Beispiel stellt fest, dass Sprache nicht nur der Kommunikation dient, sondern, wie Untersuchungen mit verbalen Interferenzen bei Aufgaben zeigen, auch stark mit Konzeptionalisierung und Kategorisierung verbunden ist. Es mag dem geschuldet sein, dass Konzepte und Kategorien ebenso wie Sprache erlernt sind und mithilfe von Sprache als Wissen weitergegeben werden – eine Krücke des Erlernens gewissermaßen.[94] In dubiosen Annahmen über eindeutige Einflüsse, wie es Wehling oder Stefanowitsch liefern, versteigt Lupyan sich nicht, da von dem einen nicht zweifelsfrei auf das andere geschlossen werden kann.[95] Denken besteht eben nicht aus Kategorisierung alleine. Selbst Tiere kategorisieren, jedoch neigt nur der Mensch zur Benennung der Kategorien und stärkere Versprachlichung der Kategorien führt zu festerem Kategoriendenken.[96]

Im Umkehrschluss könnte man natürlich mutmaßen, dass, mehr Kategorien (wie zum Beispiel in der Gendersprache) einzuführen, zu einer Zementierung der Kategorien führt, die nicht unbedingt wünschenswert ist. Jedoch lässt sich dies an jenen Kleinstudien mit 50–100 Aphasiepatienten (Menschen,

---

94 Lupyan, Gary. Extracommunicative functions of language: Verbal interference causes selective categorization impairments. In: Psychonomic Bulletin & Review 2009, 16 (4), S. 711–718. Online: https://link.springer.com/article/10.3758/PBR.16.4.711.

95 Lupyan, Gary / Mirman, Daniel. Linking language and categorization: Evidence from aphasia. In: Cortex, Volume 49, Issue 5, May 2013, S. 1187–1194, hier S. 1188–1190.

96 Lupyan, Gary / Rakison, David H. / McClelland, James L. Language is not Just for Talking: Redundant Labels Facilitate Learning of Novel Categories. In: Psychological Science 18(12) December 2007, S. 1077–83, hier S. 1077. Online: doi:10.1111/j.1467-9280.2007.02028.x.

die Sprachverlust erlitten haben) nicht eindeutig ablesen, daher werden wir diese Schlussfolgerung auch nicht propagieren und wünschen stattdessen Lupyan mehr Forschungsgelder. Auch die Frage, ob Sprache etwas ins Bewusstsein bringen kann, was dann in einem Bild leichter gefunden wird, wie eine der Fragestellungen lautet, ist nicht hinreichend beantwortet. Denn was sind schon 67 Prozent Erfolg bei einer Teilnehmerzahl der Studie von 20 Personen, insbesondere wenn man bedenkt, dass die meisten Studienteilnehmer aus dem näheren Umfeld rekrutiert werden und Menschen im universitären Rahmen gewohnt sind, mit Sprache zu agieren und auf sie zu reagieren?[97] Bekämen wir das gleiche Ergebnis bei 20 Handwerkern? Wir wissen es schlicht nicht – die Forschung auf diesem Gebiet steckt also nach wie vor in den Kinderschuhen.

Sprache hilft uns also, die Welt zu ordnen, insofern sie Orientierung im semantischen Netz der Wahrnehmung bietet; ein Beleg, dass die Kategorisierung ändert, was sie ordnet, oder Ordnung der Welt oder auch nur ihre eindeutige Darstellung sei, lässt sich an all dem nicht ablesen. Die Datenlage ist schlicht zu gering. Der US-amerikanische Psychologe und Linguist Dan Isaac Slobin (geboren 1939) ist ebenso wie Lupyan mit dem Zusammenspiel von Sprache und Denken befasst: Seine Feststellung lautet, dass, wenn wir denken, um zu sprechen, und demzufolge unsere Gedanken linearisieren, eine spezifische Äußerung niemals eine direkte Spiegelung einer objektiven oder wahrgenommen Realität oder eine unvermeidbare universelle mentale Repräsentation einer Situation ist und es um ein Spannungsfeld zwischen linearisierter Kommunikation, Verhandlung und Handeln geht.[98] Slobins Forschung dreht sich daher

97 Lupyan, Gary/Ward, Emily. Language can boost otherwise unseen objects into visual awareness. In: Proceedings of the National Academy of Sciences of the United States of America, 110(35), August 27, 2013, 1, S. 14196–14201. Online: https://www.ncbi.nlm.nih.gov/pmc/articles/PMC3761589/.

98 Slobin, Dan. Language and thought online: Cognitive consequences of linguistic relativity. In: Gentner, Dedre/Goldin-Meadow, Susan (eds.). Language in

vor allem um Kinder und Spracherwerb: Wie gehen Kinder mit Begriffen der Bewegung um, wie variieren diese in verschiedenen Sprachen und wie weit geht der Spracherwerbsprozess, nachdem die Grammatik weitgehend ausgebildet ist? Er gelangt zu der Feststellung, dass dieses Lernen niemals abgeschlossen ist und Feinheiten und Komplexitäten immer mehr Einzug in die Sprachverwendung finden.[99] Vor allem scheut sich Slobin nicht klarzustellen, wenn es nichts Eindeutiges zu berichten gibt: So zum Beispiel dass grammatikalisierende Morpheme über die Sprachen hinweg ausgesprochen divers sind und so wenig erforscht, dass man keine Aussagen über den konzeptionellen Unterbau machen kann und dass Grammatik wohl kaum angeboren ist, wie Chomsky berühmterweise behauptet hat,[100] höchstens die Kapazität dazu, denn die Strukturen sind in steter Veränderung.[101] Auch hier wünschen wir ihm mehr Forschungsgelder und mehr als nur 16 Schüler als Probanden und diese am besten über noch längere Zeiträume. Denn sollte sich seine erste Annahme als über jeden Zweifel erhaben herausstellen, wäre dies eine gute Nachricht: Nichts, ob in Sprache oder Denken, ist in Stein gemeißelt. Auch zweifelt Lobin an, dass sprachliche Formen gedankliche Struktur abbilden. Zuallererst müssen Gedanken der sprachlichen Struktur folgen, um kommuniziert werden zu können, oder anders: Gedanken müssen

---

mind: Advances in the study of language and thought. MIT Press (Cambridge, MA 2003), S. 157–191, hier S. 157–175.

99 Slobin, Dan. Grammatical Transformations and Sentence Comprehension in Childhood and Adulthood. In: Journal of Verbal Learning and Verbal Behavior, Volume 5, Issue 3, June 1966, S. 219–227, hier S. 227. Online: https://www.sciencedirect.com/science/article/abs/pii/S0022537166800233.

100 Slobin, Dan. Psychology without linguistics = language without grammar. In: Cognition, Volume 10, Issues 1–3, July-August 1981, S. 275–280, hier S. 275. Online: https://www.sciencedirect.com/science/article/abs/pii/0010027781900573.

101 Slobin, Dan. Form–function relations: how do children find out what they are? In: Bowerman, Melissa/Levinson, Stephen (eds.). Language Acquisition and Conceptual Development. Cambridge University Press (Cambridge, UK, 2011), S. 406–449, hier S. 426f.

nicht linear sein. Hier mutmaßt er, dass sich vielleicht niemals ein eindeutiger Effekt von Grammatik auf Weltanschauung nachweisen lässt.[102]

Auch andere Forscher wie Ashley Newton und Jill de Villiers präsentieren Ergebnisse, die uns skeptisch stimmen sollten gegenüber jenen, die behaupten, dass Sprache oder grammatische Formen eindeutig Denken lenken: Denken setzt nicht zwingend Sprache voraus, doch auch nonverbales Denken kann durch verbale Aufgaben während eines Tests gestört werden.[103]

In einer polnischen Untersuchung finden wir ebenso Zweifel am eindeutigen Zusammenhang: Auch taube Kinder können in der Schule brillieren. Sprache ist also nicht zwingend nötig für das Denken, dient jedoch sozialer Intelligenz. Wir erinnern uns hier an unser allererstes Kapitel und daran, dass auch Saussure die Sprache schon vor allem als soziales Faktum gesehen hat, lange Zeit vor diesen Untersuchungen.[104] Nicht nur, dass Denken nicht immer an Sprache gebunden ist, selbst Kommunikation kann ohne diese auskommen und die Erforschung des Nonverbalen ist für sich selbst bereits ein gigantisches Feld, in dem es noch vieles zu lernen gibt.

Da dies jedoch ein Buch über Sprache und nicht über Kommunikation ist, werden wir uns hier mit einem weiterführenden Verweis auf dieses ebenso schier unendliche Mysterium, wie unser sprachliches hier es ist, begnügen.[105] Was sagt uns das nun

---

102 Slobin, Dan. Thinking for Speaking. In: Proceedings of the Thirteenth Annual Meeting of the Berkeley Linguistics Society (1987), S. 435–445.

103 Newton, Ashley/De Villier, Jill. Thinking While Talking Adults Fail Nonverbal False-Belief Reasoning. In: Psychological Science, Volume 18, Number 7 (August 2007), S. 574–579. Online: https://www.researchgate.net/publication/6222797_Thinking_While_Talking_Adults_Fail_Nonverbal_False-Belief_Reasoning.

104 Paszkowska-Rogacz, Anna. Nonverbal aspects of creative thinking: Studies of deaf children. In: European Journal of High Ability 3(2) (January 1992), S. 236–239. Online: DOI:10.1080/0937445920030211.

105 Manusov, Valerie Lynn (ed.). The Sourcebook of Nonverbal Measures. Going Beyond Words. Lawrence Erlbaum Associates (Mahwah, NJ 2005).

grob gefasst über Sprache und Denken? Dass alles viel komplizierter ist und die Zusammenhänge wesentlich komplexer sind, als uns allen lieb ist.

In Kürze

Übernommene Irrtümer und schwache Empirie

Einwände gegen eine politisch korrekte Sprache werden weggewischt mit der Aussage, dass wir doch wissenschaftliche Ergebnisse hätten, die eindeutig belegten, wie sinnvoll sie sei, dass sie funktioniere und dass Studienteilnehmer Wert darauf legten.

In den Humanwissenschaften haben sich aus einem Konglomerat aus Soziologie, Kulturwissenschaften und Linguistik neue Strömungen hervorgetan, die man als **Revival des Whorfianismus**, den wir bereits im ersten Kapitel kennengelernt haben, betrachten kann. Sprache forme das Denken – dies ist die Grundannahme, die ausgehend von Humboldt über Whorf, Luhmann, Habermas, Lakoff, Boroditsky und vielen weiteren einfach **unhinterfragt übernommen** wird. Sie alle setzen Sprache entweder gleich mit Denken oder mit Kommunikationshandeln.

In jüngster Zeit werden häufig Studien zur Unterstützung der Thesen präsentiert, die zeigen sollen, dass der Einfluss der Sprache tatsächlich so groß sei, wie gerne behauptet wird. **Jedoch genügen diese Studien oft nicht wissenschaftlichen Standards**, konnten nicht erfolgreich wiederholt werden, oder warten mit gar mageren Teilnehmerzahlen beziehungsweise schwachen Ergebnissen auf – oder glaubt man wirklich, eine unumstößliche Wahrheit mit nur 100 Probanden pro Sprache erforscht zu haben? Oft wird nur die großzügig interpretierte Conclusio zitiert.

Deutscher

Eines der bekanntesten populärwissenschaftlichen Werke, das auf diese Studien zurückgreift, stammt von Deutscher. Dieser kommt zwar aus der Linguistik, doch greift er den saussureschen Arbitraritätsbegriff mit eben jenen Argumenten an, die Saussure bereits im *Cours* fundiert wegerklärte. Auch hier fehlt eine Auseinandersetzung, denn mehr als einen saussureschen Slogan scheint er nicht zu kennen. Doch immerhin hat er nicht einfach anderer Leute Fehler abgeschrieben.

Lakoff und Wehling

Im deutschsprachigen Raum wird die zweifelhafte Ehre zur weitestmöglichen Verbreitung sowohl von politisch korrekter Sprache als auch der neuen Mythen aus den misslungenen Studien Wehling zuteil. Sie studierte bei Lakoff in Berkeley Linguistik, kam aber eigentlich aus der Kommunikations- und Politikwissenschaft.

Lakoff griff den Begriff des **Framings** von Fillmore auf. In der Linguistik bedeutet dieser Begriff üblicherweise, dass **Frames** einander bedingen und **verständnisnotwendig** sind. Bei der Untersuchung von Frames wird also analysiert, welche Formulierungen nur durch- und miteinander verstanden werden können. Lakoff verwendet den Begriff bereits eher fachlich leger und seine Forschung besteht daraus, einfach alles als Metapher zu besprechen, darunter sogar Konzepte wie Ursache und Wirkung.

Wehling, die selbst stets darauf pocht, Linguistin zu sein, verwendet den **Begriff Framing** ausschließlich, **wie er in der Soziologie eingesetzt** wird: Es geht um die Auswahl und das Verschweigen von wahrnehmbaren Elementen in der Sprache, um die Bewertung eines Sachverhaltes zu lenken. Zudem ist sie möglichen wissenschaftlichen Prinzipien nicht treu: Die in ihrem Buch zu Framing kritisierten Begriffe sind nicht von ihr verdammt worden, weil sie wissenschaftliche Belege dafür hätte, dass zum Beispiel *-ling* in Flüchtling diskriminierend sei – ihre Aussagen beruhen auf ihren **persönlichen Interpretationen, tatsächlichen Studien zum Thema zum Trotz.**

Stefanowitsch und Co.

Wir müssen feststellen, dass Stefanowitschs Verteidigung der **politisch korrekten Sprache** durch **Moral** nichts über das Funktionieren einer politisch korrekten Sprache zur Verbesserung der Welt aussagt, nicht nur weil er sich primär auf intendierte Beleidigungen bezieht und hier nur eine geringe Menge an Begriffen ins Feld führt. Die Interpretation dieses minimalen Korpus ohne Quellenangaben könnte nach seiner Methodik auch gegen ihn ausgelegt werden und die **Korpuslinguistik** selbst, auf der seine wissenschaftliche Karriere fußt, ist, wie Auseinandersetzungen mit derartigen **Beweisführungen** zeigen, **alles andere als verlässlich.**

Antilinguistische Wende

Wir sehen, dass der »Mega«-Turn, die linguistische Wende, der all die »Cultural Turns« ausgelöst haben soll, nicht nur höchst wenig mit linguistischer Forschung zu tun hat. **Anstatt eines Paradigmenwechsels hielt man fest an altem Aberglauben.**

V | Konfliktstoff Gender

Ich bin ne Hengstin!

Jennifer Rostock, Strophe aus dem Lied *Hengstin*, 2016

5.1. Die leidigen grammatischen Hintergründe

Befassen wir uns nun mit jenem Konfliktthema in der deutschen Sprache, das bereits seit Jahrzehnten öffentlich diskutiert wird: Der Frage, ob es notwendig sei zu gendern. Dies wird oft mit einer Sichtbarmachung von Frauen oder – seit Neuestem – auch anderen Geschlechtern begründet. Dass Sprache nicht sichtbar macht, sondern referiert, haben wir jedoch bereits im ersten Kapitel gezeigt. Welche Konsequenzen hat dies nun für Gender in der Sprache? Können Machtverhältnisse anhand des grammatischen Geschlechts, des Genus', abgelesen werden?

Bei vielen Sprachen ist hier nicht einmal eine zufällige Übereinstimmung zu finden: Öffnet man den World Atlas of Language Structures (WALS), findet man dort verzeichnet, welche Sprachen wie viele Geschlechter in ihrer jeweiligen Grammatik aufweisen.[1] In den Gender- und Kulturwissenschaften

1 Corbett, G. G. Sex-based and Non-sex-based Gender Systems. In: The World Atlas of Language Structures. Dryer, Matthew S./Haspelmath, Martin (eds.).

werden häufig Kulturen miteinander verglichen, so ist es gerade für sie interessant zu fragen, wie viele Geschlechter es im menschlichen Zusammensein gibt. Das Volk der Quechua südlich des Titicacasees soll zehn soziale Geschlechter aufweisen und wird daher als besonders inklusive Herangehensweise an geschlechtliches Zusammenleben betrachtet.[2] Im WALS erkennen wir jedoch, dass die Sprache der Quechua keinerlei Unterscheidung nach Geschlecht kennt. Der WALS sagt uns auch, dass es viele Sprachen gibt, die »fünf oder mehr« Geschlechter aufweisen – Zulu ist eine von ihnen. Würden wir die Kultur der Zulu als spezifisch offen für die Akzeptanz verschiedener Formen von Geschlecht beim Menschen bezeichnen?[3]

Unsere Auswahl könnte hier nahelegen, dass weniger Geschlecht in der Sprache zu mehr Inklusion führe, aber man kann sich so viele Sprachen herauspicken, wie man will: Ein Zusammenhang ist nirgendwo festzumachen, die Verbindung ist arbiträr.[4] Wer sich nun fragt, wie man denn ohne eine Zuordnung von Geschlecht durchs Leben käme, kann beruhigt sein. Üblicherweise liefern Kontexte und andere Konstruktionen eine

---

Max Planck Institute for Evolutionary Anthropology (Leipzig 2013). Online: https://wals.info/chapter/31 (abgerufen am 30. März 2020).

2 Silverblatt, Irene (1987). Moon, Sun, and Witches: Gender Ideologies and Class in Inca and Colonial Peru. Princeton University Press (Princeton, NJ 1987). Lustigerweise sind die Geschlechterrollen aber sehr streng und trotz der vermeintlichen Vielfalt nicht gerade egalitär, siehe dazu auch Babb, Florence. Women and Men in Vicos, Peru: A Case of Unequal Development. In: Stein, W. (ed.). Peruvian Contexts of Change. Transaction Books (New Brunswick, NJ 1985), S. 163–210. Siehe dazu aktuell auch: Kang, Jung-Won. Gender Roles and Rural-Urban Divide in the Peruvian Andes: An Analysis of the District of San Marcos. In: Asian Journal of Latin American Studies (Vol. 23, No. 2, 2010), S. 117–149. Online: http://www.ajlas.org/v2006/paper/2010vol23no204.pdf.

3 Luhur, Winston/Mokgoroane, Letlhogonolo/Shaw, Ari. Public Opinion of Transgender Rights in South Africa. UCLA: The Williams Institute (June 2021). Online: https://williamsinstitute.law.ucla.edu/wp-content/uploads/Public-Opinion-Trans-South-Africa-Jun-2021.pdf.

4 Corbett, G. G. Number of Genders. In: The World Atlas of Language Structures. Dryer, Matthew S./Haspelmath, Martin (eds.). Max Planck Institute for Evolutionary Anthropology (Leipzig 2013). Online: https://wals.info/chapter/30 (abgerufen am 30. März 2020).

ausreichende Fülle an Informationen, wenn es darum geht, Sexus auszudrücken, aber in der Grammatik benötigt man ihn dafür nicht.

Eine Karte, die die Anzahl von Gender in untersuchten Sprachen rund um den Globus anzeigt. *Quelle: The World Atlas of Language Structures Online, WALS Online – Feature 30A: Number of Genders.* Online: https://wals.info/feature/30A (abgerufen am 30. März 2020).

Der Einfluss von Bildern auf Denkmuster ist kaum abzustreiten; Begriffe und Phrasen, die keine Bilder im Kopf herausfordern, werden allerdings zu hohlen Plattitüden. Auch das Russische hat ein Genussystem, da jedoch keine weibliche Version des Wortes Arzt zur Verfügung steht, werden einfach die Begriffe im Umfeld des Satzes so gebeugt, dass über sie mittransportiert werden kann, dass es sich um eine Ärztin handelt.[5]

Das Phänomen, dass die weibliche Form im Russischen, wie bei *Schriftstellerin*, einen negativen Beigeschmack der

5 Doleschal, Ursula. Gender marking. In: Müller, Peter O./Ohnheiser, Ingeborg/Olsen, Susan/Rainer, Franz (eds.). Word-Formation: An International Handbook of the Languages of Europe, Volume 2, VII. Semantics and pragmatics in word-formation II: Special cases 64. Mouton de Gruyter (Berlin 2015). Online: https://www.academia.edu/9991836/Gender_marking, S. 1 f.

Unprofessionalität erhält, gibt es auch mit anderen Begriffen, wie zum Beispiel *Sekretärin*, das semantisch in den Bereich Tippse gerät, während das männliche *Sekretär* eher in Richtung Staatssekretär neigt.[6]

Hierzu passend gibt es die Anekdote über Anna Achmatova, die nicht Schriftstellerin, sondern Schriftsteller genannt werden wollte – schließlich sei sie Meister ihres Faches.[7] In der Sowjetzeit wurde gar das generische Maskulinum für die Allgemeinheit aufgebrochen: Es gab Plakate auf denen der Schriftzug prangte »Der Arzt – der Freund des Volkes!«, während das dazugehörige Bild eine Ärztin zeigt.

Aufbrechen des maskulinen Genus' für weibliche Deutungen. Der Text lautet: »Der Arzt – Freund des Volkes!«. Quelle: Sowjetisches Plakat; Datum unbekannt.

6 Doleschal. Gender marking, S. 9.

7 Орлова, Надежда. Анна Ахматова »Такой на свете нет …« Личности, Но. 1 (23), 2010, S. 4–26, hier S. 22.

Wir sehen daran, dass sich die männliche Form von Frauen vereinnahmen lässt und in der Bevölkerung, vorangetrieben durch zum Beispiel Plakate, die Ärztin ein Arzt sein kann und dass die sprachliche Ausformung, beziehungsweise ob sie negativ wahrgenommen wird oder nicht, nichts mit dem biologischen Geschlecht, dem Sexus, zu tun haben muss, sondern mit der jeweiligen erreichten Position – das heißt, dass es auch Frauen möglich ist, dieses generische Maskulinum zu besetzen.

Ebenso existieren Begriffe, die formal männlich sind, aber vorzugsweise weiblich wahrgenommen werden.[8] Dies kann nur geschehen, indem die männliche Form mit weiblichen Bildern – vorzugsweise aus der Realität – ausgefüllt werden kann. Uns geht es hier nicht um eine Beurteilung, ob dies besser oder schlechter sei als die eindeutige Gleichsetzung von Sexus mit Genus, sondern darum, dass wir uns in Erinnerung rufen, dass der Signifikationsprozess, das Verknüpfen eines Zeichens (in diesem Fall mit sprachlichen Genusmarkierungen), ebenso arbiträr ist wie in jeder anderen sprachlichen Angelegenheit.

So wie der Signifkationsprozess von den ersten Lauten des Kindes nicht zwingend eine Verknüpfung mit den Lauten der Mutter, sondern auch mit anderen Menschen oder Spielsachen nach sich ziehen kann, ist dies ebenfalls etwas, das wir durch Konventionen zu assoziieren lernen. Die Gleichsetzung von Genus und Sexus soll übrigens einer geschlechtsneutralen Wahrnehmung von Sprache im Spracherwerb bei Kindern vermutlich nachgeordnet sein. Das heißt, wir lernen zuerst, welche sprachlichen Kategorien es gibt und wie wir sie anwenden, später erlernen wir dann die am biologischen Geschlecht orientierte Interpretation.[9]

---

8 Doleschal, Ursula. Konzeptualisierung von Geschlecht und Sprachvergleich. In: van Leeuwen-Turnovcová, Jiřina / Wullenweber, Karin / Doleschal, Ursula / Schindler, Franz (Hg.). Gender-Forschung in der Slawistik. Wiener Slawistischer Almanach, Sonderband 55. Kubon & Sagner (Wien 2002), S. 177–186, hier S. 181.

9 Ebd., S. 181.

Die im deutschsprachigen Feminismus verbreitete Frage Dale Spenders, was denn die Implikationen einer Gesellschaft seien, deren Sprache auf der Prämisse begründet wurde, dass die Welt männlich sei, bis das Gegenteil bewiesen wurde,[10] müssen wir beantworten mit: Gar nichts. Denn nicht die Welt ist männlich, höchstens die Sprache, und dann liegt es nicht am Sexus, sondern am Genus. Wenn Genus aber nicht dazu da ist, um uns zu sagen, welchen Sexus wir bei einem Begriff vorfinden, wozu ist Genus dann gut?

Vermutlich entstand das grammatische Femininum im Indogermanischen erst vor rund 4500 Jahren, und eine umfassende gesellschaftliche Interpretation an seine Abwesenheit zu knüpfen wäre höchst spekulativ. Sprachgeschichtlich ließ sich bei der Auswertung althochdeutscher Texte nachweisen, dass dort Genus einen Hinweis auf Quantifikation gab, also auf die Zählbarkeit von Substantiven, das Maskulinum bedeutete hier üblicherweise, dass es sich um zählbare Gegenstände handelte. Feminina waren abstrakte Begriffe – das kennen wir auch aus dem Lateinischen, wo Justitia und Discordia und viele weitere abstrakte Begriffe »verweiblicht« wurden und unzählbare Massen bekamen das Neutrum zugewiesen.[11] Genus kann jedoch

---

10 Spender. Man Made Language, S. 20.

11 Werner, Martina. »Zur Verwendung geschlechtergerechter Sprache – die grammatische Kategorie Genus«. Handreichung für die Frauenbeauftragte der Ludwig-Maximilians-Universität München (München 2007); dort verwendete Quellen: Roschauer, Regine. Genus im Althochdeutschen. Eine funktionale Analyse des Mehrfachgenus althochdeutscher Substantive. Winter Verlag (Bamberg 2003). Online: https://www.frauenbeauftragte.uni-muenchen.de/frauenbeauftr/berichte/berichte_veranstalt/handreichung2007.pdf; Leiss, Elisabeth. Genus und Sexus. Kritische Anmerkungen zur Sexualisierung von Grammatik. In: Sieburg, Heinz (Hg.). Sprache – Genus/Sexus (Dokumentation Germanistischer Forschung, Band 3. Peter Lang Europäischer Verlag der Wissenschaften (Berlin/Bern 1997), S. 322–345; Leiss, Elisabeth. Genus im Althochdeutschen. In: Glaser, Elivra/Schlaefer, Michael (Hg.). Grammatica Ianua Artium. Festschrift für Rolf Bergmann zum 60. Geburtstag. Universitätsverlag C. Winter (Heidelberg 1997), S. 33–48; Leiss, Elisabeth. Derivation als Grammatikalisierungsbrücke für den Aufbau von Genusdifferenzierungen im Deutschen. In: Leuschner, Torsten/Mortelmanns, Tanja/De Groodt, Sarah (Hg.). Grammatikalisierung

auch markieren, ob es sich bei einem Nomen um etwas Belebtes, wie Menschen oder Tiere, oder um etwas Unbelebtes handelt, und manchmal bekommen sogar Pflanzen ihre eigene Kategorie.[12]

Das Deutsche hat von seiner Grammatik her gar nicht die Möglichkeit, Männlichkeit ausdrücklich zu artikulieren. Eine Doppelform, zum Beispiel Zuschauer und Zuschauerinnen, würde also eine gemischtgeschlechtliche und eine rein weibliche Gruppe bezeichnen.[13] Jedoch ist das eine Art von Diskriminierung, die kaum wahrgenommen wird, weswegen man kaum eine Empfehlung gegen das Gendern aussprechen kann – aus grammatiktheoretischer Sicht mag es ein Irrtum sein, solange sich jedoch niemand an der Doppelnennung stößt, und da sie sich bilden lässt, ist es aus streng linguistischer Sicht gleichgültig, denn der Signifikationsprozess[14] ist nach wie vor offen für Veränderungen.[15]

---

im Deutschen. de Gruyter (Berlin/New York 2005), S. 11–30. Siehe auch Hajnal, Ivo. Feministische Sprachkritik und historische Sprachwissenschaft. Die unterschiedlichen Sichtweisen der Kategorie Genus in Syn- und Diachronie (Innsbruck 2002), S. 20f. Online: https://sprawi.at/files/hajnal/a9_fem_hist_sprawi.pdf.

12 Corbett, G.G. Gender. Cambridge University Press (Cambridge 1991), S. 24–30.

13 Werner. Zur Verwendung geschlechtergerechter Sprache – die grammatische Kategorie Genus; dort verwendete Quellen: Brugmann, Karl. The Nature and Origin of the Noun Genders in the Indo-European Languages. A lecture delivered on the occasion of the sesquicentennial celebration of Princeton University. Charles Scribner's Sons (New York 1897); Brugmann, Karl. Das Nominalgeschlecht in den indogermanischen Sprachen. In: Sieburg, Heinz (Hg.). Sprache – Genus/Sexus (Dokumentation Germanistischer Forschung, Band 3). Peter Lang Europäischer Verlag der Wissenschaften (Berlin/Bern 1997), S. 33–43; Weber, Doris. Genus. Zur Funktion einer Nominalkategorie, exemplarisch dargestellt am Deutschen (Europäische Hochschulschriften: Reihe 1, Deutsche Sprache und Literatur; 1808). Peter Lang Verlag (Frankfurt am Main 2001).

14 Das Wort *Querdenker* zeigt zum Beispiel, dass der Signifikationsprozess niemals endet: Aus einem positiven Begriff wurde ein negativer.

15 Werner. Zur Verwendung geschlechtergerechter Sprache – die grammatische Kategorie Genus; dort verwendete Quellen: Brugmann. The Nature and Origin of the Noun Genders in the Indo-European Languages; Brugmann. Das Nominalgeschlecht in den indogermanischen Sprachen; Weber. Genus. Zur Funktion einer Nominalkategorie.

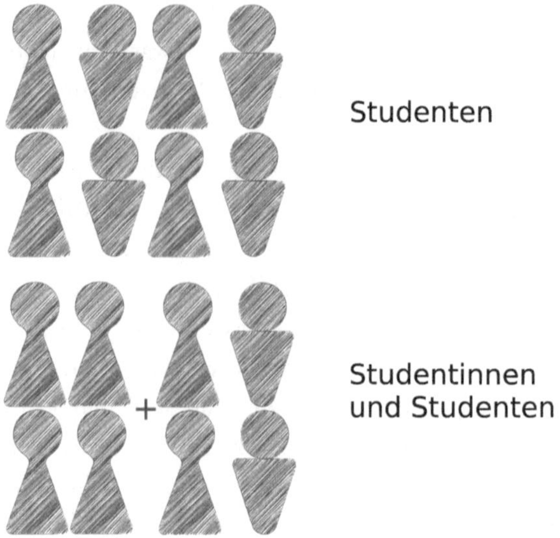

Die einfache Form »Studenten« im Vergleich zur Doppelform »Studentinnen und Studenten« und ihre Symbolleistung. Quelle: Eigene Illustration der Autoren, nachempfunden einer Abbildung von Werner, Martina. Zur Verwendung geschlechtergerechter Sprache – die grammatische Kategorie Genus. Handreichung für die Frauenbeauftragte der Ludwig-Maximilians-Universität München (München 2007), S. 7.

Das Sprachsystem benötigt die Doppelnennung jedoch keineswegs.[16] Das generische Maskulinum ist deshalb ein Relikt aus einer Zeit, in der kein Femininum etabliert war, und was man nicht hatte, musste sich erst finden.[17] Erst die Möglichkeit, Feminina zu bilden, hat die Möglichkeit eröffnet, Maskulina mit Männlichkeit zu verknüpfen.[18]

Mittlerweile ist eine Zuteilung von weiblich und männlich zu Femininum und Maskulinum bei Personen- und

16 Ebd.

17 Hajnal. Feministische Sprachkritik, S. 17 und S. 55.

18 Ebd., S. 56.

Tierbezeichnungen zu finden.[19] In früheren Sprachstufen wie dem Indogermanischen ist dies nur für Personen gültig – jeder, der des Deutschen mächtig ist oder sich kurz mit dem Genussystem befasst hat, wird feststellen, dass wir überhaupt keine logischen linguistischen Erklärungen mehr für die Zugehörigkeit eines Nomens zu einer Genusklasse haben.[20] Der Sand ist kein Neutrum mehr, obwohl wir ihn nicht zählen können, das Recht ist abstrakt, aber dennoch nicht weiblich, und die Axt und Äxte wären durchaus zählbar, obwohl sie nicht männlich sind. Neben maskulinen generischen Tierbezeichnungen wie Hund oder Esel haben wir generische Feminina wie Gans oder Katze. Woher kommt dieses Genusgewirr im modernen Deutschen? Aus komplexen Wechselwirkungen überlappender Bedeutungen, wortbildungsbegünstigenden und klanglichen Faktoren,[21] Analogiebildungen zu anderen Sprachen, geborgten Artikeln oder gar regionalen und technischen Unterschieden.[22] In unserer Sprachgeschichte ging es rund!

Die im Englischen aktuell heiß diskutierte Frage, ob *they* ein angemessenes Pronomen in der Einzahl sei, hat ebenfalls bereits Vorbilder in der Sprachgeschichte.[23] Aus historischer Sicht muss man sich darüber im Klaren sein, dass, ganz gleich, welche Form man persönlich vorzieht, sogar Begründungen wie »Es ist dann aber grammatikalisch falsch« genauso ins Leere laufen wie die Behauptung, dass die Sprache die Welt abbilde.

---

19 Ebd., S. 56.

20 Ebd., S. 19–24.

21 Corbett. Gender, S. 49.

22 Bußmann, Hadumod / Hellinger, Marlis. Engendering female visibility in German. In: Bußmann, Hadumod / Hellinger, Marlis. (eds.). Gender Across Languages: The Linguistic Representation of Women and Men, Volume 2. John Benjamins (Amsterdam 2001), S. 141–174, hier S. 143.

23 Who do they think they are? The battle over the singular use of »they« has been waged for centuries. In: The Economist, 18. Januar 2020. Dort verwiesen auf das neu erschienene Buch »What's Your Pronoun?« von Dennis Baron. Liveright Publishing (New York 2020). Online: https://www.economist.com/books-and-arts/2020/01/16/who-do-they-think-they-are.

Tatsache ist, dass in der Sprache bleiben wird, was sich in der Sprachgemeinschaft durchsetzt. In der Realität von Kommunikationssituationen sind Einschränkungen wie *politisch korrekt* oder *grammatikalisch korrekt* üblicherweise völlig gleichgültig: Verwendet wird, was zweckmäßig scheint.

Wenn Genus also nicht dafür da ist, das biologische Geschlecht auszudrücken, wozu ist er dann da? Was ist das eine, wofür wir Genus wirklich brauchen? Für Konkordanz.[24] Das heißt, das Genus muss mit jenen Elementen in einem Satz oder Text, die zusammengehören, in Einklang gebracht werden: Dazu gehören Adjektive, Artikel, Possessivpronomen, Partizipien, Verben, Personal- und Relativpronomen etc. Je starrer eine Satzfolge ist, wie zum Beispiel im Englischen, wo die Reihenfolge der Worte im Satz stets gleich ist, umso weniger benötigt man das Genus.[25] Im Deutschen ist die Reihenfolge der Wörter etwas freier, sodass wir Begriffe, die zueinander gehören, aneinander anpassen. Im Russischen ist die Satzfolge so frei, dass man ständig alles deklinieren, also beugen muss, um beispielsweise zu wissen, welches Objekt zu welchem Prädikat gehört. Dafür macht es nichts, fällt einem ein wichtiges Wort erst gegen Ende eines Satzes ein. Anders gesagt: »Gender sind Nominalklassen, die im Verhalten damit verbundener Worte reflektiert werden.«[26]

Das generische Maskulinum ist also erst einmal alles andere als männlich und eine männliche Interpretation wäre nur durch

---

24 Paul. Principien der Sprachgeschichte, S. 264 und S. 311 f. Online: https://www.projekt-gutenberg.org/paulh/prinzip/paulka15.html. Zwar glaubt auch Paul, dass der Ursprung das natürliche Geschlecht sei (§181), jedoch ist dies nicht seine Funktion und von diesem Ursprung sei nicht mehr viel übrig (§182). Paul nennt diese Funktion hier Kongruenz, wir haben uns für den geläufigeren Ausdruck Konkordanz entschieden.

25 Lehmann, Christian. Universal and typological aspects of agreement. In: Seiler, H./Stachowiak, F.J. (Hg.). Apprehension. Das sprachliche Erfassen von Gegenständen. Teil II: Die Techniken und ihr Zusammenhang in den Einzelsprachen. Gunter Narr Verlag (Tübingen 1982), S. 201–267, hier S. 227–230.

26 Hockett, Charles Francis. A Course in Modern Linguistics. Macmillan (New York 1958), S. 231. Von den Autoren zitiert nach Corbett. Gender, S. 1.

den Kontext gesichert.[27] Erst durch den Gegensatz eines Weiblichkeit ausdrückenden Femininums wird es »vermännlicht«.[28] Dies ist die klassisch strukturalistische Ansicht dazu und trifft ebenso auf generische Feminina zu.[29] Wenn dies jedoch grammatikalisch so eindeutig ist, dass es nicht um Sexus geht, warum wird es dann immer wieder betont? Das kann doch nicht aus dem Nichts gekommen sein und tatsächlich ist es das nicht.

5.2. Warum man dennoch an den Sexus im Genus glaubt

Das Wort Gender geht zurück auf das Wort Genus, aus dem Griechischen *génos*, ebenso wie die Worte Geschlecht oder Genre. Seine ursprüngliche Bedeutung wäre Art, Typ, Gattung.[30] Oft wurde spekuliert, dass es sich dabei um eine Fehlübersetzung aus dem Griechischen handle.[31] Die Wortbedeutung verengte sich im Deutschen durch Hinzukommen von Konnotaten, so wie wir es aus unserem ersten Kapitel von Paul kennen. Denn auch im Deutschen gibt es noch Begriffe wie Adelsgeschlecht, Menschengeschlecht und Ähnliches. Es handelt sich dementsprechend nicht um einen Übersetzungsfehler,

27 Doleschal. Gender marking, S. 2–3.

28 Auch wenn dies gelegentlich von jenen ausgeblendet wird, die den Begriff »strukturalistisch« im Munde führen: Hajnal. Feministische Sprachkritik, S. 6–7.

29 Doleschal. Gender marking, S. 3.

30 Corbett, G. G. Grammatical gender. In: Brown, Keith (ed.). Encyclopedia of Language and Linguistics. Elsevier Science (Oxford 2006; 2nd edition), S. 749–758.

31 Bußmann, Hadumod. Das Genus, die Grammatik und der Mensch: Geschlechterdifferenz in der Sprachwissenschaft. In: Bußmann, Hadumod / Hof, Renate (Hg.). Genus – Zur Geschlechterdifferenz in den Kulturwissenschaften. Kröner (Stuttgart 1995), S. 114–160, hier S. 117. Alternativ auch hier zu finden: Leiss, Elisabeth. Genus und Sexus: Kritische Anmerkungen zur Sexualisierung von Grammatik. In: Sieburg, Heinz (Hg.). Sprache – Genus/Sexus, Dokumentation Germanistischer Forschung, Band 3. Peter Lang Europäischer Verlag der Wissenschaften (Berlin/Bern 1997), S. 322–345, hier S. 333.

sondern um ein anderes Phänomen, das in der Sprache möglich ist, da die Formen arbiträr ausgelegt werden können: Es ist schlichtweg eine ideologische Erfindung aus dem 18. Jahrhundert.[32]

Sprachideologien können aus der Sprachgemeinschaft kommen oder in der theoretischen linguistischen Literatur zu finden sein, denn Sprachtheoretiker an den Universitäten sind Kinder ihrer Zeit. Während wir anzweifeln können, ob die verwendete Sprache (*parole*) wirklich etwas über gesellschaftliche Denkmuster aussagt, da Begriffe niemals völlig fixiert sind, ist davon auszugehen, dass man an den theoretischen Beschreibungen und Interpretationen von Sprache (*langue*)[33] durchaus etwas über den Zeitgeist herauslesen kann.[34]

Die österreichische Sprachwissenschaftlerin und Slawistin Ursula Doleschal (geboren 1963) hat aus theoretischen Texten früherer Sprachforscher extrahiert, wie viele Geschlechter in den barocken Grammatiken und Stilbüchern zu finden sind. Der deutsche Theologe und Grammatiker Johannes Clajus (1535–1592) zählt ganze fünf Geschlechter, sogar einen »Genus dubium«, ein dubioses Geschlecht bei dem der Artikel variiert.[35] Das überrascht nun nicht, denn auch heute noch zeigen viele Sprachen eine Genusvielfalt.

Mit dieser Vielfalt war es jedoch spätestens beim deutschen Sprachforscher Johann Christoph Gottsched (1700–1776) in seinem Werk *Deutsche Sprachkunst* vorüber: Er deklariert, dass das Deutsche drei Geschlechter habe, und diese richteten sich zumindest bei zweien davon nach dem Sexus, denn dies sei die

---

32 Doleschal, Ursula. Gender, Grammar and Discourse: The Case of German. For the festschrift for Svenka Savić (ed. by Vera Vasić) published as: »Rod, gramatika i diskurs: slučaj nemačkog jezika«. In: Vasić, Vera (ed.). Diskurs I diskursi: zbornik u čast Svenki Savić. Faculty of Philosophy at the University of Novi Sad (Novi Sad 2010), S. 107–119, hier S. 108–109.

33 Man kann über die langue, jedoch nicht mit der langue sprechen.

34 Doleschal. Gender, Grammar and Discourse: The Case of German, S. 107.

35 Heißt es das Teil oder der Teil? Ein Genus dubium.

Essenz der Dinge und in Wahrheit sei doch der Pöbel mit seiner inkonsistenten Verwendung schuld am Genusgewirr, sonst gäbe es immer eine eindeutige Verbindung zwischen Bedeutung und Grammatik.[36] Gottsched hat also nicht versucht, die Widersprüche zu erforschen, wie es später die Junggrammatiker tun sollten, sondern gab einfach der Bevölkerung die Schuld, dass sie das Genussystem, das doch sonst so eindeutig sei, durch ihre Sprachverwendung ruinieren würde.

Die Annahme, dass Sexus, weil es eben von Natur aus früher existieren würde als Genus, die Ursache des grammatischen Geschlechts sei, findet sich dann beim deutschen Sprach- und Literaturwissenschaftler Jakob Grimm – eine ursächliche Begründung, die nicht nur falsch ist, sondern weniger über die Sprache als über die ideologischen Grundannahmen dieser Zeitspanne aufzeigt:[37] Erst erklärt man, dass der Genus vom Sexus kommt, und dann behauptet man, dass der feminine Genus eine Abweichung vom maskulinen Genus darstelle, also müsse umgekehrt auch das Weibliche selbst eine Abweichung der allgemeinmenschlichen, also der männlichen Form sein. Diese Darstellung von Weiblichkeit als absolut Anderes, als Gegenteil des Männlichen, als Beiwerk zur Krone der Schöpfung, wurde zurecht als Stereotypisierung kritisiert. Dass das nicht ganz richtig sein kann, zeigen uns Begriffe wie *Wöchnerin*, die trotz des Suffixes *-in* keineswegs von einem männlichen *Wöchner* kommen kann – selbst wenn man der modernen Medizin derlei mittlerweile bald zutraut, ist dennoch nicht der weibliche Begriff vom Männlichen her abgeleitet.

Die Herangehensweise Grimms würde heute als »*othering*« bezeichnet werden, was von Befürwortern des Genderns

36 Doleschal. Gender, Grammar and Discourse: The Case of German, S. 108–109.

37 Werner. »Zur Verwendung geschlechtergerechter Sprache – die grammatische Kategorie Genus«; dort verwendete Quellen: Brugmann. The Nature and Origin of the Noun Genders in the Indo-European Languages; Brugmann. Das Nominalgeschlecht in den indogermanischen Sprachen; Weber. Genus. Zur Funktion einer Nominalkategorie.

allerdings geflissentlich ignoriert wird. *Othering* bedeutet eine Disidentifikation, die Herausbildung eines Gegensatzes, und damit das Deklarieren, dass Frauen eben »das Andere« seien, gerade aufgrund der zusätzlichen Benennung nicht zum »Eigenen« gehörend. Es handelt sich um Exklusion – ein weit verbreitetes Konzept in den Gender- und Sozialwissenschaften.[38]

Was ist es nun? Sollen Frauen sichtbar gemacht werden oder sollen sie endlich dazugehören? Beides zugleich dürfte kaum möglich sein. Dass man bei den alten Sprachideologen jedoch die Fehlerhaftigkeit der Aussage bezüglich Sprache übersah und jenen Teil des Glaubens, dass Genus Sexus sei, stillschweigend übernahm, ist zumindest in jedem Falle bedenklich. Nach Grimm war man erst einmal eine Weile damit befasst, stilistische Richtlinien herauszugeben – weibliche Nomen sollten für Frauen verwendet werden, männliche für Männer. Dies ist insofern interessant, als seit den 1970er Jahren Frauen für weibliche Bezeichnungen, gerade in der Arbeitswelt, kämpfen. Nach 1945 hatte sich die Lehrmeinung nämlich geändert und Genus wurde als rein grammatikalische Kategorie erkannt.

Gender wurde also immer wieder ideologisiert, und aus rein feministischer Sicht müssen wir hier die Frage stellen, warum es gerade jene spezifische Ideologisierung ist, dass Sprache etwas mit biologischen Geschlechtern zu tun habe, die im Feminismus übernommen wurde, da die feministischen Studien

---

38 Brons, Lajos. Othering, an Analysis. In: Transcience (2015) Vol. 6, Issue 1. Online: http://www2.hu-berlin.de/transcience/Vol6_No1_2015_69_90.pdf und Jensen, S. Q. Othering, identity formation and agency. In: Qualitative Studies, 2(2) (2011), S. 63–78. Weiterführende Literatur: Crenshaw, Kimberlé. Demarginalizing the Intersection of Race and Sex: A Black Feminist Critique of Antidiscrimination Doctrine, Feminist Theory and Antiracist Politics. In: University of Chicago Legal Forum: Vol. 1989, Article 8, S. 139–167. Online: https://chicagounbound.uchicago.edu/uclf/vol1989/iss1/8; De Beauvoir, S. The Second Sex. Vintage (London 1997; French Original: Le Deuxième Sexe. Gallimard (Paris 1949)); Goffman, E. Stigma – Notes on the Management of Spoiled Identity. Penguin Books (Harmondsworth 1963); Spivak, G. C. Review: Revolutions That as Yet Have No Model: Derrida's Limited Inc. In: Diacritics Vol. 10, No. 4 (Winter, 1980), S. 29–49.

sich stets die Kritik an früheren, überwiegend männlichen Forschern auf die Fahnen schrieben. Warum sollte man diese Ideologisierung übernehmen, wo sie doch mehr noch als viele andere eine ideologiegetriebene männliche Erfindung ist? Insbesondere da das Genussystem in dieser Zeit für das Verfassen von Texten misogynen Inhaltes missbraucht wurde.[39]

Auch die Einteilung von Männlichkeit und Weiblichkeit als stark, robust und kräftig gegenüber weich, sanft und elegant stammt aus dieser Zeit, einer Zeit, in der der Versuch zu systematisieren unter anderem zu Stereotypisierung geführt hat – eine Frage, der Doleschal in ihrem Text leider nicht nachgeht: Sie wird am Ende den Schluss ziehen, dass es politisch eben nicht gleichgültig ist, obschon die Indizien, die sie zusammengetragen hat,[40] eher Hinweise darauf geben, dass es gleichgültig sein könnte, wären wir eben nicht allesamt Kinder unserer Zeit. Am Ende des 19. Jahrhunderts fanden sich übrigens unter den Junggrammatikern Gegner dieser Ansicht, dass Genus Sexus sei, wie zum Beispiel der deutsche Indogermanist und Sprachwissenschaftler Karl Brugmann (1849–1919), der den Einfluss von Sexus für sekundär hielt – die Gründe dafür sollen, wie schon bei Aristoteles, in der Sprache selbst zu finden sein.[41] Paul führt den Genus auf die Notwendigkeit von übereinstimmbaren Merkmalen in einem Satz zurück.[42]

---

39 Robinson, Orrin W. Grimm Language: Grammar, Gender and Genuineness in the Fairy Tales. John Benjamins Publishing Company (Amsterdam/Philadelphia 2010), S. 160.

40 Wir wollen an dieser Stelle auf den Reichtum der Literaturliste Doleschals hinweisen, auf die es sich lohnt, einen Blick zu werfen.

41 Werner. »Zur Verwendung geschlechtergerechter Sprache – die grammatische Kategorie Genus«; dort verwendete Quellen: Brugmann. The Nature and Origin of the Noun Genders in the Indo-European Languages; Brugmann. Das Nominalgeschlecht in den indogermanischen Sprachen; Weber. Genus. Zur Funktion einer Nominalkategorie.

42 Fodor, István. The Origin of Grammatical Gender. In: Lingua 8.1 (1959), S. 1–41 bzw. in Lingua 8.2 (1959), S. 186–214; S. 13f zitiert nach Hajnal. Feministische Sprachkritik, S. 30. Auch Hermann Paul: https://www.projekt-gutenberg.org/

Wir sehen hier, dass es eine entsprechend große Diskrepanz zwischen Ergebnissen der Forschung und ideologischer Erfindung gibt. Die heute oft in der Bevölkerung wiedergegebene Gleichsetzung von Genus und Sexus ist damit die popularisierte Form einer einstigen wissenschaftlichen Position.[43] Da es gerade die Bevölkerung ist, welche die Sprache beständig immer wieder reproduziert und dadurch erschafft, kann sie nicht ignoriert werden, wenn es um Sprachwandel geht. Wer rein grammatisch argumentiert, wird ebenso auf Widerstand stoßen wie jene, die rein ideologisch argumentieren. Tradition per se ist kein gutes Argument für die Ablehnung von Gendermethoden, nachdem es sich um eine recht kurze Tradition handelt.

Ganz gleich, wie derlei Debatten ausgehen mögen, am Ende wird sich alles an der Welterfahrung messen lassen müssen: Wenn wir in einem bestimmten Feld, wie zum Beispiel einem beruflichen (Physikprofessoren, Müllmänner), kaum Frauen in unserer Welt wahrnehmen, kann dort die Tendenz des Gebrauchs eines generischen Maskulinums steigen, sofern ein Glaube an dessen Sexusgebundenheit besteht, während sich zum Beispiel bei Krankenschwestern lange ein generisches Femininum hielt.[44] Eine außersprachliche Realität durch Formveränderung lenken zu wollen – und nichts anderes ist die Veränderung des Genus – ist zwar aussichtslos, doch die außersprachliche Realität beeinflusst die Sprachnorm, ein ideologischer Glaube ist eine solche außersprachliche Realität.[45] Ein Glaube, von dem einige dermaßen überzeugt sind, dass sie das Maskulinum sogar als androgendernd bezeichnen, also nicht

paulh/prinzip/index.html bzw. https://www.projekt-gutenberg.org/paulh/prinzip/paulka15.html, S. 264 bzw. S. 311 f.

43 Leiss. Genus und Sexus, S. 325.

44 Hajnal. Feministische Sprachkritik, S. 6–7 und S. 60–61.

45 Hajnal. Feministische Sprachkritik, S. 68–70.

»generisch« (vom Genus, von der Gattung her) sondern »vermännlichend«.[46]

Wer einfach behaupten möchte, Sprache sei eben von Männern dominiert und daher würden Feminina ausgeschlossen, dem sei gesagt, dass es durchaus sowohl historisch-linguistische als auch aktuelle Studien gibt, die starke Hinweise darauf geben, dass es gerade junge Frauen sind, die am meisten sprachkreatives Potenzial an den Tag legen, dies umsetzen und an die nächste Generation weitergeben.[47] Hornscheidt, bereits aus Kapitel 3 ein Begriff, schlägt nun vor, sämtliche Pronomen und Deklinationen »genderfrei« zu gestalten, indem stets das Pronomen »ens« und die dazugehörige Endung »-ens« bei Nomen zu verwenden seien.[48] Eine Zugangsweise, die jedoch die Funktion des Genus, Kongruenz im Satz herzustellen, nicht leisten kann.

5.3. Die empirischen Ergebnisse zum Thema Gendern im Deutschen und die Wirklichkeit der Sprachen

Nachdem wir nun der Herkunft des Mythos der Verknüpfung von Genus und Sexus nachgegangen sind, wird es Zeit, dass wir uns dieser Verknüpfung und ihren Auswirkungen in der Gegenwart zuwenden.

Dass häufig Ergebnisse, wie jene Boroditskys, die wir in Kapitel 4 kennengelernt haben, als Begründung für das Prägen der Wirklichkeit durch Sprache herangezogen werden, ist

46 Hornscheidt, Lann. Feministische W_orte: Ein Lern-, Denk- und Handlungsbuch zu Sprache, und Diskriminierung, Gender Studies und feministischer Linguistik. Brandes & Apsel (Frankfurt am Main 2012), S. 211.

47 Tagliamonte, Sali A. / D'Arcy, Alexandra. Peaks Beyond Phonology: Adolescence, Incrementation, and Language Change. In: Language, Vol. 85, No. 1 (March 2009), S. 58–108.

48 Siehe den Beitrag der ARD tagesschau bei tagesthemen um 22:15 Uhr vom 9. Juni 2021. Online: https://www.youtube.com/watch?v=DpqEcD0oKsA.

wenig überraschend, selbst wenn diese, wie wir gemerkt haben, nur unter starkem Vorbehalt aussagekräftig sind.[49] Auch im deutschsprachigen Raum versucht man die These, dass Frauen sich durch das generische Maskulinum diskriminiert fühlten/fühlen müssten, durch Studien zu bestätigen – mittlerweile. Zwar geistert die Behauptung schon seit den Achtzigern des letzten Jahrhunderts durch die Hörsäle, doch bis in die späten Neunziger blieb die Menge der Studien eher überschaubar. Es wurde sogar mitunter eine nahezu »vollständige Abwesenheit direkter empirischer Forschung«[50] diagnostiziert. Was sagen die entsprechenden Quellen darüber aus?

Die Diskussion wurde bereits 1978 im deutschsprachigen Raum von der Sprachwissenschaftlerin Senta Trömel-Plötz (geboren 1949) mit ihrem Werk *Linguistik und Frauensprache* losgetreten. Die These lautete, dass es eine enge assoziative Bindung zwischen grammatischem Genus und natürlichem Geschlecht gäbe, da in Personenbezeichnungen Genus und Geschlecht meist zusammenfielen.[51] Eine These, die wir beim US-amerikanischen Kognitionswissenschaftler Douglas R. Hofstadter (geboren 1945) 1986, der deutschen Sprachwissenschaftlerin Luise F. Pusch (geboren 1944) 1984 und Gisela Schoenthal (geboren 1947) 1989 wiederfinden.[52] Wir haben gesehen, dass diese Annahme aufgrund sprachgeschichtlicher Beweise bereits von vielen Linguisten abgelehnt wird. Die Stolpersteine der frühen

---

49 »Some studies have claimed evidence to the affirmative […], while others report evidence to the contrary […]«. Zitiert aus: Boroditsky, Lera. Linguistic Relativity. In: Nadel, Lynn (ed.). Encyclopedia of Cognitive Science Volume 2. Macmillan Publishers (London 2003), S. 917–921, hier S. 918.

50 Lucy, John A. Linguistic Relativity. In: Annual Review of Anthropology, Vol. 26 (1997), S. 291–312, hier S. 294.

51 Trömel-Plötz, Senta. Linguistik und Frauensprache. In: Linguistische Berichte 57 (1978), S. 49–68, besonders S. 57.

52 Braun, Friederike/Gottburgsen, Anja/Sczesny, Sabine/Stahlberg, Dagmar. Können Geophysiker Frauen sein? Generische Personenbezeichnungen im Deutschen. In: Zeitschrift für Germanistische Linguistik Band 26, Heft 3 1998, S. 265–283, hier S. 266f. Online: https://doi.org/10.1515/zfgl.1998.26.3.265.

Studien beruhen oft auf methodologischen Ungenauigkeiten: Kontexteffekte konnten nicht zugeordnet werden, generische und spezifische Referenzen wurden vermischt[53], es wurde großzügig in freie Assoziationen hineininterpretiert[54] oder es wurde der Stimulus – um Kontexteffekte auszuschließen – mit Bildern geboten. Mit Recht kann man skeptisch sein über das, was Experimente mit Bildern über Sprache aussagen.[55]

Heutige Studien haben zusätzlich noch andere Probleme: So ist es zum Beispiel schwierig, ausreichend ideologisch unvoreingenommene Teilnehmer zu bekommen, denn meist werden sie im Umkreis des eigenen Institutes gesucht und gefunden. So ist es beispielsweise üblich, dass viele dieser Studien unter hundert Teilnehmer aufweisen und eine Aufschlüsselung ihrer Bildungshintergründe nicht vorgenommen wird, sondern ein Pauschales »breit gefächert« als Ersatz herhalten muss.[56] Das Problem hier-

53 Braun/Gottburgsen/Sczesny/Stahlberg. Können Geophysiker Frauen sein?, S. 267. Dort Verweis zu Klein, Josef. Benachteiligung der Frau im generischen Maskulinum – eine feministische Schimäre oder psycholinguistische Realität? In: Oellers, Norbert (Hg.). Vorträge des Germanistentages Berlin 1987: Germanistik und Deutschunterricht im Zeitalter der Technologie. Selbstbestimmung und Anpassung (Band 1: Das Selbstverständnis der Germanistik). Niemeyer (Tübingen 1988), S. 310–319.

54 Ebd.; Scheele, Brigitte/Gauler, Eva. Wählen Wissenschaftler ihre Probleme anders aus als Wissenschaftlerinnen? Das Genus-Sexus-Problem als paradigmatischer Fall der linguistischen Relativitätsthese. In: Sprache und Kognition 12 (2), (1993), S. 59–72.

55 Irmen, Lisa/Köhncke, Astrid: Zur Psychologie des »generischen« Maskulinums. In: Sprache und Kognition 15, 1996, S. 152–166, hier S. 163. Die Autoren kommen zum Schluss, dass »generisch« dem Maskulinum daher »aberkannt werden sollte«, was albern ist, denn generisch bedeutet vom Genus her, und zwar nur vom Genus her, so wie generische Feminina. Vielleicht sollte man das »Maskulinum« durch einen anderen Begriff ersetzen, denn das Problem ist ja nicht, dass es eine Genusklasse ist, sondern dass es sich um die maskuline Genusklasse handelt.

56 Braun, Friederike/Oelkers, Susanne/Rogalski, Rogalski/Bosak, Janine/Sczesny, Sabine. »Aus Gründen der Verständlichkeit …«: Der Einfluss generisch maskuliner und alternativer Personenbezeichnungen auf die kognitive Verarbeitung von Texten. In: Psychologische Rundschau, 58 (3), Juli 2007, S. 183–189. Beispielsweise wird auf Seite 186 behauptet, dass der Bildungshintergrund der Probanden breit gefächert sei, ohne dies näher auszuführen, wie es sonst in derartigen

bei ist: Wenn ich überprüfe, ob Texte, wie in einem konkreten Fall Beipackzettel, gleichermaßen gut lesbar sind, wenn sie gegendert wurden, dann wäre es ein Armutszeugnis des höheren Bildungswesens, wenn die Teilnehmer, die man im direkten Umfeld der Entstehung der Studie gefunden hat, nämlich an den Universitäten, damit überhaupt Schwierigkeiten hätten.[57] Eine neue Studie, die beweisen sollte, dass Gendern einfach und barrierefrei sei, und dafür diversere Probandengruppen untersucht hat, stellt Behauptungen in der Konklusion auf, die mit den Aussagen der Probanden nicht mehr viel zu tun haben – die Behauptung eines Teilnehmers, dass das Wort Bürger alle meine, wurde zum Beispiel als Unkenntnis des Sachverhaltes abgetan.[58] Dass auch Menschen mit durchaus großer Kenntnis von Sprache dieser Meinung sein können, zeigt ein neues Werk zum Genus von Eckhard Meineke, in dem auch zahlreiche Beispiele für derlei unzuverlässige Studien gelistet sind.[59]

In der Überprüfung der Verwendung geschlechtsabstrahierender, also gegenderter Formen im Sprachunterricht sieht es dagegen anders aus: Doppelnennungen kommen auf höheren Sprachstufen vor, aber Binnen-I, Gender-* oder x-Konstrukte würden den Unterricht erschweren.[60] Der Umstand, dass es schwierig ist, Teilnehmer zu finden, und dass diese primär aus dem eigenen

---

Studien üblich ist. Aufgrund der geringen Anzahl an Probanden (86) und des Mangels an Transparenz ist diese breite Fächerung jedoch anzuzweifeln.

57 Es wäre vergleichbar mit einer Pharmafirma, die 70 Probanden aus der eigenen Firma impft, diese dann nicht medizinisch untersucht, sondern nach ihrem Empfinden befragt und die Testergebnisse für allgemeingültig erklärt. Fragen Sie sich, ob Sie sich unter diesen Umständen mit diesem Produkt impfen lassen würden.

58 Ebner, Christoph. LEICHT VERSTÄNDLICHE SPRACHE GENDERFAIR! Studie zur Verwendung genderfairer Sprache in Leicht verständlicher Sprache. Capito (Graz 2023), S. 30; Online: https://www.capito.eu/app/uploads/gender studie-2023-vollversion.pdf.

59 Meineke, Eckhard. Studien zum genderneutralen Maskulinum. Universitätsverlag Winter (Heidelberg 2023).

60 Klapczarek, Tomasz. Anwendung geschlechtsneutraler Sprache im Deutsch-als-Fremdsprache-Unterricht (Diplomarbeit). Uniwersytet Adama Mickiewicza w Poznaniu, Neofilologii Instytut Lingwistyki Stosowanej (Posen 2019).

Umfeld stammen, wird von Linguisten selten in derartigen Studien offen angesprochen, stellt aber ein massives Problem für deren potenzielle allgemeine Aussagekraft dar.[61] Dies ist generell und in vielen Fachrichtungen der Tatsache geschuldet, dass es nur geringe finanzielle Mittel gibt.[62] Je weniger Teilnehmer eine Studie hat, desto größer erscheinen die darin nachgewiesenen Effekte.[63] Kein Wunder also, dass es auch Studien gibt, die nachweisen, dass vielen der Genus gleichgültig ist.[64]

Die allermeisten Studien leiden also bereits unter dem fundamentalen Problem, dass sie nur über eine sehr geringe Teilnehmeranzahl verfügen.[65] Selbst bei jenen, die über 500 Teilnehmer verzeichnen, hat der Großteil dieser einen Hochschulabschluss oder studiert.[66]

---

61 Schröter, Juliane/Linke, Angelika/Bubenhofer, Noah. »Ich als Linguist«. Eine empirische Studie zur Einschätzung und Verwendung des generischen Maskulinums. In: Günthner, Susanne/Hüpper, Dagmar/Spieß, Constanze (Hg.). Genderlinguistik. Sprachliche Konstruktionen von Geschlechtsidentität. De Gruyter (Berlin 2012), S. 359–379; Online: https://www.zora.uzh.ch/id/eprint/62382/1/Schr%C3%B6ter_Ich_als_Linguist.pdf.

62 Ritchie. Science Fictions, S. 142f.

63 Ebd., S. 138 und FN 47: »This is a version of the ›winner's curse‹ that's sometimes discussed in auctions, where the person who puts in the winning bid overvalues whatever's being auctioned. In science it's also been named the ›Proteus phenomenon‹, after the shape-shifting character from Greek mythology. The basic idea is that in the early stages of the discovery of an effect, its size will often change dramatically between different studies, partly due to the issues that we've been discussing of statistical power and the inability of some studies to see small effects. See John P.A. Ioannidis & Thomas A. Trikalinos, ›Early Extreme Contradictory Estimates May Appear in Published Research: The Proteus Phenomenon in Molecular Genetics Research and Randomized Trials‹, Journal of Clinical Epidemiology 58, no. 6 (June 2005): pp. 543–49; https://doi.org/10.1016/j.jclinepi.2004.10.019. Nathan P. Lemoine et al., ›Underappreciated Problems of Low Replication in Ecological Field Studies‹, Ecology 97, no. 10 (Oct. 2016): pp. 2554–61; https://doi.org/10.1002/ecy.1506; and Button et al., ›Power Failure‹«.

64 Schröter/Linke/Bubenhofer. »Ich als Linguist«.

65 Zu diesem Faktum und den damit einhergehenden Problematiken siehe Ritchie. Science Fictions, S. 91–112.

66 Kolek, Vít. Ověření platnosti generického maskulina v němčině a češtině prostřednictvím asociačních experimentů (Deutsch: Überprüfung der Gültigkeit des generischen Maskulinums im Deutschen und im Tschechischen mittels

Interessant ist jedoch, dass zum Beispiel deutsche Frauen eher dazu neigen, feminine Formen für Selbstbezeichnungen zu wählen, tschechische Frauen jedoch weniger.[67] Bedeutet es, dass das generische Maskulinum im Deutschen sexistischer sei als im Tschechischen? Wir müssen annehmen, dass es sich eher darum handelt, dass im Deutschen ein breiteres Bewusstsein dafür besteht, wodurch es bei solchen Studien zu Rückmeldungen von Teilnehmern kommen kann, die sich über die generischen Maskulina in den Fragestellungen geärgert haben, oder die bereits wussten, worauf der Sinn der Übung hinauslief – nämlich zu beweisen, dass dieses zu einem Bias führe.[68]

Hier sind wir bei der eigentlichen Krux dieses Kapitels angelangt: Seit den 1760ern wird behauptet, dass Genus vom Sexus komme, etwa 200 Jahre später kommt die Behauptung auf, dass dieses Genus daher sexistisch diskriminierend sei. Das Gros der empirischen Untersuchungen zu diesen beiden Behauptungen lässt jedoch noch einmal mindestens 30 Jahre auf sich warten. 30 Jahre, in denen wiederholt heftig diskutiert wurde, ob man denn gendern solle oder nicht, und in denen mantrahaft an sämtlichen Bildungseinrichtungen des Landes und in vielen Medien wiederholt wird, dass das generische Maskulinum sexistisch sei.

Welche Ergebnisse erwarten wir also von den neueren Studien?[69] Studien, die an genau jenen Orten angefertigt wur-

---

Assoziationsexperimenten (KATEDRA GERMANISTIKY, FILOZOFICKÁ FAKULTA UNIVERZITA PALACKÉHO V OLOMOUCI) (Olomouc 2016), S. 58 f. Online: https://theses.cz/id/emg0du/V.Kolek-Ov__en_platnosti_generickho_maskulina_v_n_m_in__a.pdf.

67 53,9 Prozent. Das ist, was »eher« hier bedeutet. Weniger bedeutet: 21,8 Prozent.

68 Kolek, Vít. Ověření platnosti generického maskulina v němčině a češtině prostřednictvím asociačních experimentů, S. 66.

69 Gygax, Pascal / Gabriel, Ute. Can a Group of Musicians be Composed of Women? Generic Interpretation of French Masculine Role Names in the Absence and Presence of Feminine Forms. In: Swiss Journal of Psychology, 67 (2008) 3, S. 143–151; Hornscheidt, Antje. Gender resignifiziert. Schwedische (Aus)

den, an denen seit den 1960ern Sätze wie »Sprache ist Macht« zu ehernen Dogmen geworden sind? Sämtliche dieser Studien sind Perzeptions- und Assoziationsstudien, das heißt, die Wahrnehmung wird überprüft. Wer sich im Umfeld dieser Art von Sprachforschung bewegt, wird lernen, seine Wahrnehmung für vermeintliche sprachliche Ungerechtigkeiten und Diskriminierungen zu schulen. Doch letzten Endes sagen diese Überprüfungen nur aus, dass Menschen durch Konvention jene Assoziation erlernen können, dass ein bestimmtes Genus sexistisch sei. Dies sagt mehr über die geschulte Wahrnehmung als über das Genus aus.

Neben durchschaubaren Perzeptionsstudien liefern subtilere Überprüfungen ganz andere Ergebnisse: 75 Prozent der Teilnehmer einer Studie füllten den Fragebogen lieber im generischen Maskulinum aus als gegendert und vier Prozent war es egal.[70] Bei mehr als 10 000 Befragten bietet diese Studie auch einen besseren Einblick in die Gesamtbevölkerung als Perzeptionsstudien an der Universität.

Wir seien es gewohnt, dass die Normalität männlich sei, behauptet Hornscheidt, und dies sei der Grund, warum viele sich gegen diesen Sprachwandel, der von den Universitäten ausgeht, wehrten.[71] Vermutlich hängen wir aber alle nur an jenen Assoziationen, die wir im Spracherwerb erlernt haben, und verwenden diese über weite Teile unseres Daseins, ohne groß darüber nachdenken zu müssen und erst recht zu wollen: Der Mensch stolpert mit einer unfassbaren Sicherheit durch seine Sätze.

Handlungen in und um Sprache. Nordeuropa-Institut der Humboldt-Universität (Berlin 2008); Irmen, Lisa. What's in a (Role) Name? Formal and Conceptual Aspects of Comprehending Personal Nouns. In: Journal of Psycholinguistic Research, 36 (2007), S. 431–456.

70 Jäckle, Sebastian. Per aspera ad astra – Eine politikwissenschaftliche Analyse der Akzeptanz des Gendersterns in der deutschen Bevölkerung auf Basis einer Online-Umfrage. In: Politische Vierteljahresschrift (2022) 63, S. 469–497. Online: https://doi.org/10.1007/s11615-022-00380-z.

71 Hornscheidt. Die sprachliche Benennung, S. 71.

Ebenso wie jene, die die Assoziation vom sexistischen Genus erlernt haben, werden sich auch diese, die sie nicht erlernt haben, an ihre eigene Assoziation klammern.

Dass die feministisch-ideologischen Hintergründe mittlerweile Einfluss auf die Forschungsergebnisse genommen haben, ist doch recht wahrscheinlich, und dass die neuen Formen eher vom Denken als Vehikel genutzt werden, als Einfluss auf das Denken zu haben, ebenso.[72] Dies ist mit ein Grund, warum Perzeptionsstudien in der Forschung einen wesentlich geringeren Stellenwert einnehmen als jene komplex aufgebauten Versuchsreihen mit Kindern, die mitten im Spracherwerbsprozess stecken – wir sind doch alle schon verdorbenes Material.

Aktuell wird geschlechtergerechte Sprache gerne mit einer Studie[73] begründet, bei der Kinder auf einer Skala von 1–5 schätzen sollten, wie viel jemand in einem bestimmten Beruf später verdienen würde. Die gewonnenen Daten wurden von den Studienleitern als Indikatoren für »Zugänglichkeit« interpretiert – ein Beruf, in dem man wenig verdient, gilt als »leichter zugänglich«. Von dem einen auf den anderen Sachverhalt zu schließen ist jedoch, von Äpfeln auf Birnen zu schließen. Dies war eine Studie, bei der es immerhin noch über 200 Probanden pro Sprache (Holländisch und Deutsch) gab. Die Frage, ob sie sich einen Beruf zutrauten, auf einer Punkteskala von 1–5 zu beantworten, führte nur zu Unterschieden von 0,26 Punkten bei Mädchen und 0,24 bei Jungen. Das bedeutet, dass bei einer Beidnennung sich sowohl bei Mädchen als auch bei Jungen ergab, dass sie sich die Berufe eher zutrauten. Abgesehen davon, dass 0,24–0,26 Punkte nicht gerade viel ist, ist folglich wohl

---

72 Hajnal. Feministische Sprachkritik, S. 19.

73 Vervecken, Dries/Hannover, Bettina. Yes I Can! Effects of Gender Fair Job Descriptions on Children's Perceptions of Job Status, Job Difficulty, and Vocational Self-Efficacy. Social Psychology. 46, 2015, S. 76–92. Online: https://www.researchgate.net/publication/279288124_Yes_I_Can_Effects_of_Gender_Fair_Job_Descriptions_on_Children's_Perceptions_of_Job_Status_Job_Difficulty_and_Vocational_Self-Efficacy.

nicht davon auszugehen, dass sich der Anteil der Frauen in diesen Berufen wesentlich erhöht, wenn sich die männlichen Probanden gleichermaßen ermutigt fühlen. Die Probandenzahlen sind hier wesentlich schwächer – kann man von 77 Kindern, die sich um einen Viertel-Punkt mehr ermutigt fühlen, wirklich auf die ganze Welt schließen? Die Analyse des Ergebnisses stützt sich übrigens auf vorhergehende Studien zur Wahrnehmung von Gender von Boroditsky, Schmidt und Philips (2003) sowie Gygax und Gabriel (2011) – Studien, die aus bereits besprochenen Gründen nicht gerade vor Verlässlichkeit strotzen.

Doch diese mäßig aussagekräftigen Studien zeigen politische Auswirkungen, die sich wiederum in Texten manifestieren, die sich dem Kampf für das Gendern widmen.[74] Jene wenig belastbaren Zahlen aus probandenschwachen Wahrnehmungsstudien über Elemente, die seit Jahren unterrichtet werden, werden ins Feld geführt, um das Gendern, in welcher Form es immer sein möge, politisch durchzusetzen. So kann es zum Beispiel passieren, dass jemand, der sich politisch für dieses Anliegen einsetzt, sobald er es nicht schafft, dies konsequent durchzuhalten, und auf das Gendern aus alter Gewohnheit einmal vergisst, damit als unsolidarisch interpretiert werden darf – ganz wissenschaftlich selbstverständlich.[75]

Wir wissen nun also nur eines mit Sicherheit: Viele Menschen im universitären Umkreis haben diese gewisse Assoziation

74 Posch, Claudia/Mairhofer, Elisabeth. Die Normalität ist eine gepflasterte Straße … Argumentationsanalytische Untersuchung eines Offenen Briefs gegen antidiskriminierenden Sprachgebrauch in Österreich. In: Spieß, Constanze/Reisigl, Martin (Hg.). Osnabrücker Beiträge zur Sprachtheorie (OBST) Heft 91/2017: Sprache und Geschlecht. Band 2: Empirische Analysen, S. 35–58, hier S. 11 (zitiert nach der Online-Quelle). Online: https://www.academia.edu/26245771/Sprache_dient_allein_der_problemlosen_Verst%C3%A4ndigung.

75 Doleschal, Ursula. Sprachliche Gleichbehandlung 1987–1996 oder die Ausbreitung des Splittings im WU-Memo, Vortrag, Österreichische Linguistiktagung, Graz 1996, 7. Online: https://www.academia.edu/29612576/Sprachliche_Gleichbehandlung_1987_1996_oder_die_Ausbreitung_des_Splittings_im_WU_Memo.

erlernt, selbst wenn – wie wir im letzten Abschnitt gesehen haben – das generische Maskulinum erst einmal gar nichts ist als eine Krücke zur Satzbildung. Zudem lässt sich feststellen, dass nichtsdestotrotz, mag es ein semantischer oder pragmatischer Mechanismus sein, das generische Maskulinum immer noch abstrakt gelesen werden kann, auch im Deutschen.[76]

Wer nun fürchtet, dies führe zu einem Aufdrücken des Genderns aus dem Elfenbeinturm, kann beruhigt sein, jedoch nicht, weil es sich bei einer offiziellen Einführung des Genderns ohnehin um einen parlamentarischen und damit demokratischen Prozess handeln würde,[77] sondern weil, wohin Sprache sich entwickelt, nicht kontrollierbar ist und am Ende immer das übrig bleibt, was die Sprachgemeinschaft in ihrem täglichen Gebrauch heranzieht. Ein Einzelner kann Sprache nicht steuern, nicht das Meer lenken, wenn man so will, ein Gesetz wird dies ebenso wenig schaffen. Ebenso gibt es kein Kollektiv, das darüber entscheidet, sondern jeder einzelne Sprecher entscheidet im Moment der Interaktion, was er meint oder wie er etwas versteht.

Soll man nun gendern, oder soll man nicht? Wir können feststellen, dass Sie nicht gendern müssen, denn die Möglichkeit für Frauen et alii, sich im generischen Maskulinum wiederzufinden, ist gegeben. Wem es gefällt, der möge es beibehalten. Wer mit Ästhetik argumentiert und meint, dass einem das nicht gefallen könne, dem wollen wir mitgeben, dass dies in Anbetracht des Sprachwandels, der dank des Internets in den letzten Jahren zunehmend spürbarer wird, zu bewältigen sein sollte. Wer überzeugt ist, dass zu gendern der richtige Weg sei, dem wollen wir ins Bewusstsein rufen, dass die erlernten Assoziationen jener, die nicht gendern, nichts über ihren ideologischen Standpunkt aussagen. Nur eine Sache gibt es, derer wir alle Seiten

76 Doleschal. Konzeptualisierung von Geschlecht und Sprachvergleich, S. 180.
77 Posch/Mairhofer. Die Normalität ist eine gepflasterte Straße, S. 11.

gleichermaßen versichern wollen, ungeachtet dessen, wofür sie sich entscheiden: Es tut niemandem weh – nicht faktisch, wie wir an unserem Kapitel zu Sprache und Gewalt gesehen haben. Man braucht kein schlechtes Gewissen zu haben, weil man mal das Gendern vergessen hat.

Wir wollen hier anmerken, dass gerade im Konfliktfeld um Gender-Mainstreaming viele Sachbücher und viel populärwissenschaftliche Literatur zu finden sind, die auch einige der Argumente, warum das generische Maskulinum nicht patriarchales Teufelswerk darstellt, nennen. Da unser ursprünglicher Ansatz jedoch war, die Belege für die Weltveränderung durch Sprachveränderung zu finden, haben wir diese hier ausgespart und werden hier nur ein Beispiel aufgreifen, um unsere eigene Position zu klären: Das Buch *Von Menschen und Mensch*innen: 20 gute Gründe, mit dem Gendern aufzuhören*[78] des deutschen Musikers und Publizisten Fabian Payr (geboren 1962) holt sprachhistorisch weit aus und empfiehlt, das Gendern sein zu lassen. Unter anderem finden wir hier auch das Argument der Griceschen Sprachökonomie, dass es eben nicht gerade praktisch ist, Texte durch diese Praxis zu verlängern, und dies kann man gewiss kritisieren, insbesondere wenn es um schwache Leser oder auch Sprachlerner geht. In diesem Text wird das generische Femininum genannt und die Lösung wird als »nicht akzeptabel«[79] bezeichnet. Und wir fragen uns: Warum ist es keine akzeptable Lösung? An keiner Stelle wird begründet, warum das nicht akzeptabel sei und wer es nicht akzeptiert. Der verschluckte Glottisschlag führt im Mündlichen oft ganz versehentlich zur Verwendung des generischen Femininums, was die These der Sprachökonomie untermauert und uns persönlich einfach amüsiert: Sprache ist eben ein unkontrollierbares Meer an Möglichkeiten. Man findet diesen verschluckten Glottisschlag

78 Payr, Fabian. Von Menschen und Mensch*innen: 20 gute Gründe, mit dem Gendern aufzuhören. Springer (Wiesbaden 2021).

79 Ebd., Kapitel 13, »Den Aufwand reduzieren: Sprachökonomie«.

und damit das generische Femininum in vielerlei öffentlichen Diskussionen und man stelle sich vor, kaum jemandem fällt das auf, weiß doch jeder, was gemeint ist, und sprachökonomischer im griceschen Sinne als die Beidnennung ist es allemal. Also doch: Sicher ist es akzeptabel. Außerdem: Wer hat auch nach der Akzeptanz des guten Mannes gefragt? Erinnern wir uns an Bourdieu – man muss nicht alles ernst nehmen. Denn der Autor dieses Werks kann niemandem vorschreiben, dass er nicht zu gendern habe, ebenso wie die Vertreter des Genderns es der Gegenseite nicht vorschreiben können, dies zu tun. Wir würden daher nicht so weit gehen, jemandem zu empfehlen, mit dem Gendern aufzuhören. Auch dies kann übrigens praktische Seiten haben: Stellen Sie sich vor, sie schreiben an eine office@...-Mailadresse – der Genderstern spart hier bei der Anrede Zeit, denn wir wissen nicht, wer diese Mail beantworten wird, und in der Regel ist es uns auch egal. Wer sind wir schon, anderen vorzuschreiben, was sie zu tun haben?

Von Relevanz ist daher immer noch am ehesten, was gemeint ist, daher würden wir auch Formen, die bei Hornscheidt als veraltet gelten (Partizipkonstruktionen oder Binnen-I) nicht verdammen. Wenn Ihnen die Binarität nicht gefällt, finden Sie sicher eine Lösung, die Ihnen zusagt: Sprache ist ein Ozean, so glauben wir nun verstanden zu haben. Also machen Sie, was Ihnen beliebt, erfinden Sie unserthalben auch etwas Neues, erwarten Sie keine zu großen Änderungen in der Realität und zwingen Sie Ihre persönlichen Formen niemandem auf. Sagen lassen müssen Sie sich jedoch auch nichts.

Da wir unsere These stark an die Intentionen des Sprechers binden, ist auch die Frage, wie es sich denn verhält, wenn der Sprecher das generische Maskulinum verwendet, um bewusst zu exkludieren, denn dann wäre auch dies Teil der Bedeutung desselben. Hier können wir nun mit Verweis auf unsere Sammlung an Untersuchungen zu Denken und Sprache antworten, dass wir eben nicht in Köpfe schauen können und Sprache Denken nicht eins zu eins offenlegt. Wir wollen an diesem Punkt jedoch abermals vor Unterstellungen warnen, denn Menschen Böswilligkeit zu unterstellen wird diese kaum überzeugen, anderen, freieren Beispielen zu folgen.

Wir haben in diesem Buch davon abgesehen zu gendern. Vielleicht ist es Ihnen aufgefallen, vielleicht haben Sie es gar nicht bemerkt, vielleicht hat es Sie jedes Mal gestört, vielleicht haben Sie sich hämisch-erfreut die Hände gerieben. Wir wissen es nicht. Dies sagt nichts über uns aus. Wir haben uns nicht dafür entschieden, wir haben uns in den meisten Fällen nichts dabei gedacht und sind nur der sprachlichen Gewohnheit und Bequemlichkeit gefolgt. Was könnte denn, gerade in Österreich, unschuldiger sein als die Bequemlichkeit? Nur in Kapitel 5 fing es langsam an, uns aufzufallen. Zuvor hatten wir die Frage bis zum Lektoratsprozess hin als vertagt erachtet. Überlegen Sie, was es mit Ihnen gemacht hat: Haben Sie sich gefreut, dass Autoren, die doch recht differenziert über Sprache schreiben, nicht gendern? Waren Sie empört? Fühlten Sie sich verletzt? Kontrollieren Sie bitte, ob Sie noch heil sind, lesen sie im Zweifelsfall nach in Kapitel 3.

In Kürze

Sprachenvielfalt und Genus
In diesem Kapitel befassten wir uns mit der gerade im deutschsprachigen Raum heftig diskutierten Frage, ob es denn notwendig oder sinnvoll sei zu gendern. So wie beim Austauschen von Begriffen ist es hierbei am Ende eine Sache der Deutung, schließlich kommen weitgehend egalitäre, moderne Gesellschaften in ihrer Sprache völlig ohne Genussystem aus, wie zum Beispiel das Finnische; andere, deren Sprache sogar fünf oder mehr Geschlechter aufweist, wie zum Beispiel Zulu, können wir leider nicht zu diesen zählen. Zudem gibt es Sprachen, wie zum Beispiel das Russische, in denen zwar männlich gebeugte Begriffe anders bewertet werden als weiblich gebeugte Begriffe, doch die Zuordnung zu einer Person erfolgt nach Status, nicht nach Sexus, so kann hier zum Beispiel auch eine Frau »Arzt« sein.

Bildet das Genus das biologische Geschlecht ab? Davon kann keine Rede sein. Auch im Spracherwerbsprozess bei Kindern herrscht zu Beginn eine geschlechtsneutrale Wahrnehmung: Zuerst lernen wir, welche sprachlichen Kategorien es gibt und wie wir sie anwenden, und erst später erlernen wir eine am biologischen Geschlecht orientierte Interpretation. **Wenn das Genus uns aber nicht den Sexus zeigt, welche Funktion hat er dann? Und wie kommt es, dass die Annahme, er zeige den Sexus, so weit verbreitet ist?**

Deutschsprachige Sexus- und Genuszuweisungen

Das **Genusgewirr im Deutschen** entstand aus komplexen Wechselwirkungen überlappender Bedeutungen und wortbildungsbegünstigender klanglicher Faktoren. Das grammatische Femininum entstand im Indogermanischen erst vor etwa 4500 Jahren. Dass seine Abwesenheit zuvor eindeutig auf ein Patriarchat hinweise, wäre jedoch höchst spekulativ zu behaupten, da dies, wie das Finnische zeigt, auch in modernen Sprachen nicht zutrifft. Erst die Möglichkeit, Feminina zu bilden, hat die Möglichkeit eröffnet, Maskulina mit Männlichkeit zu verknüpfen.

Das Wort Gender selbst geht zurück auf das Wort Genus, aus dem Griechischen *génos*, ebenso wie die Worte Geschlecht oder Genre. Seine ursprüngliche Bedeutung wäre Art, Typ, Gattung. Mit biologischen Geschlechtern hatte es zunächst nichts zu tun und wie Doleschal an einer historischen Aufarbeitung des Diskurses um das Genus zeigt, **ist die Annahme, dass Genus und Sexus zusammenhingen, eine ideologische Erfindung aus dem 18. Jahrhundert.**

Gottsched und Jakob **Grimm** haben den Sexus als Ursache des Genussystems betrachtet und zur weiten Verbreitung dieser Auffassung beigetragen. Diese Interpretation wurzelt weniger in sprachlichen Untersuchungen als vielmehr in einer ideologischen – durchaus **sexistischen und stereotypisierenden** – Vorstellung: Das Weibliche wurde als Abweichung des allgemeinmenschlichen, der männlichen Form, betrachtet.

Bereits **Paul**, den wir aus unserem ersten Kapitel kennen, hat festgestellt, dass Genus aus rein sprachwissenschaftlicher Sicht ein **Konkordanzmerkmal** ist: **Was im Satz zusammengehört, wird durch gemeinsame Deklination angezeigt.** Während sich nach 1945 diese Erkenntnis langsam durchzusetzen begann, sitzen Vertreter der **feministischen Linguistik in den 1960er Jahren** wieder dem Irrtum Gottscheds auf und glauben jenen Männern, die als Kinder ihrer Zeit den Sexismus in die Sprache zerrten.

Gendern oder Nicht-Gendern?

Rein aus der Grammatik heraus muss man daher antworten: Nein, es ist nicht notwendig zu gendern, auch wenn dies – zumindest theoretisch – als diskriminierend ausgelegt werden könnte, doch wäre es ebenso albern, sich daran zu stoßen, wie am Nicht-Gendern. Rein aus dem Wissen der Linguistik muss man feststellen, dass es **gleichgültig** ist, **denn der Signifikationsprozess – also das Verknüpfen von Formen mit bestimmten Inhalten – ist immer offen für Veränderungen.**

Wie verhält es sich nun mit all den Studien, die bestätigen sollen, dass das generische Maskulinum diskriminierend sei? Zum einen muss man mit Bedauern feststellen, dass die **ideologische Behauptung**, ob nun von Gottsched oder von modernen Feministinnen, für viele Jahrzehnte **verbreitet** wurde, **bevor es zur empirischen Überprüfung kam.** Zum anderen werden die Probanden der Studien, oft nicht mehr als 70 oder 80 an der Zahl, zumeist im Umfeld des eigenen Institutes rekrutiert, wo diese weltanschaulichen Auffassungen ohnedies als gefestigtes Wissen gelten: Erst wird jahrzehntelang deklariert, dass Genus und Sexus eins sei, dann dass sich darin Sexismus niederschlage, und jene, die darauf geschult wurden, diesen Sexismus in der Sprache zu suchen und zu finden, werden daraufhin auf genau diese Fähigkeit hin abgeprüft. Man könnte sagen: Wir haben uns die Suppe eingebrockt und nun haben wir den Salat.

Assoziationen und Korrektheiten

Letzten Endes sagen diese Überprüfungen nur aus, dass Menschen **durch Konvention die Assoziation erlernen** können, dass ein bestimmter Genus sexistisch sei. Dies sagt mehr über die geschulte Wahrnehmung als über das Genus oder seine Herkunft aus.

Tatsache ist, dass in der Sprache bleiben wird, was in der Verwendung durch die Sprachgemeinschaft dominant wird. In der Realität von Kommunikationssituationen sind Einschränkungen wie *politisch korrekt* oder *grammatikalisch korrekt* üblicherweise völlig gleichgültig: Verwendet wird, was zweckmäßig scheint. Wer rein grammatisch argumentiert, wird ebenso auf Widerstand stoßen wie jene, die rein ideologisch argumentieren. Man kann die **außersprachliche Realität durch die sprachliche Formveränderung nicht beeinflussen**, auch wenn dies durch bildliche Darstellung durchaus möglich ist.

Doch wir können hier deutlich erkennen, dass die **außersprachliche Realität die Sprachnorm und die Sprachwahrnehmung beeinflusst** und der ideologische Glaube ist eine solche außersprachliche Realität. Da Deutung und Signifikation aber immer noch frei sind, raten wir unseren Lesern, Genusformen großzügig zu ihren eigenen Gunsten auszulegen – es könnte die Nerven schonen.

VI | Das Versagen der Universitäten im Diskurs um Sprache

Eine wirklich wissenschaftliche Einstellung muss voraussetzungslos sein.

Carl Gustav Jung, Psychiater, 1875–1961;
www.carl-g-jung.de/deutsch/zitate.html

6.1. Wissenschaft im Konflikt – *science wars*

Wir haben über die letzten Kapitel hinweg nachgezeichnet, dass es nach Saussure und Austin in jenen Bereichen, aus denen die Überzeugung stammt, mit Sprache die Welt zu verändern, mit wissenschaftlich gesicherter Empirie höchst dünn wird: Zunächst blickten wir auf Jahrzehnte purer Theorie, der es oft an logischen Schlüssen mangelt, in denen man uns die Erklärung, wie genau sich die sprachlichen Prozesse im Denken einfinden würden, schuldig bleibt. Anschließend betrachteten wir Studien, die mit geringen Probandenzahlen, der Gleichsetzung von Bildern mit Worten, vereinfachten Stimulus-Response-Experimenten in isolierten Laborsituationen, schwachen Replikationszahlen oder gar nur mit der erlernten Wahrnehmung der

Teilnehmer argumentieren, und deren Ergebnisse nach wissenschaftlichen Maßstäben nicht als gefestigtes, überprüftes Wissen gelten können.

Wie konnte es dazu kommen, dass diese Annahmen und Behauptungen als wissenschaftlich bewiesene Fakten und Tatsachen über Sprache heute an Universitäten, teils mit dogmatischer Überzeugung, gelehrt werden? Unser letztes Kapitel versucht, diese komplexe Frage zu beantworten. Dazu werden wir zunächst einen wissenschaftshistorischen Exkurs unternehmen, der erstens die Bedeutung der sozialen Faktoren beim Erkenntnis- und Forschungsprozess und zweitens den andauernden Konflikt rund um die Frage, was Wissen und Wissenschaft eigentlich ausmacht, klärt. Im Anschluss untersuchen wir vor diesem Hintergrund, warum die Institution Universität beim Diskurs um Sprache versagt hat und worauf man sich bei der Forschung besinnen sollte, um wieder wissenschaftlich tatsächlich gesichertes Wissen zu produzieren. Schließlich widmen wir uns gegenwärtigen technologischen und gesellschaftlichen Herausforderungen, die es zu verstehen gilt, wenn wir wieder zu einem faktenbasierten Diskurs über Sprache und ihre Bedeutung zurückkehren wollen.

Es tobt ein Krieg um die Wissenschaft: Bereits in den Neunzigerjahren des letzten Jahrhunderts gab es Stimmen, die darauf hinwiesen, dass wissenschaftlich in den sogenannten *»soft sciences«*, also den Geistes- und Sozialwissenschaften, einiges im Argen liegt. Eine dieser Stimmen, die in den Medien und auch in der Wissenschaft für viel Aufsehen sorgte, war jene des US-amerikanischen Physikers Alan Sokal (geboren 1955). Wir beschäftigen uns deshalb nun mit den sogenannten *»science wars«* und werden sehen, ob es sich für die Wissenschaft rentiert hat, dass diese Kriege um ihr Selbstverständnis und ihre Methodiken geführt wurden.

Die eigentlichen, nicht immer auf den ersten Blick erkennbaren Gründe für die *science wars* liegen in einem auch heute noch andauernden Kampf um Deutungshoheit zwischen einer etablierten klassischen und einer konstruktivistischen Vorstellung davon, was man unter Wissen und in Folge auch Wissenschaft und Wissenschaftlichkeit versteht: ein versuchter Wechsel des Paradigmas.

Paradigmen bilden die Rahmenbedingung von Forschung: Welche Arten von Problemen werden behandelt, welche Kriterien verwendet, um diese zu evaluieren und zu lösen, und welche experimentellen Prozeduren werden als akzeptabel betrachtet?[1] Der Name des österreichisch-britischen Philosophen Karl Popper (1902–1994) steht für eines dieser Paradigmen – den Falsifikationismus: Dieser beinhaltet, dass eine Theorie überprüfbar sein muss, dass es eine Möglichkeit geben muss festzustellen, ob sie wahr oder falsch ist.[2] Denken wir zurück an unseren Ausflug zu Foucault: Die Grundannahmen des Konstruktivismus, wie er von seinen Anhängern vertreten wird, sind aufgrund dessen, dass niemand außerhalb der Gesellschaft steht, unüberprüfbar, nicht falsifizierbar und damit keine wissenschaftlichen Thesen. Dennoch werden sie an Universitäten, wenngleich nicht in der Philosophie, so dann doch in anderen geisteswissenschaftlichen Fächern, als solche gehandhabt.

Erinnern wir uns außerdem an dieser Stelle, dass uns mit der linguistischen Wende ein Paradigmenwechsel versprochen wurde, der allerdings ausblieb: Immer noch waren die gewählten Methodiken der Überprüfung, die Fragestellungen und Ausmaße der Forschung unzureichend und immer noch galt es zu beweisen, dass Sprache das Denken lenkt – die Methoden, Voraussetzungen und Themen haben sich zwischen Whorf und Boroditsky kaum verändert. Während man in vielen Vorsilbenlinguistiken in den Gefilden der Priming-Krise dümpelte, vollzog sich dennoch ein Paradigmenwechsel, der durchaus mit

1 Sokal, Alan. Beyond the Hoax. Science, Philosphy and Culture. Oxford University Press (Oxford 2008), S. 191.

2 Popper, Karl. The Logic of Scientific Discovery. Basic Books (New York 1961).

Sprache zu tun hat, nicht mit Saussure, dafür mit dem alten Urglauben an die Sprachmacht: Der Konstruktivismus verbreitete sich in weiten Teilen der Geisteswissenschaft.

Um die mannigfachen Ursachen für unsere schließlich titelgebende These – das Versagen der Universitäten im Diskurs um Sprache – besser verstehen zu können, haben wir deshalb untersucht, worin sich das wissenschaftliche Selbstverständnis eines konstruktivistischen Verständnisses von Wissen, das wir immer wieder bei unseren Recherchen entdeckt haben, vom klassischen etablierten Verständnis unterscheidet und was die Folgen sind.

Im wissenschaftlich weitgehend etablierten platonischen Verständnis verfügt jemand über ein Wissen, wenn er an etwas glaubt, das durch hinreichend Evidenz im wissenschaftlichen Prozess gerechtfertigt und folglich auch wahr ist.[3]

Das klassische Bild von Wissen baut auf den folgenden drei Thesen auf:

Erstens ein Objektivismus über Fakten: Die Welt, die wir zu verstehen versuchen, existiert großteils unabhängig von uns und unseren Vorstellungen über sie.

Zweitens ein Objektivismus über Begründung: Fakten der Form – Information E rechtfertigt Glaube B – sind gesellschaftsunabhängige Fakten. Insbesondere hängt die Frage, ob eine bestimmte Information eine bestimmte Überzeugung rechtfertigt oder nicht, nicht von den kontingenten Bedürfnissen und Interessen einer Gemeinschaft ab.

Drittens ein Objektivismus über rationale Erklärung: Unter den entsprechenden Umständen kann allein die Tatsache, dass wir uns den Beweisen ausgesetzt haben, erklären, warum wir glauben, was wir glauben.[4]

---

3 Boghossian, Paul. Fear of Knowledge. Against Relativism and Constructivism. Oxford University Press (Oxford 2006), S. 15.

4 Dieser Absatz über klassisches Verständnis von Wissen und der folgende Absatz über Konstruktivismus und deren jeweiligen Charakteristika sind eine eigene, leicht verkürzte Übersetzung der Autoren basierenden auf Boghossian, Fear of Knowledge, S. 22.

Im Gegensatz dazu baut Konstruktivismus[5] über Wissen auf den folgenden drei Thesen auf:

Erstens ein Konstruktivismus über Fakten: Die Welt, die wir verstehen und über die wir etwas wissen wollen, ist nicht das, was sie unabhängig von uns und unserem sozialen Kontext ist; vielmehr sind alle Fakten sozial konstruiert, und zwar in einer Weise, die unsere kontingenten Bedürfnisse und Interessen widerspiegelt.

Zweitens ein Konstruktivismus über Rechtfertigung: Fakten der Form – Information E rechtfertigt Glaube B – sind nicht das, was sie unabhängig von uns und unserem sozialen Kontext sind; vielmehr sind alle diese Fakten so konstruiert, dass sie unsere kontingenten Bedürfnisse und Interessen widerspiegeln.

Drittens ein Konstruktivismus über rationale Erklärung: Es ist niemals möglich, die Gründe für unsere Überzeugungen allein mit der Kenntnis der einschlägigen Fakten zu erklären; es müssen auch unsere kontingenten Bedürfnisse und Interessen berücksichtigt werden.

Dieser Konstruktivismus wird oft gleichgesetzt mit dem Verständnis von Sprachmacht, denn er ist abhängig von Sprache: Keine soziale Welt ohne Sprache. Ausgehend von der

5 Zu dieser erkenntnistheoretischen Unterscheidung sei hier der Vollständigkeit halber, aber außerhalb des Umfangs und des Inhalts unserer Untersuchung, noch die philosophische Position des Relativismus genannt. Dieser behauptet – vereinfacht gesagt –, dass die Wahrheit oder Falschheit einer Aussage relativ ist zu einem Individuum oder einer sozialen Gruppe, also wie dieses oder diese es sehen (leicht gekürzt und durch die Autoren übersetzt von Sokal. Beyond the Hoax, S. 174). Hierbei gibt es einen kognitiven Relativismus (Annahmen über behauptete Fakten, also ob etwas existiert oder behauptet wird zu existieren), einen ethischen Relativismus, der sich mit moralischen Werturteilen befasst, und einen ästhetischen Relativismus, der Fragen des Geschmacks oder Gefallens zum Inhalt hat (vgl. auch Sokal. Beyond the Hoax, S. 174f). Zur erkenntnistheoretischen Unhaltbarkeit dieser Position, vor allem, wenn sie nicht nur lokaler sondern globaler Relativismus sein will, siehe Boghossian. Fear of Knowledge, S. 42–94, besonders S. 52–57 sowie Sokal. Beyond the Hoax, S. 171–227, besonders S. 171–182.

Annahme,[6] dass wir keine Konzepte hätten ohne Sprache, die, wie wir wissen, nicht korrekt ist (siehe dazu Kapitel 4.3.2.), wird gefolgert, dass wir keine außersprachlichen Fakten ohne Sprache hätten. Damit würde die Welt ständig durch unterschiedliche soziale/sprachliche Gruppen erschaffen und daher seien alle Wissenssysteme gleich valide.

Wir haben hier ein Problem der Kausalität,[7] des ursächlichen Zusammenhangs: Denn nur weil wir für Konzepte (wie zum Beispiel *Pferd*) Ausdrücke finden können (wie zum Beispiel »*Pferd*«), rufen wir nicht automatisch, weil wir Ausdrücke erfinden können, neue Konzepte ins Leben. Erinnern wir uns an unsere im ersten Kapitel erwähnten Höhlenmalereien – Konzepte können durchaus ohne Sprache auskommen, sogar in sozialen Zusammenhängen. Bakterien existieren auch, bevor sie entdeckt werden. Sie werden nicht erfunden. Dies zu behaupten wäre eine konzeptuelle Inkohärenz[8] und zudem kommt natürlich das, was der US-amerikanische Philosoph Paul Boghossian (geboren 1957) »*the problem of disagreement*« nennt: Wenn verschiedene Gruppen verschiedenes »Wissen« konstruieren, wie kann es sein, dass diese Konstrukte nicht in inkompatibler Weise kollidieren?[9]

Wissenschaftliche Paradigmenwechsel, wie jener zum Konstruktivismus, sind per se nichts Neues.[10] Von Zeit zu Zeit gerät die gewöhnliche Wissenschaft in eine Krise, es kommt zu einer revolutionären Periode und das vorherrschende Paradigma ändert sich, wie zum Beispiel die Geburt der modernen Physik mit Galileo und Newton als Bruch mit der Sicht des Aristoteles. Da diese Paradigmen unsere wissenschaftlichen Theorien maßgeblich beeinflussen, kann trotz der Überzeugung, dass durch

6 Boghossian. Fear of Knowledge, S. 29–32.
7 Ebd., S. 39.
8 Ebd., S. 39.
9 Ebd., S. 38–41, besonders S. 39.
10 Siehe dazu Sokal. Beyond the Hoax, S. 191–197.

genaueste Überprüfung entscheidbar wäre, welche Theorie die bessere sei, die Frage bleiben, wie entschieden werden kann, welches Paradigma rational überprüfbar »besser« sei (Inkommensurabilitätsproblem).[11]

Sokal kritisierte nun in den Neunzigern des letzten Jahrhunderts die unwissenschaftliche Herangehensweise und Methodik eines sich ausbreitenden konstruktivistischen Wissenschaftsverständnisses.[12] Besonders Bruno Latour, auf den wir gleich näher eingehen werden, griff er in seinen Texten an. Unter anderem lässt er kein gutes Haar an den sogenannten postmodernen Denkern, wenn sie versuchen, fachfremd über Naturwissenschaften zu schreiben, und häufig spezifisch verwendete Termini nach Gutdünken auslegen, denn selbstverständlich dürfte es schwierig sein, sich konstruktiv über und durch Begriffe zu äußern, die einem nicht geläufig sind.[13] Ein Phänomen, das wir selbst beobachten konnten in Bezug auf die Interpretation des Begriffs *»arbiträr«* von jenen Autoren, die in der Philosophie, Literaturwissenschaft oder Soziologie beheimatet sind und denen es an einer linguistischen Grundausbildung zu mangeln scheint.

Wie genau sah diese Kritik Sokals ursprünglich aus? Er verfasste einen Artikel[14] in »postmoderner« Sprache, packte ihn voll mit Begriffen wie »Diskurs« und »dekonstruieren« und stellte die haarsträubendsten Behauptungen über Naturwissenschaften auf. Dieser Artikel wurde in einem renommierten Soziologiemagazin gedruckt, bei dem zu vermuten ist, dass man hocherfreut gewesen sein muss, dass, was in der

---

11 Ebd., S. 191 f.

12 Ebd., S. XIV. Siehe auch sein bereits zehn Jahre zuvor veröffentlichtes Buch, in dem er massive Kritik am Wissenschaftsverständnis von Jaques Lacan, Jean Baudrillard, Bruno Latour, Gilles Deleuze u. a. formuliert hat: Sokal, Alan / Bricmont, Jean. Fashionable Nonsense. Postmodern Intellectuals' Abuse of Science. Picador (New York 1998).

13 Sokal. Beyond the Hoax, S. 154–155.

14 Sokal, Alan. Transgressing the Boundaries: Toward a Transformative Hermeneutics of Quantum Gravity. In: Social Text, no. 46/47, 1996, S. 217–252. Online: https://www.jstor.org/stable/466856.

Soziologie bereits lange über Wissenschaft behauptet wurde, nun endlich in der bzw. durch die Naturwissenschaft bestätigt werde.[15] Dann ließ Sokal auffliegen, dass es sich bei dem ganzen Artikel um eine reine Erfindung seinerseits im gewünschten Vokabular handelte, um zu zeigen, dass es sich bei der postmodernen Wissenschaftskritik eben gerade nicht um Wissenschaft handle.[16] Sokals Definition des Postmodernismus: Eine intellektuelle Strömung, die geprägt ist von der mehr oder weniger deutlichen Ablehnung der vernunftgeleiteten Traditionen der Aufklärung, dafür jedoch von theoretischen Diskursen fern aller empirischen Überprüfungen und geistigem und kulturellem Relativismus betreffend Wissenschaft, die damit nicht mehr sei als Erzählung, Mythos oder eine soziale Konstruktion neben anderen – oder verknappt: Wahrheit ist relativ.[17]

Betrachten wir Sokals vermeintlichen Antagonisten, den französischen Soziologen und Philosoph Bruno Latour (1947–2022), genauer: Dieser stellte gemeinsam mit dem britischen Soziologen Steve Woolgar (geboren 1950) eine soziologische Untersuchung in einem naturwissenschaftlichen Labor an und veröffentlichte die Ergebnisse im Buch *Laboratory Life – The Social Construction of Scientific Facts.* Was dort untersucht wurde, ist die Art, wie tägliche Aktivitäten der Wissenschaftler zur Konstruktion von Fakten führen.[18]

---

15 Siehe dazu ausführlich Sokal. Beyond the Hoax, »Part I: The Social Text Affair«, S. 5–170.

16 Kraus, Werner. Bruno Latour: Making Things Public. In: Moebius, Stephan/Quadflieg, Dirk (Hg.). Kultur. Theorien der Gegenwart. VS Verlag für Sozialwissenschaften (Wiesbaden 2006) S. 430–444, hier S. 439.

17 Sokal. Beyond the Hoax, S. 269.

18 Latour, Bruno/Woolgar, Steve. Laboratory Life: The Social Construction of Scientific Facts. Sage Publications (Beverly Hills 1979; verwendete Ausgabe: Princeton University Press, NJ 1986), hier S. 40. Es sei angemerkt, dass nach der Erstauflage das Wort »Social« aus dem Untertitel gestrichen wurde. Siehe dazu auch: https://www.bruno-latour.fr/node/218.

Konstruktion bedeutet in diesem Fall nicht, wie bei einigen postmodernen Autoren, die in diesem Text besprochen wurden, »durch Sprache ins Leben gerufen«. Vielmehr steht der Begriff für die sozialen Vorgänge, die für das Feststellen eines wissenschaftlichen Faktums nötig sind. Ein Labor, so die beiden Autoren, verändert stetig Behauptungen, indem Modalitäten hinzugefügt, andere Forschungen zitiert, Einzelaspekte verstärkt oder verringert, Daten und Thesen geborgt oder neue Kombinationen vorgeschlagen werden – dies führt zu vielen ähnlichen Untersuchungen im Labor und Beiträge der Mitarbeiter werden untereinander kritisiert, geborgt, zitiert, ignoriert, bestätigt oder aufgelöst von anderen, was in einem wechselnden Tanz von bewiesen und unbewiesen mündet, wobei allerdings die Veränderung der Grundannahmen in den seltensten Fällen radikal ist.[19] Jedoch nicht nur mit ihren eigenen Annahmen und Modifikationen, sondern auch mit Annahmen und Modifikationen aus anderen Labors müssen sich die Forscher umfassend auseinandersetzen in Form der Literatur von Kollegen. Texte zu Daten werden verfasst und viele von diesen werden es nicht in die endgültige Präsentation dieser stets vorläufigen Ergebnisse, den Artikel, schaffen, der versucht, die im Labor untersuchten Ergebnisse in die Literatur der Außenwelt einzuordnen.[20] Überhaupt wird viel geschrieben in der Forschung.[21]

---

19 Latour/Woolgar. Laboratory Life, S. 86f.

20 Ebd., S. 48. Siehe dazu ebenfalls jüngst, das Ganze bestätigend und im Detail ausführend: Ritchie. Science Fictions, S. 14. Dort in FN 3 wird weiter verwiesen auf: »Helen E. Longino, Science as Social Knowledge (Princeton: Princeton University Press, 1990). See also Helen Longino, ›The Social Dimensions of Scientific Knowledge‹, The Stanford Encyclopedia of Philosophy, ed. Edward N. Zalta (Summer 2019); https://plato.stanford.edu/archives/sum2019/entries/scientific-knowledge-social; and Julian Reiss & Jan Sprenger, Jan, ›Scientific Objectivity‹, The Stanford Encyclopedia of Philosophy, ed. Edward N. Zalta (Winter 2017); https://plato.stanford.edu/archives/win2017/entries/scientific-objectivity«.

21 Latour/Woolgar. Laboratory Life, S. 88 und dort in FN 2 über die Schreibwut der Wissenschaftler: »The notion of inscription as taken from Derrida (1977) designates an operation more basic than writing (Dagognet, 1973). It is used here

Was dann eigentlich Fakten zu Fakten macht, ist, wenn sie ihre Abhängigkeit von den zeitlichen Gegebenheiten verlieren, die sie bei ihrer »Entstehung« haben, so Latour und Woolgar.[22] Bei ihrer Untersuchung wurde jede Unterscheidung zwischen Fakten und den Artefakten des Labors beiseitegeschoben, zwischen sozialen und technischen Schwierigkeiten sowie zwischen »Hausverstand« und wissenschaftlichem Fakt.[23] Nebenher wurden in diesem Text besonders gerne Barthes, Bourdieu, Foucault, Derrida und Lacan zitiert. Wer bewiesen haben wollte, dass es sich bei den Sozialwissenschaften um leeres Geschwätz handle, konnte darin leicht fündig werden, aber wir täten Latour damit unrecht: Die Kritik, die ihn ereilte, war jene, dass damit schließlich auch ihr eigenes Werk nur ein neuer Mythos sei und die Wendung »soziales Konstrukt« wurde darauf in ihrer realitätsfernsten Auslegung angewandt. Obgleich die erste Fassung des Textes *Laboratory Life* angeblich einen Satz enthalten hätte, der erklärt, dass aus eben diesem Grund auch die eigenen Thesen nicht überzeugend wären, der aber auf Wunsch des Herausgebers gestrichen worden wäre. Er sei niemals dazu da gewesen zu erklären, dass Wissenschaft (und damit auch die eigene Forschung) wertlos sei, sondern dass Wert und Status eines Textes, einer Behauptung, eines Faktes von wesentlich mehr abhängen als nur von dem, was er beinhaltet. Ausschlaggebend seien die Elemente um einen Fakt herum, was methodisch und sozial dazu geführt hat, ihn als Fakt zu erkennen und immer wieder neu einzuordnen.[24]

Jene Unterscheidungen, die man beiseitegeschoben hatte, konnte man nur aus einem Grund missachten: Sie waren für die Untersuchung nicht relevant. Es ist nicht notwendig für den

to summarize all traces, spots, points, histograms, recorded numbers, spectra, peaks, and so on. See below.«

22 Ebd., S. 106.

23 Ebd., S. 253.

24 Ebd., S. 284.

Soziologen zu wissen, ob es sich beim Untersuchungsgegenstand des Labors um einen Fakt oder eine Behauptung handelt, ebenso wenig wie es relevant ist, ob es sich bei dem Vorgehen der Labormitarbeiter um anfallende soziale Aufgaben, worunter zum Beispiel das Auftreiben von Fördergeldern fiele, oder um eine technische Angelegenheit handelt – relevant ist einzig ihr Einfluss auf das Forschungsfeld. Vielmehr bestätige *Laboratory Life* die Falsifikationstheorie Poppers: Die unendlichen Mühen, die Wissenschaftler aufwenden, um die Behauptungen ihrer Kollegen zu untergraben, seien der beste Beweis, dass Wissenschaft anderen Mustern folge als »Hausverstand«.[25]

In der zweiten Ausgabe hatte man bereits das »*social*« im Titel weggelassen,[26] denn Latour verstand sich nicht im Geringsten als Botschafter eines sozialen Konstruktivismus, dessen erklärtes Ziel das Dekonstruieren besagter sozialer Konstrukte ist, sondern verstand den Begriff des »sozialen Konstruktes« eher im Sinne von durchaus realen Gegebenheiten, die es ohne gesellschaftliches Bestreben und Interaktion – im Fall von *laboratory life* die Interaktion der Wissenschaftler miteinander – nicht gäbe. Darunter fallen zum Beispiel auch Brücken, Häuser und Flugzeuge.[27]

Über jene Strömung (den sozialen Konstruktivismus) schrieb Latour später, dass eine drohende Gefahr nun möglicherweise nicht mehr der naive Glaube an ideologische Dogmen sei, die wir als Tatsachen wahrnehmen, sondern ein Misstrauen gegenüber Tatsachen, die für versteckte Ideologie gehalten werden, denn die Skepsis gegenüber Tatsachen wäre doch ebenso eine soziale Konstruktion.[28] Die Skepsis gegenüber dem

25 Popper. The Logic of Scientific Discovery; Latour/Woolgar. Laboratory Life, S. 280f.

26 Kraus. Bruno Latour, S. 432f.

27 Ebd., S. 439; Verweis auf Latour, Bruno. Reassembling the Social. Oxford University Press (New York 2005).

28 Bereits 2004 bei Latour, Bruno. Why Has Critique Run out of Steam? From Matters of Fact to Matters of Concern. In: Critical Inquiry Vol. 30, Issue 2

(menschengemachten) Klimawandel könne auf dieses Wahrnehmen wissenschaftlicher Fakten als Ideologie zurückgeführt werden und dennoch werden Studenten auf diese sehr spezifische Art von Skepsis hin geschult.[29]

Bruno Latour hat möglicherweise selbst den Eindruck gewonnen, durch sein Werk eine regelrechte wissenschaftsfeindliche Lawine losgetreten zu haben. Gerade er, der um klare Methodologien in der Soziologie bemüht war und unermüdlich wiederholte, dass in der Soziologie allzu häufig die Wirkung für die Ursache gehalten würde.[30] Gerade Latour, der mit seiner Methode der Netzwerkanalyse vermutlich ernsthafter als alle anderen Lévi-Strauss' Hoffnung auf einen soziologischen Strukturalismus anstrebte.[31] Für Latour ist es genau diese Grenze, ab wann ein Fakt ein Fakt ist, und bis zu welchem Punkt er bloß eine in der Gesellschaft entstandene Idee darstellt, welche die Beziehung von Natur und Kultur ausmacht.[32] Ein Naturgesetz allerdings wird immer ein Naturgesetz bleiben. Es ist nicht menschengemacht, selbst wenn unsere Überprüfung, ob es sich um ein Naturgesetz handelt, künstliche Hilfskonstruktionen benötigt.[33]

Seine Beobachtungen dienten nicht dem Infragestellen wissenschaftlicher Fakten, sondern sollten eine Stütze sein, Wissenschaft und Ideologie zu unterscheiden.[34] Wissen ist eben doch

---

(Winter 2004), S. 225–248. Online: http://www.bruno-latour.fr/sites/default/files/89-CRITICAL-INQUIRY-GB.pdf.

29 Sokal. Beyond the Hoax, S. XVI.

30 Latour, Bruno. The Powers of association. In: Law, John (ed.). Power, Action and Belief. A New Sociology of Knowledge? Sociological Review Monograph (University of Keele 1986), S. 261–277, hier S. 268–270.

31 Latour, Bruno. We Have Never Been Modern (translated by Catherine Porter) Harvard University Press (Cambridge, MA 1993; French original: Latour, Bruno. Nous n'avons jamais ete modernes: Essais d'anthropologie symmetrique. La Decouverte (Paris 1991)), S. 104. Auf S. 135 bietet er übrigens einen exzellenten Überblick über die Prinzipien des Modernen, Prämodernen und Postmodernen.

32 Ebd., S. 30.

33 Ebd., S. 31.

34 Ebd., S. 35.

nur der aktuell letztmögliche Referenzpunkt, der durch eben jene empirische, experimentelle Methodik bestätigt oder widerlegt werden muss, daher historischen Wandlungen unterworfen war und es auch bleiben wird. Kaum jemand wird auf die Idee kommen zu leugnen, dass Wissen kollaborativ von Mitgliedern einer sozialen Gruppe erschaffen wird oder dass Fakten über die Gruppe erklären können, warum sie sich für manche Fragestellungen mehr interessiert als für andere, oder dass auch ihre politischen und sozialen Werte ihre Arbeit beeinflussen können.[35]

Searle, den wir im Zusammenhang mit Austin kennengelernt haben, würde jene sozialen Konstrukte, die zwar konstruiert sind, aber deren Existenz dennoch niemand infrage stellen würde, als »soziale Fakten« bezeichnen, darunter jene, die institutionalisiert sind (zum Beispiel Geld). Die andere Art von Fakten, harte, nackte, naturwissenschaftliche Fakten, sind dagegen Phänomene wie Himmelskörper, DNS oder Strahlung – das, was sämtlichen Konstruktionen vorausgeht.[36] Das Universum war vor uns da und ist nicht abhängig davon, ob wir es verstehen oder daran glauben. Was jedoch ist diese Unterscheidung zwischen sozialen und harten Fakten? Ist sie ein sozialer oder ein harter Fakt?[37]

Searles Antwort: keines von beiden. Es ist eine Frage von Prozess und Logik. Schließlich benötigen wir soziale Fakten, um herauszufinden, was harte Fakten sind, aber wir brauchen ebenso die harten Fakten, denn nur wenn wir uns an ihnen abarbeiten, können wir unsere sozialen Konstrukte als solche erkennen.

---

35 Boghossian. Fear of Knowledge, S. 20.

36 Bérubé, Michael. The Return of Realism and the Future of Contingency. In: Butler, Judith/Guillory, John/Thomas, Kendall (eds.). What's Left of Theory? New Work on the Politics of Literary Theory (Essays from the English Institute). Routledge (New York 2000), S. 137–156, hier S. 142. Zur genaueren Unterscheidung zwischen sozialen und harten Fakten siehe Searle. Geist, Sprache und Gesellschaft. S. 134–161.

37 Bérubé. The Return of Realism and the Future of Contingency, S. 143.

Über viele von Latours Texten, in denen er sich dagegen wehrte, dass man seine Herangehensweise mit Dekonstruktivismus verwechselt, wurde behauptet, er habe die sozialkonstruktivistische Sichtweise der Forschungskulturen aufgegeben,[38] oder gar, dass er auf die Frage, ob er an die Realität glaube, kaum zu antworten gewagt hätte[39] und sich nicht hätte festlegen wollen – eine konkrete Situation, an die sich Latour anders zu erinnern scheint: Natürlich glaube er an die Realität, er hatte nicht gewusst, dass man nun darüber diskutieren müsse.[40]

Was lernen wir aus den Episoden um Sokal und Latour? Zum einen, dass man – wenn man Latour genauer betrachtet – das Kind nicht mit dem Bade ausschütten sollte, denn was er primär gezeigt hat, ist, dass die Prozesse rund um Wissenschaft erstens notwendig sind und zweitens im Großen und Ganzen funktionieren: Man kommt der Wahrheit des Forschungsgegenstandes näher. Dass daraus in einer (radikalen) postmodernen Auslegung eine Ablehnung sämtlicher Wissenschaften als ideologische Mythen erreicht wurde – solange diese oder ihre Ergebnisse nicht in das eigene Weltbild passen –, hat jedoch mit der ursprünglichen Idee Latours nicht viel zu tun.

Zum anderen: Was hat Sokals Scherz-Aufsatz aufgezeigt? Dass der Vorwurf der Unwissenschaftlichkeit, der den Naturwissenschaften aus den Sozial- und Geisteswissenschaften entgegenschlug, einfach verstärkt zurückgespielt werden kann, insbesondere, da sich die »Methodik« in diesen Wissenschaften häufig auf Interpretationsarbeit beschränkt. Was jedoch hat Sokal damit erreicht? Im schlimmsten Fall hätte man einfach begonnen, sozialwissenschaftliche Institute zu schließen, doch

---

38 Moebius, Stephan. Postmoderne Theoretiker der französischen Soziologie. In: Kaesler, Dirk (Hg.). Klassiker der Soziologie. Band II Von Talcott Parsons bis Anthony Giddens. C. H. Beck (München 1999, hier verwendete 5. überarbeitete Auflage 2007), S. 332–350, hier S. 343.

39 Kraus. Bruno Latour, S. 440.

40 Latour, Bruno. Pandora's Hope. Essays on the Reality of Science Studies. Harvard University Press (Cambridge, MA 1999), S. 1–24.

das wäre wohl kaum in seinem Sinn gewesen. Im besten Fall hätte es zu einer umfassenden Reform dieser *soft sciences* geführt. Bedauerlicherweise ist Sokals Ansinnen ebenso untergegangen wie Kahnemans Aufruf für mehr wissenschaftliche Rigorosität[41] in der Ausarbeitung psychologischer Studien sechzehn Jahre später.

Falsche Behauptungen wurden oft als gesichert geltende Grundannahmen im Namen von Wissenschaft und Vernunft ins Feld geführt, wie wir selbst bereits gesehen haben. Jedoch eine bloße Behauptung aufzustellen macht sie nicht wahr, sondern nur zu einer weiteren Behauptung, die überprüft werden muss. Wahrheitsbehauptungen sind nicht Wahrheiten und Fakten sind nicht dasselbe wie die Annahme von Fakten, denn dies wäre, wie Sokal sagt, nur schlampiges Denken – nur weil es schwierig ist herauszufinden, was wahr ist, bedeutet es nicht, dass Wahrheit nicht existiert.[42] Wissenschaft könnte sonst, wie es in einem extremen Sozialkonstruktivismus angenommen wird, von dem Latour sich durchaus abhebt, als eine Menge historisch und kulturell begrenzter Konventionen betrachtet werden. Sie würde dadurch allerdings die Grundeigenschaft verlieren, testbares Wissen zu erproben, und wäre nur mehr Diskurs einer »interpretativen Gemeinschaft« aus sozialen Umständen, Politik, Wirtschaft und ideologischem Klima in der Umgebung des Wissenschaftlers. Deswegen wären jegliche Behauptungen, was wahr sei, nur innerhalb dieses Referenzsystems wahr – daher gäbe es auch keine darüber hinausreichende Objektivität. Folglich könnte Wissenschaft nicht einmal vom Aberglauben unterschieden werden, denn all dies trifft auch auf den Aberglauben zu.[43]

41 Kahneman, Daniel. A proposal to deal with questions about priming effects. In: Nature, 26. September 2012. Online: https://www.nature.com/news/polopoly_fs/7.6716.1349271308!/suppinfoFile/Kahneman%20Letter.pdf.

42 Sokal. Beyond the Hoax, S. 111.

43 Levitt/Gross. Higher Superstition, S. 45.

Sokals Kritik hat, wie wir auch in unserem Untersuchungsgegenstand deutlich erkennen konnten, also keine Veränderung herbeigeführt und mehr als zwanzig Jahre später sind die wissenschaftlichen Standards in jenen Studien nach wie vor nicht verbessert worden: So verfassten der US-amerikanische Mathematiker und Autor James Lindsay (geboren 1979), der US-amerikanische Philosoph und Pädagoge Peter Boghossian (geboren 1966) und die britische Autorin Helen Pluckrose zwischen 2017 und 2018 zwanzig Nonsense-Artikel im Themenbereich der Gender Studies[44] – einer zum Beispiel, der durch einen vollumfänglichen Peer-Review-Prozesses ging, nahm Grundthesen aus einem Kapitel von Adolf Hitlers Buch *Mein Kampf* über die frühe Entwicklung der NSDAP und den Kampf um die Solidarisierung, Nationalisierung und Führung der deutschen Massen und spiegelte dies auf Bedeutung und Notwendigkeit eines solidarischen, intersektionalen Feminismus als Gegenpol zum neoliberalen oder individuelleren Feminismus.[45] Mehr als die Hälfte der von ihnen verfassten Artikel wurde von wissenschaftlichen Journalen entweder veröffentlicht, akzeptiert oder mit der Bitte um kleine Korrekturen angenommen.[46] Hier lässt sich keine Verbesserung der universitären Zustände ablesen, sondern nur eine ideologische Verengung des (Forschungs-) Blicks. Wie konnte es zu diesem offensichtlichen Versagen wissenschaftlicher Standards kommen?

Werfen wir, Latours Erkenntnisse im Hinterkopf behaltend, einen Blick auf die Forschung zu Sprache, wie wir sie in den letzten Kapiteln dargelegt haben: Die Annahme, dass Sprache, weil soziale Gefüge auf gewisse Fakten Einfluss haben, eine

---

44 Lindsay, James/Boghossian, Peter/Pluckrose, Helen. Academic Grievance Studies and the Corruption of Scholarship. In: Areo Magazine, 2. Oktober 2018. Online: https://areomagazine.com/2018/10/02/academic-grievance-studies-and-the-corruption-of-scholarship/.

45 Saad. The Parasitic Mind, S. 78.

46 Sämtliche Dokumente zur Grievance-Studies-Affäre sind hier abrufbar: https://drive.google.com/drive/folders/19tBy_fVlYIHTxxjuVMFxh4pqLHM_en18.

Welt konstruiere, wird als Fakt hingenommen. Zu behaupten, es gebe keine allgemeingültigen Wahrheiten, außer der einen, dass es keine allgemeingültigen Wahrheiten gibt, ist logisch inkohärent.[47] Dies führt zur Ablehnung von Falsifikation zur wissenschaftlichen Überprüfbarkeit von Annahmen.[48] Menschen sind nicht *ad fontes* ihren Vorgängern gefolgt und haben, was ihnen erzählt wurde, nicht auf seinen Wahrheitsgehalt überprüft. Sie haben sich nicht die Mühe gemacht, die vorhandenen Fakten zu überprüfen und mit ihren eigenen Annahmen zu vergleichen. Ihre ideologischen Ansinnen prägten, bewusst oder unbewusst, die von ihnen entwickelten und fortgeschriebenen Theorien und schützten sie vor Kritik mit der Behauptung, dass alle Wissenssysteme gleich wertvoll und gut geeignet für Erkenntnis seien. Der Wunsch wurde zum Vater des Gedankens – weil Menschen manchmal fehlgehen. Menschen eben.

Während man uns schuldig blieb, einen Mechanismus, wie Sprache die Welt konstruiert, nachzuweisen, zeigt uns Latour den sozialen Mechanismus, der zur Produktion von Wissen führt. Nichts zeigt eindrucksvoller, wie stark der Einfluss der Laborumgebung, des *laboratory life,* ist wie jene Menschen, die den Konstruktivismus groß gemacht haben. So kam es zum Versagen der Universitäten in einem Bereich, der erlernte Interpretationssache ist.

---

47 Boghossian, Paul. What the Sokal Hoax Ought to Teach Us. The pernicious consequences and internal contradictions of »postmodernist« relativism. In: Times Literary Supplement, Commentary, 13. Dezember 1996, S. 14–15. Online: https://as.nyu.edu/content/dam/nyu-as/philosophy/documents/faculty-documents/boghossian/bog_tls.html.

48 Sokal. Beyond the Hoax, S. 182–189, besonders S. 182f.

6.2. Das Versagen der Universitäten – *millenial edition*

6.2.1. Konstruktivistische Logik und ideologischer Zeitgeist in der Forschung

Nachdem wir die wissenschaftstheoretischen Argumente vorgebracht haben, warum die konstruktivistischen Theorien hinsichtlich ihrer logischen Stringenz und ihrer erkenntnistheoretischen Limitationen als neues Wissenschaftsparadigma nicht ausreichend sind, wollen wir nun die weiteren ideologischen sowie praktischen Ursachen dafür auflisten, warum die Universitäten im Diskurs um Sprache versagt haben.

Die erste, ideologische Ursache hierfür ist im Erfolg des Konstruktivismus im Wissenschaftsbetrieb selbst zu suchen. Dieser beflügelte eine ganze Reihe von neuen Fragestellungen und Perspektiven, welche zu ganz neuen Forschungsfeldern führen und auch das Selbstverständnis von Universitäten als Institutionen der Wissenschaft beeinflussen sollten. Postkoloniale Studien, Gender Studien und weitere haben wertvolle Einsichten in bisher wenig oder gar nicht untersuchte Themenkomplexe geliefert. Sie richteten zum Beispiel den Blick auf marginalisierte, unterdrückte oder gänzlich ausgeschlossene Gruppen und trugen dadurch auch zu einem besseren gesellschaftlichen Verständnis von deren spezifischen Erfahrungen, Herausforderungen, aber auch (leider bisher oft nicht oder nur wenig gewürdigten) Leistungen bei. Subsumiert werden mittlerweile all die Richtungen als »intersektional«, ein Begriff, der auf die US-amerikanische Juristin Kimberlé Crenshaw (geboren 1959)[49] zurückgeht, die nicht meint, dass es mehrere wissenschaftliche Sektionen gebe, die kooperieren müssen, sondern im Sinne

49 Crenshaw, Kimberlé. Demarginalizing the Intersection of Race and Sex: A Black Feminist Critique of Antidiscrimination Doctrine, Feminist Theory and Antiracist Politics. In: University of Chicago Legal Forum: Vol. 1989, Article 8, S. 139–167. Online: https://chicagounbound.uchicago.edu/uclf/vol1989/iss1/8.

einer Straßenkreuzung visualisiert: Wer auf mehr als eine Art diskriminiert werden könnte, benötigt demzufolge mehr (Forschungs-)Aufmerksamkeit. Dies erfordert eine Hierarchie, wer am meisten diskriminiert und unterdrückt sei.

Durch die Erfolge kam es aber auch – der Logik eines Konstruktivismus, der unterdrückende, hegemoniale Institutionen dekonstruieren will, folgend – zu einer zunehmend ideologischen, auf Veränderung der vorherrschenden sozialen und ökonomischen Zustände ausgerichteten Aufladung dieser Forschung sowie einer immer weiter um sich greifenden Hinterfragung der Stellung von Universitäten als solche.[50]

Als Konsequenz kann man seit rund dreißig Jahren in den Geisteswissenschaften eine an Macht und Einfluss stetig zunehmende Bewegung zur Verschiebung der primären Aufgabe einer Universität weg von reiner erkenntnisorientierter Wissenschaft im klassischen Wissenschaftsverständnis und hin zu gesellschaftspolitischen Zielen sozialer Gerechtigkeit erkennen, was vermehrt zu Zielkonflikten bei der Frage nach den eigentlichen Aufgaben von Universitäten selbst führt.[51] Dazu gehören auch radikale Bewegungen wie *Science must fall* aus Südafrika oder Forderungen, dass Menschen und Institutionen von »rassistischer westlicher Wissenschaft« dekolonialisiert werden müssten.[52]

Diese Art von Konstruktivismus in Verbindung mit der Diskurstheorie führte schließlich dazu, dass viele wissenschaftliche

---

50 Für eine aktuelle exzellente Zusammenfassung des wissenschaftlichen Siegeszuges vieler dieser Studien innerhalb der Universitäten und der weitreichenden wissenschaftlichen als auch gesellschaftlichen Folgen siehe Mounk, Yasha. The Identity Trap. A Story of Ideas and Power in Our Time. Allan Lane (London 2023), besonders »Part II – The Victory of the Identity Synthesis«, S. 83–132.

51 Siehe hierzu aktuell zum Beispiel Friedersdorf, Conor. The Hypocrisy of Mandatory Diversity Statements. In: The Atlantic, 3. Juli 2023. Online: https://www.theatlantic.com/ideas/archive/2023/07/hypocrisy-mandatory-diversity-statements/674611/ und Friedersdorf, Conor. A Uniquely Terrible New DEI Policy. In: The Atlantic, 13. Oktober 2023. Online: https://www.theatlantic.com/ideas/archive/2023/10/dei-policy-california-community-college/675629/.

52 Saad. The Parasitic Mind, S. 69.

Arbeiten in den sogenannten Science Studies ihre Wissenschaft selbst darauf aufbauen zu analysieren, inwiefern ganze Institutionen nur Wegbereiter von systemischer Unterdrückung seien. Eine in diesem Zusammenhang besonders von Kritikern oft genannte Arbeit ist die Untersuchung der Gletscherforschung aus genderwissenschaftlicher Perspektive, deren Inhalt sich kurz zusammenfassen lässt: Primär werden Gletscher von Männern erforscht, daher ist Gletscherforschung sexistisch, und wäre sie egalitärer besetzt, wäre sie zum einen eine bessere Wissenschaft, zum anderen würde sie nicht mehr Sexismus reproduzieren.[53]

Das Erstaunliche daran ist, dass es gerade jene sind, die die Vorurteile und Wahrnehmungsverzerrungen – den Bias – der anderen in ihren Texten kritisieren, die dabei ihre eigenen Vorurteile offen zur Schau stellen. Ein Phänomen, das sich *bias bias* nennt und das Vorurteil bezeichnet, dass alle anderen Vorurteile hätten, man selbst jedoch nicht.[54] Auch sind es gerade jene Texte, die selbst oft keine belastbarere Methodik als jene der Interpretation anwenden.

Wir führen dies darauf zurück, dass Menschen grundsätzlich versuchen zu vermeiden, mit Inhalten in Berührung zu kommen, die ihren ideologischen Überzeugungen widersprechen könnten,[55] denn ein Glaube lässt sich weniger leicht argumentativ begründen und auf diese Art gegen Andersgläubige

53 Carey, Mark / Jackson, M. / Antonello, Alessandro / Rushing, Jaclyn. Glaciers, gender, and science: A feminist glaciology framework for global environmental change research. In: Progress in Human Geography. 2016, Vol. 40, No. 6, S. 770–793. Online: https://journals.sagepub.com/doi/10.1177/0309132515623368.

54 Pronin, Emily / Lin, Daniel Y. / Ross, Lee. The Bias Blind Spot: Perceptions of Bias in Self Versus Others. In: Personality and Social Psychology Bulletin 28, no. 3 (March 2002), S. 369–381. Online: https://doi.org/10.1177/0146167202286008.

55 Frimer, Jeremy A. / Skitka, Linda J. / Motyl, Matt. Liberals and conservatives are similarly motivated to avoid exposure to one another's opinions. In: Journal of Experimental Social Psychology, Volume 72, 2017, S. 1–12. Online: https://www.sciencedirect.com/science/article/pii/S0022103116304024 – immerhin etwa 1000 Probanden.

weniger leicht verteidigen als wissenschaftliche Fakten. Gerade Studenten würden also, um ihren Glauben auf die Probe zu stellen, davon profitieren, möglichst vielen Ansichten ausgesetzt zu sein, auch um die Unterscheidung zwischen Behauptungen und wissenschaftlichen Tatsachen zu prüfen. Hier gibt es nachweislich ein Problem: Die Universitäten sind, die Themen unseres Buches betreffend, ideologisch weitgehend konform und nichts prägt ein Weltbild so sehr wie die tagtägliche Umgebung.[56]

Spannend ist daran, dass die postmoderne Theorie zur hegemonialen Herrschaft davon ausgeht, dass Mächtige die Gesellschaft – auch sprachlich – organisiert haben, um für sie nützlich zu sein. Dies geschieht durch die Legitimation dessen, was sie als Wahrheit betrachten: die Erwartung zivilisierter, vernunftgeleiteter Debatten und das Verweisen auf objektive Beweise oder gar die Regeln der Grammatik – man könnte diese Art der Theorie als eine Art Verschwörungstheorie betrachten, wären in dieser Denkweise nicht sämtliche Menschen im System Mittäter.[57] Die ironische Komponente, die dem Leser hierbei kaum entgangen sein wird, ist, dass gerade in den Studienfächern, die solches lehren, Behauptungen als wissenschaftlich fundierte Wahrheit legitimiert werden, wie zum Beispiel, dass Sprache Macht sei. Man ist sich dort sicher, im Gegensatz zu dem, was zum Beispiel Foucault über dynamische Machtsysteme geschrieben hat, dass diese Systeme, die entscheiden, was wahr sei, patriarchal, sexistisch, rassistisch und heteronormativ geprägt seien und die Perspektiven von Frauen oder Minoritäten

---

56 Saad. The Parasitic Mind, S. 66: »An analysis of political campaign donations across a broad range of industries uncovered that the four most liberal professions, in decreasing order, were the entertainment industry, academia, online computer services and newspapers and print media.« Dazu dort FN 45: Andy Kiersz and Hunter Walker, »These Charts Show the Political Bias of Workers in Each Profession,« In: Business Insider, 3 November, 2014, https://www.businessinsider.com/charts-show-the-political-bias-of-each-profession-2014-11 – die Datenbasis hier reicht zurück bis in die 1980er Jahre nach Wahlspenden für die Demokraten und Republikaner.

57 Pluckrose/Lindsay. Cyncial Theories, Chapter 1.

ausklammern würden – und das systematisch und ausnahmslos.[58]

Die Theorien im Hintergrund, die wir in Kapitel 2 und 3 kennengelernt haben, machen es möglich, für Gelehrte etwas damit zu bewerkstelligen: Wenn Wissen ein Konstrukt der Macht ist, das durch die sprachlichen Formen funktioniert, dann kann Wissen geändert werden, indem man Sprache und in der Folge die Macht selbst ändert. In der Anwendung bedeutet dies, dass Texte, Filme, Theaterstücke etc. problematisiert werden, wenn sie nicht den gewünschten Forderungen entsprechen, was in den Neunzigern des letzten Jahrhunderts in politischer Korrektheit mündete und seit den Zehnerjahren dieses Jahrtausends immer schneller und weiter um sich zu greifen begann.

All diese Ideen mündeten schließlich in Aktivismusstudien, die den Annahmen folgen, dass es verbale Gewalt gäbe sowie Studenten sichere Räume (Safe Spaces) und Triggerwarnungen[59] für Sucht, Blut, Erbrochenes, Rassismus, Fluchsprache oder Sex bräuchten, um ihr Weltbild nicht zu belasten.[60] Beim Begriff der »politischen Korrektheit« geht es daher nicht darum, Dogmen »der Linken« abzuklopfen;[61] oder darum, dass es sich um einen Kampfbegriff »der Rechten« handeln soll,[62] der keinen wirklichen Gegenstand hätte; oder gar darum, dass diese

58 Ebd., Chapter 1.

59 Saad. The Parasitic Mind, S. 98 und dort FN 14 (»What is Exporsure Therapy?« PTSD Guideline, American psychological Association, July 2017).

60 Pluckrose/Lindsay. Cyncial Theories, Chapter 2.

61 Siehe Weigel, Moira. Political correctness: how the right invented a phantom enemy. In: The Guardian, 30. November 2016. Online: https://www.theguardian.com/us-news/2016/nov/30/political-correctness-how-the-right-invented-phantom-enemy-donald-trump.

62 Karsta, Frank. Political Correctness: Ein Stigmawort. In: Diekmannshenke, Hajo/Klein, Josef Klein (Hg.). Wörter in der Politik. Analysen zur Lexemverwendung in der politischen Kommunikation. VS Verlag für Sozialwissenschaften (Opladen 1996), S. 185–218; Wilson, John K. The Myth of Political Correctness. The Conservative Attack on Higher Education. Duke University Press Books (Durham, N.C. 1995); Wilson, John K. Myths and Facts: How Real is Political Correctness? In: William Mitchell Law Review 22/2 (1996), S. 517–543.

Geisteshaltung direkt vom Neoliberalismus verordnet wurde:[63] Die Auseinandersetzungen drehen sich um die Frage, ob einfache sprachmagische Lösungen komplexen realen Umständen gerecht werden.

6.2.2. Pseudowissenschaft, Bias und der Kampf gegen Windmühlen

Die zweite, praktische Ursache für das Versagen der Universitäten ist im etablierten Forschungsbetrieb selbst zu finden, in Form mangelhafter Peer-Review-Prozesse und eines stark outputorientierten *Publish-or-Perish*-Systems.

Was ist in der Regel notwendig, um mithilfe der sozialen Fakten harte Fakten zu eruieren, und wie kann man sich vor Pseudowissenschaft schützen? Grundsätzlich verwenden alle Menschen dieselben Methoden von Induktion, Deduktion und Einschätzung von Beweisen, wie es Physiker oder Chemiker tun. In der Wissenschaft sollte dies nur sorgfältiger, systematischer, mit Kontrollmechanismen, statistischen Tests und mit dem Bestehen auf Replikation – also oftmaliger Wiederholbarkeit – geschehen.[64]

Was Leser an Texten aus der Wissenschaft skeptisch machen sollte, ist daher immer, wenn sie gefüllt sind mit A-priori-Argumenten, also Voraussetzungen, die nicht infrage gestellt werden dürfen, von deren Wahrheitsgehalt der gesamte Text abhängt. Denn wie wir seit Kapitel 4 wissen, führen unbewiesene Behauptungen oft zu falsch interpretierten oder in der Literatur zuvor nie begründeten Aussagen und folglich zur Reproduktion von falschen Aussagen unter dem Deckmantel der Wissenschaft. Auch große Enthüllungen oder als unantastbar und

---

63 Pfaller, Robert. Erwachsenensprache. Über ihr Verschwinden aus Politik und Kultur. Fischer Taschenbuch (Frankfurt am Main 2017; 3. Auflage 2018). Eine Behauptung, die er niemals begründet, jedoch häufig wiederholt. Die häufige Wiederholung von Slogans (Sprache ist Macht) führt jedoch nicht zur Wahrheit.

64 Sokal. Beyond the Hoax, S. 178.

unkritisierbar geltende Texte, auf denen sie basieren, und Argumente, die sich auf die Autorität von anderen stützen, sind mit Vorsicht zu genießen. Replikationen von Studien, anonyme Peer Reviews, Protokolle und Tests dagegen sind gute Anzeichen für solidere Forschung und es gibt viele weitere Methoden in der Wissenschaft und es wird zukünftig noch viele mehr geben, denn die Methodik, wie man die Richtigkeit einer Behauptung überprüft, ist nicht immer dieselbe und unterschiedliche Fakten müssen auf unterschiedliche Art geprüft werden – im Zweifelsfall muss deshalb die Art der Überprüfung angepasst werden.[65]

Diese Methoden lassen zudem die Grenze zwischen Pseudowissenschaft und Wissenschaft erkennen: In einer Pseudowissenschaft werden Annahmen vorausgeschickt über reale oder angebliche Phänomene (zum Beispiel »Sprache ist Macht«, »Formen haben Einfluss auf das Denken«) und über reale oder angeblich ursächliche Beziehungen (zum Beispiel »Ändern wir die Sprache, so ändern wir die Welt«). Ebenso kommen Argumente und Beweise nach Standards von Logik und Beweisführungen aus der ernstzunehmenden Wissenschaftsmethodologie zu kurz.[66] Interessant ist hierbei, dass Pseudowissenschaften Annahmen treffen, von deren Objektivität sie ausgehen, selbst wenn sie aus dem Umfeld solcher Wissenschaften kommen, die ansonsten davon ausgehen, dass es Objektivität nicht gebe.[67]

---

65 Ebd., S. 180.

66 Ebd., S. 265f.

67 Ritchie. Science Fictions, S. 118f und dort FN 108: »Cordelia Fine, ›Feminist Science: Who Needs It?‹, Lancet 392, no. 10155 (Oct. 2018): pp. 1302–3; https://doi.org/10.1016/S0140-6736(18)32400-0«; sowie FN 109: »109. Ibid. p. 1303. This is a version of ›Standpoint Theory‹, a philosophical position that has its roots in Karl Marx's writings, and emphasises that a person's own identity or experiences (for Marx, it was the identity and experience of the working class) are what shapes their view on reality, and that we should listen particularly to the perspectives of marginalised people, whose views we might otherwise miss. See the section on Standpoint Theory in Elizabeth Anderson, ›Feminist Epistemology and Philosophy of Science‹, The Stanford Encyclopedia of Philosophy, ed. Edward N. Zalta (Spring 2020 Edition); https://plato.stanford.edu/archives/spr2020/entries/feminism-epistemology«.

Erinnern wir uns daran, dass Forscher wie Wehling oder Stefanowitsch oder auch Lakoff ihre persönlichen Interpretationen als wissenschaftliche Ergebnisse framen. Oft werden empirische Beweise fahrlässig überinterpretiert, die Glaubenssätze in den Konklusionen reproduziert, auch wenn sie mit den Daten nicht übereinstimmten – wie zum Beispiel von Pusch bis Boroditsky. Häufig ist dies schwierig zu erkennen, da Pseudowissenschaften oft logische, soziologische und auch terminologische Charakteristika von Wissenschaft übernehmen. Sie erstellen ein im Inneren logisch zusammenhängendes System, das scheinbar eine große Menge an Phänomenen auf einmal erklären kann.[68] All dies sollte uns aus unseren letzten Kapiteln recht bekannt vorkommen.

Der schottische Psychologe und Wissenschaftskommunikator Stuart J. Ritchie arbeitet in seinem Buch *Science Fictions. How Fraud, Bias, Negligence, and Hype Undermine the Search for Truth* exzellent heraus, worin Studien in der Regel fehlgehen: Gründe sind Bias – die Mischung aus Wissen und Wunschdenken und damit die systematische Entfernung der Ergebnisse von der Wahrheit,[69] aber auch Fehler wie Unaufmerksamkeit, Schlampigkeit, schlechte Ausbildung, Vergesslichkeit, Apathie und Inkompetenz führen zu schlechten Studien – oft reicht ein Tippfehler in den Daten.[70] Ein gar zu großer Hype um einzelne Studien, noch bevor sie überprüft worden sind, durch zum Beispiel Pressemeldungen, kann zu einem falschen Bild der tatsächlichen Sachverhalte führen. Auch wird gerade bei als revolutionär dargestellten Ergebnissen oft übersehen, worauf sie sich beziehen: So sind mehr als 90 Prozent aller neurowissenschaftlichen Resultate von Studien an Tieren nicht auf den

68 Sokal. Beyond the Hoax, S. 266.

69 Ritchie. Science Fictions, S. 83, FN 7: David L. Sacked »Bias in Analytic Research« in The Case Control Study Consensus and Controversy, Elsevier 1979, S. 51–63.

70 Ritchie. Science Fictions, S. 125.

Menschen übertragbar.[71] Korrelation, das gemeinsame Auftreten von Phänomenen, wird gerne mit Kausalität, also ursächlichen Beziehungen verwechselt.[72] Wenn der Antrieb der Wissenschaftler Geld, die Notwendigkeit eines publikationsschweren Lebenslaufes, Zeitknappheit oder der Zwang, etwas besonders Neues oder Weltbewegendes zu veröffentlichen, ist, führt dies zu Fehlern und im Falle sogenannter *»predatory journals«* sogar dazu, dass pseudowissenschaftliche Ergebnisse im sokalschen Sinne veröffentlicht werden. Leider nimmt auch die Menge unseriöser, angeblich wissenschaftlicher Medien stets zu, in denen Überprüfung schlicht gar nicht existiert,[73] oder wissenschaftliche Ergebnisse verkommen in der medialen Darstellung durch stark verkürzte Statements zu einer quasi kirchlichen Lehre, die Wissen lehrt und dieses so verzerrt, dass sie nahezu falsch ist.[74]

---

71 Ritchie. Science Fictions, S. 148f und dort FN 20: »J. P. Garner, ›The Significance of Meaning: Why Do Over 90% of Behavioral Neuroscience Results Fail to Translate to Humans and What Can We Do to Fix It?‹, ILAR Journal 55, no. 3 (20 Dec. 2014): 438–56; https://doi.org/10.1093/ilar/ilu047«.

72 Ritchie. Science Fictions, S. 150.

73 Ritchie. Science Fictions, S. 179–182 und dort FN 11: »https://www.ref.ac.uk. Other countries have debated and ultimately decided not to use similar processes: Gunnar Sivertsen, ›Why Has No Other European Country Adopted the Research Excellence Framework?‹, LSE Impact of Social Sciences, 18 Jan. 2018; https://blogs.lse.ac.uk/impactofsocialsciences/2018/01/16/why-has-no-other-european-country-adopted-the-research-excellence-framework/«; sowie FN 21: »All that said, I should acknowledge a study that appears to go against my argument: Daniele Fanelli et al., ›Misconduct Policies, Academic Culture and Career Stage, Not Gender or Pressures to Publish, Affect Scientific Integrity‹, PLOS ONE 10, no. 6 (17 June 2015): e0127556; https://doi.org/10.1371/journal.pone.0127556«; sowie FN 29: »The University of Colorado Denver librarian Jeffrey Beall waged a one-man campaign against predatory journals. See Jeffrey Beall, ›What I Learned from Predatory Publishers‹, Biochemia Medica 27, no. 2 (15 June 2017): pp. 273–78; https://doi.org/10.11613/BM.2017.029. See also Pravin Bolshete, ›Analysis of Thirteen Predatory Publishers: A Trap for Eager-to-Publish Researchers‹, Current Medical Research and Opinion 34, no. 1 (2 Jan. 2018): pp. 157–62; https://doi.org/10.1080/03. 007995.2017.1358160 and Agnes Grudniewicz et al., ›Predatory Journals: No Definition, No Defence‹, Nature 576, no. 7786 (Dec. 2019): pp. 210–12; https://doi.org/10.1038/d41586-019-03759-y«.

74 Gross/Levitt. Higher Superstition, S. 244.

Wenn Wissenschaftler Nullresultate bei ihren Studien feststellen müssen, entscheiden sie sich zudem häufig dagegen, sie zu veröffentlichen, und auch für Journale sind diese weniger interessant, was die positiven Resultate in veröffentlichter Literatur unrealistisch hoch macht.[75] Oft wird einfach im Nachhinein die Fragestellung eines derartigen Nullresultat-Artikels geändert und Ergebnisse werden als »signifikant« bezeichnet. Sie signifizieren jedoch letztlich nur, dass in den Daten etwas bemerkbar ist, nicht, dass dies auch zwingend wert ist, bemerkt zu werden. Wir sehen dies auch an den in Kapitel 5 genannten Studien, die häufig niedrige Probandenzahlen haben: Kleinste statistische Ergebnisse, dargestellt in Prozentzahlen, wirken dadurch wie große Beweise.[76] Wenn Butler oder Hornscheidt häufig zitiert werden, ist es also noch lange kein Indikator dafür, dass die Ergebnisse ihrer Arbeit korrekt sind; so weisen die meisten veröffentlichten Ergebnisse aufgrund all dieser Probleme traurigerweise grobe Fehler auf.[77]

Häufig bekommt man auch nicht die Studie, sondern nur eine Zusammenfassung zu Gesicht und hier mangelt es an Transparenz, genauso wie in der statistischen Aufarbeitung und an Fragestellungen, die nicht einfach geändert werden sollten, um zu den Daten zu passen (wie wir an unserer Studie zu gegenderten Berufen gesehen haben) – Qualität muss vor Quantität gehen und gerade Nullergebnisse haben ihre Berechtigung in der Forschung, denn sie sagen ebenfalls etwas über die Welt aus und es wäre doch eigenartig, stellten Wissenschaftler stets nur Thesen auf, die sie beweisen können – niemand ist so gut darin,

---

75 Ritchie. Science Fictions, S. 85 und dort FN 11–12: »Robert Rosenthal, »The file Drawer Problem and tolerance for null Results« in Psychological Bulletin 86, no3 1979 p. 638–41«.

76 Ritchie. Science Fictions, S. 201 und S. 89 und dort FN 20: »David Salsburg, The Lady Tasting Tea: How Statistics Revolutionized Science in the Twentieth Century (NY: Holt 2002)«.

77 Ebd., S. 42 und dort FN 70: »John P.A. Ioannidis: Why Most Published Research Findings Are False, PLOS Madicine 2, no8, 2005 e124«.

stets zu erraten, was hinter einem Phänomen steckt, selbst dann nicht, wenn man über viel Vorwissen verfügt oder auf Vorwissen anderer zurückgreifen kann.[78]

Wie konnte es dazu kommen, dass ein scherzhafter »wissenschaftlicher« Artikel, wie jener Sokals, in einem renommierten sozialwissenschaftlichen Magazin erscheinen kann? Indem dort nicht kritisch überprüft wurde, ob sich die Behauptungen im Text noch an wissenschaftlichen Idealen und Methoden orientieren, sondern ein persönlich-ideologisches Wunschdenken vorherrschte. Betrachten wir den Peer-Review-Prozess:[79] Peer Review bedeutet, dass andere Forscher die Ergebnisse einer kritischen Lektüre unterziehen, bevor diese publiziert werden. Akademische Zeitschriften haben üblicherweise einen Herausgeber, eventuell Mitherausgeber und eine Redaktion aus Experten in dem jeweiligen Fachgebiet. Der Peer-Review-Prozess beginnt, wenn das Manuskript bei der Zeitschrift einlangt und der Redakteur entscheidet, ob es qualitativ ausreichend ist und zum Thema des Journals passt. Entweder wird der Artikel gleich abgelehnt oder an fachlich kompetente Gutachter weitergegeben, damit sie ihre akademische Einschätzung dazu äußern können, manchmal wird noch um Änderungen oder Präzisierungen gebeten. In einer Double-Blind-Peer-Review wissen Autor und Gutachter nicht, wer der jeweils andere ist. Dies kann mehrere Runden lang so gehen, das heißt, ein wissenschaftlicher Artikel ist im Idealfall über Wochen und Monate von Kollegen im selben Feld evaluiert worden. Jedoch kann es vorkommen, dass großartige Artikel abgelehnt und schwache akzeptiert werden. Manche Journale veröffentlichen aus Prinzip keine Artikel, die vorherige Experimente replizieren, egal, ob diese Studien zum gleichen Ergebnis kommen.[80]

---

78 Ebd., S. 204–237.

79 Saad. The Parasitic Mind, S. 58f.

80 Ritchie. Science Fictions, S. 3. Dort verwiesen auf Peter Aldhous: Journal Rejects Studies Contradicting Precognition, New Scientist, 5. Mai 2011: www.

Bei der Menge an Publiziertem in jedem der sozial- und geisteswissenschaftlichen Felder ist es für Forscher mittlerweile nahezu unmöglich, sämtliche Aussagen, die sich als Konglomerate in derlei Texten finden, auf ihre Richtigkeit bis zu ihrer Quelle hin zu überprüfen – geschweige denn zur Quelle hinter der Quelle. Für junge Wissenschaftler eröffnet sich hier das zusätzliche Problem des *Publish-or-Perish*-Systems: Wer nicht publiziert, erhält oft keine weiteren Projekte bewilligt und verliert folglich seine Förderungen, die Forschung erst ermöglichen. Ein Druck, der für hohes Tempo, aber wohl kaum für hohe Qualität sorgt. Wissenschaftliche Zeitschriften zeigen zudem Bias, wenn es um das Publizieren von Inhalten geht, die anderen publizierten Inhalten im gleichen Magazin widersprächen. Lieber wird – manchmal sogar nur eigentlich bereits Bekanntes[81] – festgestellt und gelehrt, anstatt wissenschaftlicher Dissens dargestellt. Denn tatsächlich stecken viele Arten der Überprüfungen und ihre neuen, digitalisierten Methoden noch in den Kinderschuhen. Eine Studie, die ein einziges Mal erfolgreich durchgeführt wurde, jedoch die nächsten zehn Male versagt hat, kann viel zu leicht als »gesichertes Wissen« in der Welt der Massenmedien landen und in Folge damit auf lange Zeit die Gesellschaft beeinflussen.[82]

Gesetzt den Fall, in einem Feld werden seit Jahrzehnten dieselben Grundannahmen reproduziert, und gesetzt den Fall,

---

Newscientist.com/article/dn20447-journal-refects-studies-contradicting-precogintion/.

81 Der US-amerikanische theoretische Physiker Richard Feynman (1918–1988) prägte 1974 in einer Rede den Begriff »*cargo cult science*«: Wenn Wissenschaft nicht mehr rigoros und skeptisch vorgeht in ihrem Streben nach Erkenntnis, sondern sich zu formal korrekten, aber bloßen symbolischen Handlungen entlang bereits etablierter Hypothesen und Paradigmen reduziert, die wenig Nutzen haben und eher der Befriedigung von Eitelkeiten und Ruhmsucht dienen. Siehe dazu: Feynman, Richard P. Cargo Cult Science. In: Engineering and Science, 37 (7) 1974, S. 10–13. Online: https://calteches.library.caltech.edu/3043/1/CargoCult.pdf.

82 Siehe umfassend https://replicationindex.com/ und Ritchie. Science Fictions, Chapter »Hype«, S. 145–171.

ein Artikel trifft die gleichen Grundannahmen, kommend aus Theorien ohne entsprechenden empirischen Unterbau, wie sie schon seit Jahrzehnten in einem Feld verbreitet werden, und er baut auf diese ein Nonsense-Paper auf, dann erst kann es zu einer solchen Veröffentlichung kommen. Sokal hat damit auf einfache wie eindrucksvolle Weise gezeigt, welche Probleme das Feld der Sozialwissenschaften, beständig andere Wissenschaften kritisierend, selbst aufweist. Nur interne Kriterien für eine Wissenschaft zu haben und mit nicht mehr zu überprüfenden, weil dogmatisch gesetzten Annahmen zu arbeiten, kapselt sie nämlich zunehmend von der restlichen Welt ab.[83] Welche neuen Ideen plausibel klingen, hängt zudem immer von dem ab, was jemand ohnehin glaubt, und dies wiederum hängt stark von anderen Individuen in seiner Umgebung ab – was wiederum – auch in Forscherkreisen – zu einem Konsens über eine Idee führt, ohne etwas über die empirischen Belege der Idee in der externen Welt auszusagen.[84] Wir kämpfen also gegen Windmühlen im eigenen Kopf.

Dies ist der Grund, warum es wichtig ist, wissenschaftliche Methoden zu entwickeln, um verlässliche Informationen zu suchen, die nicht auf subjektiven Glaubenssätzen aufbauen – wären Wissenschaftler immer objektiv, wäre es nicht notwendig, solche Prozesse auszuarbeiten: Auf etablierte Methodik zu bestehen zeugt von der langen Tradition der Erkenntnis, dass Wissenschaftler als Menschen eben nicht objektiv sind – die

83 Ein erschreckendes Beispiel für dieses sich selbst von neuen Erkenntnissen abschließende Inseldenken ist das vollständige Wegignorieren der umfassenden Erkenntnisse Steven Pinkers zum Thema Sex und Gender in der Wissenschaft der Gender-Soziologie. Pinker, Steven. The Blank Slate. The Modern Denial of Human Nature (Penguin Books, New York 2002). Siehe dazu: Stern, Charlotta. Undoing Insularity: A Small Study of Gender Sociology's Big Problem. In: ECON JOURNAL WATCH 13(3) September 2016, S. 452–466. Online: https://econjwatch.org/articles/undoing-insularity-a-small-study-of-gender-sociology-s-big-problem.

84 Sowell, Thomas. Intellectuals and Society. Basic Books (New York 2009; Revised and Enlarged Edition von Basic Books, New York 2011), S. 9.

methodische Herangehensweise soll verhindern, dass sie Fakten nach Gutdünken filtern können.[85] Wissenschaft besteht nicht aus Konsens allein. Die Aufgabe der Universitäten ist nicht, die Dogmen eines Konsenses zu lehren, sondern für eine wissenschaftliche Ausbildung zu sorgen – dies bedeutet, dass Studenten Methodiken zur Überprüfung von Fakten, bis diese als solche gelten können, kennenlernen müssen, ebenso wie die Fähigkeit, unbewiesene Annahmen zu hinterfragen.

Soll also Wissenschaft sich fernhalten von allen moralischen Werten? Ob und wie wertfrei, neutral oder objektiv Wissenschaft sein kann, wird sie doch von Wissenschaftlern betrieben, die all dies nicht sein können, ist ein strittiges Thema seit der Antike.[86] Neutralität ist letzten Endes unerreichbar und das Nächstmögliche zur Objektivität wäre Intersubjektivität.[87] Werte sind insofern aus der Forschung nicht wegzudenken, als sie überhaupt erst zur Auswahl dessen führen, was erforscht werden soll.[88] Man könnte sogar behaupten, dass Forschung objektiv ist aufgrund dessen, dass sie wertgetrieben ist, denn die Werte regen auch die Überprüfung von vermeintlich gesichertem Wissen an. Als prominentes Beispiel ist hier die feministische Kritik an der archäologischen Forschung zu nennen, die ohne diese Arbeit aus dem feministischen Sektor längst nicht auf ihrem gegenwärtigen Stand wäre.[89]

---

85 Sowell. Intellectuals and Society, S. 220.

86 Proctor, Robert N. Value free Science – Purity and Power in Modern Knowledge. Harvard University Press (Cambridge, MA 1991).

87 Lacey, Hugh. Is Science Value Free? Values and scientific understanding (series Philosophical Issues in Science; edited by W.H. Newton-Smith). Routledge (London 1999), hier S. 5–13.

88 Lacey. Is Science Value Free?, 203f und Kincaid, Harold/Dupré, John/Wylie, Alison. Introduction. In: Kincaid, Harold/Dupré, John/Wylie, Alison (eds.). Value-Free Science: Ideals and Illusions? Oxford University Press (Oxford 2007), S. 3–26.

89 Wylie, Alison/Nelson, Lynn Hankinson. Coming to Terms with the Values of Science: Insights from Feminist Science Studies Scholarship. In: Kincaid, Harold/Dupré, John/Wylie, Alison (eds.). Value-Free Science: Ideals and Illusions? Oxford University Press (Oxford 2007), S. 58–86, hier S. 58f.

In der Psychologie zum Beispiel gibt es eine nachgewiesene Tendenz, dass Forscher eher liberal und weniger konservativ sind.[90] Daher ist es kein Wunder, dass sich einige im Feld zu einem Plädoyer für mehr ideologische Diversität in der Forschung, um ideologischem Bias vorzubeugen, durchgerungen haben. Gerade weltanschauliche Diversität sei wichtig, um ideologischem *confirmation bias* und *group think* vorzubeugen, gewissermaßen die Löcher und Unschärfen in Thesen zu finden, an denen es weiter zu arbeiten gelte, anstatt gewisse Annahmen als unverrückbare Fakten darzustellen und kritische Hinterfragung im Sinne einer Erkenntnissteigerung zu unterdrücken.[91] Doch den Gründen für diesen Mangel ideeller Diversität ist nicht leicht beizukommen, denn nicht nur Diskriminierung politisch Andersdenkender, sondern auch zum Beispiel unterschiedliche Interessen und damit weniger konservative Denker in der Psychologie sind Teil davon.[92] Wir halten diesen Ansatz für vernünftig, denn niemand wird sorgfältiger nach Löchern in Thesen suchen als die politischen Gegner. Nur so können Fehlleistungen durch ideologischen Bias und all der Sexismus und Nepotismus, die daraus resultieren, aufgelöst werden, denn allein entkommt man ihnen nicht.[93]

---

90 Inbar, Yoel/Lammers, Joris. Political Diversity in Social and Personality. In: Perspectives on Psychological Science Vol. 7, No. 5 (September 2012), S. 496–503 und Redding, Richard E. Sociopolitical diversity in psychology: The case for pluralism. In: American Psychologist, Vol 56(3), Mar 2001, S. 205–215.

91 Siehe dazu Rauch, Jonathan. The Constitution of Knowledge. A Defense of Truth. Brookings Institution Press (Washington, D.C., 2021), Chapter 7, »Canceling: Despotism of the Few«, S. 189–231 und Mounk. The Identity Trap, Chapter 7, »Dissent Discouraged«, S. 113–126.

92 Duarte, José L./Crawford, Jarret T./Stern, Charlotta/Haidt, Jonathan/Jussim, Lee/Tetlock, Philip E. Political diversity will improve social psychological science. In: Behavioral and Brain Sciences, Volume 38, 2015, e130, hier S. 8–10. Online: https://www.cambridge.org/core/journals/behavioral-and-brain-sciences/article/abs/political-diversity-will-improve-social-psychological-science1/A54AD4878AED1AFC8BA6AF54A890149F.

93 Kay, Brad W. Evaluating Scientists: Examining the Effects of Sexism and Nepotism. In: Kincaid, Harold/Dupré, John/Wylie, Alison (eds.). Value-Free

Auch die Frage, wie all diese Ergebnisse an die Öffentlichkeit geraten und eifrig weiterverbreitet werden, wäre eine eigene Untersuchung wert, die unseren hiesigen Rahmen sprengen würde. Angemerkt sei hier nur, dass mittlerweile zunehmend heftig darüber diskutiert wird, ob Journalisten und Medienmacher im politischen Spektrum zu weit nach links tendieren.[94] Der Gegenstand unserer Untersuchung – die politisch korrekte Sprache – wird zudem eindeutig mit der linken, progressiven Seite des politischen Spektrums assoziiert, jedoch halten wir es für naheliegend, dass gerade Mythen über Macht durch Sprache auch bei konservativen Medienmachern auf fruchtbaren Boden fallen – wenn man, so wie auch wir, dem schreibenden Teil einer Gesellschaft angehört, ist es naheliegend, wie es das auch für uns war, an diesen von Hoffnung geprägten Mythos zu glauben. Wir können über politische Einstellungen und deren Verbindung zu Sprache jedoch nur mutmaßen.

Wie lässt sich heute, vor dem Hintergrund eines anhaltenden ideologisch aufgeheizten Paradigmenkonfliktes darüber was wissenschaftlich ist, und der Realität von Peer-Review-Prozessen, die teils mangelhaft sind, sowie dem Druck, möglichst vieles und Bedeutungsvolles zu publizieren, um in der Universitätsmaschinerie weiterhin beschäftigt zu bleiben, noch solide Forschung betreiben, die Erkenntnisse liefert, welche einer Überprüfung standhalten?

Einen guten Richtwert dafür bieten erstens die vom US-amerikanischen Soziologen Robert K. Merton (1910–2003) aufgestellten Normen:[95] Forschung soll universalistisch sein. Das bedeutet, unabhängig von Geschlecht, Alter, sozialem und

---

Science: Ideals and Illusions? Oxford University Press (Oxford 2007), S. 87–106, hier S. 94.

94 Hopmann, David Nicolas/Elmelund-Præstekær, Christian/Levinsen, Klaus. Journalism students: Left-wing and politically motivated? In: Journalism. 11(6), December 2010, S. 661–674. Online: DOI:10.1177/1464884910379706.

95 Ritchie. Science Fictions, S. 21 zu »Mertonian Norms« und dort FN 20: »Robert K. Merton, The Normative Structure of Science (1942), The Sociology of

kulturellem Hintergrund müsste das Ergebnis stets das gleiche sein, soweit die Methodik korrekt ist. Wissenschaftler sollten desinteressiert an Geld, politischen, ideologischen Motiven oder ihrem Ruf sein, sondern um das Verstehen des Universums bemüht sein. Sie sollten ihr Wissen teilen und einem organisierten Skeptizismus folgen – nichts ist heilig und eine wissenschaftliche Behauptung sollte niemals einfach hingenommen werden. In der offensichtlichsten Form wäre dies die Aufgabe der Peer Reviews. Denn schließlich ist Wissenschaft gesellschaftlich relevant, durch nicht replizierbare Studien steht ihr Ruf auf dem Spiel und im Falle der Medizin sind es sogar Menschenleben.[96]

Zweitens ist es auch von hoher Relevanz, das bereits vorhandene und ständig weiter produzierte Wissen überprüfen und in seiner Qualität beurteilen zu können. Dazu hat Stuart Ritchie eine exzellente Hilfestellung erarbeitet:[97]

- Sind die Autoren ernst zu nehmen, von Universitäten mit entsprechendem Ruf? Handelt es sich um ein professionelles Journal?
- Wie transparent ist es? Wurde es online registriert? Wurde zwischen Registrierung und Ergebnis etwas in der Fragestellung geändert?
- Ist die Studie gut designt? Gibt es Kontrollgruppen? Sind suggestive Elemente enthalten? Wie zufällig sind die Probanden? Schließt man von ausschließlich männlichen Mäusen auch auf weibliche und dann auch auf Menschen? Sind Studienteilnehmer ausschließlich oder nahezu ausschließlich Studenten?
- Wie viele Teilnehmer hat eine Studie (*sample size*)?

Science: Empirical and theoretical Investigations (Chicago and London: University of Chicago Press, 1973), pp. 267–278«.

96 Ebd., S. 36.

97 Ritchie. Science Fictions, S. 248–254 (Paraphrasierung und Adaptierung aus dem Englischen durch die Autoren).

- Wie groß ist der Effekt? Gibt es Formulierungen wie zum Beispiel »Ein Trend in Richtung signifikanter Ergebnisse« – dann sind es nämlich keine signifikanten Ergebnisse. Werden Ergebnisse übertrieben dargestellt, zum Beispiel in Pressemeldungen?
- Werden Schlüsse korrekt gezogen? Wird Korrelation für Kausalität gehalten oder wird von Äpfeln auf Birnen, Mäusen auf Menschen oder Bildern auf Worte geschlossen?
- Gibt es offensichtlichen Bias: politische oder soziale Implikationen? Wer hat für die Studie bezahlt? Eine Studie der Zuckerindustrie über Zucker oder eine der Gender Studies über sexistische Sprache?
- Wie plausibel ist das Ergebnis? Stellen Sie sich einfach vor, Sie hätten an der Studie teilgenommen, und hat die Studie dann die gestellte Frage wirklich mit diesen Mitteln beantworten können?
- Wurde die Studie repliziert?
- Was halten andere Wissenschaftler davon? Google und Twitter liefern hier die schnellsten Antworten: Und bedenken Sie, dass Ihnen das Internet informierte wie uninformierte, seriöse, unseriöse, qualifizierte und unqualifizierte *biased* und *unbiased* Antworten bringt.

Drittens wollen wir hier auch unsere Prinzipien, die wir von unseren guten Lehrern vermittelt bekommen haben, in konziser Form wiedergeben:

- Es gilt das Falsifikationsprinzip: Es ist nicht das Ziel, etwas zu beweisen, sondern etwas zu erforschen. Die Erkenntnisse müssen der Kritik zugänglich sein.
- Es gilt, eine klar definierte Forschungsfrage zu stellen, deren Beantwortung neue Erkenntnisse schaffen soll.
- Es gilt, eine nachvollziehbare Methodik zu benutzen, die dazu geeignet ist, die gestellte Forschungsfrage zu beantworten.

- Es gelten die Prinzipien der Objektivierbarkeit, Reliabilität und Validität für die Fragen und Erkenntnisse.
- Es gilt das Verbot, die Erkenntnisse auf eine allgemeine Gültigkeit auszudehnen, ihre Gültigkeit beschränkt sich auf den Gegenstand der Untersuchung.

6.2.3. Sprachwissenschaften und Gender Studies – der deutschsprachige Raum im Spannungsfeld zwischen französischen und amerikanischen Theorien

Man könnte nun meinen, dass uns diese Entwicklungen im deutschsprachigen Raum nicht dermaßen betreffen, doch Universitäten sind auch international gut vernetzt und man wird in den Genderwissenschaften genau jene Literatur finden, die wir in diesem Buch, wenngleich nicht erschöpfend, behandelt haben. Wenn man Wissenschaft als Forschungsmethodik betrachtet, die dem Prinzip einer Überprüfbarkeit und Replizierbarkeit faktenbasierter Argumentation folgt, ist sie das Gegenteil von Ideologie im Sinne einer weltanschaulichen Idee zur Erreichung politischer und gesellschaftlicher Ziele.[98] Die Ideale der

98 Schulze-Eisentraut, Harald / Ulfig, Alexander. Einleitung. In: Schulze-Eisentraut, Harald / Ulfig, Alexander (Hg.). Gender Studies – Wissenschaft oder Ideologie? Deutscher Wissenschafts-Verlag DWV (Baden-Baden 2019), S. 2–15; Hark, Sabine / Villa, Paula-Irene. »Eine Frage an und für unsere Zeit« Verstörende Gender Studies und symptomatische Missverständnisse. In: Hark, Sabine / Villa, Paula-Irene (Hg.). Anti-Genderismus. Sexualität und Geschlecht als Schauplätze aktueller politischer Auseinandersetzungen. Transcript Verlag (Bielefeld 2015), S. 15–40, hier besonders S. 20–25; Villa, Paula-Irene. Das Subjekt Frau als Geschlecht mit Körper und Sexualität. Zum Stand der Frauenforschung in der Soziologie. In: Orth, Barbara / Schwietring, Thomas / Weiß, Johannes (Hg.). Soziologische Forschung: Stand und Perspektiven: Ein Handbuch. Leske + Budrich (Opladen 2003), S. 155–167; Mogge-Grotjahn, Hildegard. Die zweite Frauenbewegung und die Entstehung der Frauenforschung – Entwicklung hin zu den Gender Studies. In: Mogge-Grotjahn, Hildegard (Hg.). Gender, Sex und Gender Studies. Eine Einführung. Lambertus (Freiburg im Breisgau 2004), S. 67–80, hier S. 70f; Mogge-Grotjahn, Hildegard. Männergeschichte, Frauengeschichte, Geschlechtergeschichte. In: Mogge-Grotjahn, Hildegard (Hg.). Gender, Sex und Gender Studies. Eine Einführung. Lambertus (Freiburg im

Forschung in den deutschsprachigen Gender Studies entsprechen nicht der Neutralität, Unparteilichkeit, Ergebnisoffenheit und einem Bemühen um Objektivität anstelle von Wertfreiheit, sondern vermehrt einer bewussten Parteilichkeit, die der Befreiung unterdrückter Gruppen dienen soll, und die Veränderung des Status quo ist Ausgangspunkt der »wissenschaftlichen« Erkenntnis.[99]

Ebenso folgen die Universitäten selbst im Sprachdiskurs nicht der Wissenschaft, sondern blind der unüberprüften Fortschreibung der eigenen ideologischen Dogmen, was man in der praktischen Konsequenz an Sprachrichtlinien, die auf ihren Websites zu finden sind, die sich auf jene Studien beziehen, an denen wir so vieles auszusetzen fanden, erkennen kann.[100]

Dem Vorwurf der Unwissenschaftlichkeit tritt man dort üblicherweise entgegen mit der Behauptung, andere Studien seien ebenfalls nicht objektiv.[101] Nun ist es keine besonders sinnvolle

---

Breisgau, 2004), S. 15–30; Harding, Sandra. Feministische Wissenschaftstheorie. Zum Verhältnis von Wissenschaft und sozialem Geschlecht (aus dem Amerikanischen von Michael Haupt). Argument (Hamburg, 2. Auflage 1991; englisches Original: The Science Question in Feminism. Cornell University Press (Ithaca, NY 1986)), S. 268–273.

99 Meuser, Michael. Methodologie und Methoden der Geschlechterforschung. In: Aulenbacher, Brigitte/Michael Meuser, Michael/Birgit Riegraf, Birgit (Hg.). Soziologische Geschlechterforschung. Eine Einführung. Springer (Wiesbaden 2010), S. 79–102, hier S. 80 f.

100 Siehe zum Beispiel Leitlinien zur gendergerechten Sprache der Karl-Franzens-Universität Graz: https://akgl.uni-graz.at/de/fuer-mitarbeiterinnen/sprachliche-gleichbehandlung/ und der Universität Wien: https://personalwesen.univie.ac.at/gleichstellung-diversitaet/im-ueberblick/geschlechterinklusive-sprache/ (abgerufen am 20. April 2021).

101 Scheele, Sebastian. Gender-Ideologie? Welche Fragen der Ideologie-Vorwurf aufwirft und warum gerade die Gender Studies einiges zu den Antworten beitragen. In: Frey, Regina/Gärtner, Marc/Köhnen, Manfred/Scheele, Sebastian (Hg.). Gender, Wissenschaftlichkeit und Ideologie. Argumente im Streit um Geschlechterverhältnisse. Heinrich-Böll-Stiftung (Berlin 2013; zweite, aktualisierte Auflage 2014), S. 40–50, hier 41 f. Online: https://www.boell.de/sites/default/files/gender_wissenschaftlichkeit_ideologie_2.auflage.pdf; Köhnen, Manfred. Der Unwissenschaftlichkeitsvorwurf – Zum Alleinvertretungsanspruch eines speziellen Wissenschaftsverständnisses. In: Frey, Regina/Gärtner, Marc/Köhnen, Manfred/Scheele, Sebastian (Hg.). Gender,

Verteidigung dessen, dass es kein Streben nach Objektivität gibt oder dass, sich den Gender Studies entgegenzustellen, wissenschaftsfeindlich sei (obgleich, wie wir bereits bemerkt haben, ihre Inhalte selbst Ablehnung von Wissenschaft als soziales Konstrukt lehren) oder gar, dass es sich bei Kritik an ihren Theorien um nichts anderes handeln würde als die Abwehrreaktion des Patriarchats im Kampf um Macht.[102]

Die ironische Komponente ist kaum zu übersehen, wenn, wie so häufig in Texten zu diesem Thema, der Entstehungszusammenhang einer wissenschaftlichen Theorie – nämlich, dass sie von Männern geschaffen worden ist – begründen soll, dass sie eben daher falsch oder revisionsbedürftig sei.[103] Denn schließlich nimmt man dies auch von Foucault, Derrida und unseren anderen Freunden aus Kapitel 2 nicht an, und auch Gottscheds Anmaßung, den Sexus in den Genus zu zerren, wie wir in Kapitel 5 gezeigt haben, wurde schlicht übersehen, da diese Behauptungen über Sprache eben in die Ideologie dieser Studienrichtungen passen. Oft werden institutionalisierte Männernetzwerke kritisiert, während gleichzeitig von Frauen immer

---

Wissenschaftlichkeit und Ideologie. Argumente im Streit um Geschlechterverhältnisse (aus der Reihe Schriften des Gunda-Werner-Instituts, Band 9). Heinrich-Böll-Stiftung (Berlin 2013; zweite, aktualisierte Auflage 2014), S. 51–64. Online: https://www.boell.de/sites/default/files/gender_wissenschaftlichkeit_ideologie_2.auflage.pdf.

102 Ganz, Kathrin / Meßmer, Anna-Katharina. Anti-Genderismus im Internet. Digitale Öffentlichkeiten als Labor eines neuen Kulturkampfes. In: Hark, Sabine / Villa, Paula-Irene (Hg.) Anti-Genderismus. Sexualität und Geschlecht als Schauplätze aktueller politischer Auseinandersetzungen. Transcript Verlag (Bielefeld 2015), S. 59–77.

103 Schulze-Eisentraut / Ulfig. Einleitung. In: Schulze-Eisentraut / Ulfig (Hg.). Gender Studies – Wissenschaft oder Ideologie?; Villa, Paula-Irene. Das Subjekt Frau als Geschlecht mit Körper und Sexualität. Zum Stand der Frauenforschung in der Soziologie. In: Orth, Barbara / Schwietring, Thomas / Weiß, Johannes (Hg.). Soziologische Forschung: Stand und Perspektiven: Ein Handbuch. Leske + Budrich (Opladen 2003), S. 155–167; Mogge-Grotjahn. Die zweite Frauenbewegung und die Entstehung der Frauenforschung, S. 70f; Harding. Feministische Wissenschaftstheorie, S. 268–273.

umfassendere Vernetzung, die durch diese Studien bereits stark gegeben ist, eingefordert wird.[104]

Hier können wir das Versagen der Universitäten erneut konkret einordnen: Es wurde seit Generationen verabsäumt zu überprüfen, ob jene als Wissen gehandelten unterrichteten Theorien überhaupt einen Wahrheitsgehalt und eine empirische Entsprechung in der Realität haben.[105] Auch ihr Wahrheitsgehalt in Bezug auf die Texte, auf die sie sich beziehen, wurde kaum je überprüft – und sollte sich nicht jemand, der an einer Universität lehrt, seiner Sache sicher sein? Ansonsten müsste Skepsis gelehrt werden, doch Skepsis gibt es nur gegenüber anderen Studienrichtungen und Lehrmeinungen.

Es wurden also kaum Zweifel an diesen Theorien angemeldet, da sie mit dem zuvor erworbenen Glauben, dass Sprache die Welt oder immerhin das Denken forme, einhergehen. Die viel zu spät beginnenden empirischen Untersuchungen liefern nicht die gewünschten Ergebnisse und dennoch wird unterrichtet, als täten sie genau dies. Die Wissenschaftlichkeit anderer wird systematisch infrage gestellt und zugleich die eigene (unbewusst?) über Bord geworfen. Unterteilt wird die Welt in Unterdrücker und Unterdrückte und je nachdem, welcher Identität man hier zugeordnet wird, wird mit unterschiedlichem Maß gemessen, ob ein Beitrag für wahr gehalten oder ernst genommen wird oder nicht. Darin zeigt sich eine opportunistische Prinzipienlosigkeit, die in anderen modernen Wissenschaften nicht zu finden ist.

Die Peer Reviews der Magazine, bestehend aus all jenen, die durch diese Schule gingen, werden ebenso wenig dem Anspruch

---

104 Schulze-Eisentraut/Ulfig. Einleitung. In: Schulze-Eisentraut/Ulfig (Hg.). Gender Studies – Wissenschaft oder Ideologie?; Villa, Paula-Irene. Das Subjekt Frau als Geschlecht mit Körper und Sexualität, S. 155–167; Mogge-Grotjahn. Die zweite Frauenbewegung und die Entstehung der Frauenforschung, S. 70f; Harding. Feministische Wissenschaftstheorie, S. 268–273.

105 Siehe zu dieser Problematik des blinden Vertrauens auf die fachlichen Vorgänger das Phänomen »*cascades*« bei Kahneman, Daniel/Sunstein, Cass R./Sibony, Olivier. Noise. A Flaw in Human Judgment. Little, Brown Spark (New York 2021).

gerecht, auf Wissenschaftlichkeit zu pochen, wie die universitären Orte ihrer Herkunft. Das ist, was wir meinen, wenn wir über das Versagen der Universitäten im Diskurs um Sprache schreiben.

Wer aus den Genderwissenschaften kommt, wird oft keine Möglichkeit haben, an einem darauf zugeschnittenen Arbeitsplatz tätig zu sein, die Arbeitswelt wisse eben nicht, wie umfangreich die durch dieses Studium erworbenen Qualitäten seien.[106] Dass viele aus den Gender Studies in »normalen« Berufen landen, wird als Ausformung jener breiten Qualifikation gesehen.[107] Wer weder in der Forschung bleibt noch eine genderfremde Richtung einschlägt, kann nur mehr beim Lobbyismus landen, zum Beispiel als Diskriminierungs- oder Gleichstellungsbeauftragte, die man nicht mehr benötigen würde, gäbe es endlich die ersehnte totale Gleichstellung; doch bis dahin müssen immer neue Defizite und Ungerechtigkeiten aufgedeckt werden.[108]

Woraus besteht die vermeintlich breite sprachwissenschaftliche Qualifikation, die man in diesen Studien größtenteils erhält? Darauf geschult zu sein, sprachliche Unterdrückung in Medien und im Alltag zu erkennen. Ein großer Teil der Seminararbeiten entsteht unter der gedanklichen Voraussetzung, dass es diese sprachliche Unterdrückung gewiss gäbe, dass sie

106 Sera, Sephanie/Siekierski, Kim. Genderwissen in der Praxis: Wie Absolvent/inn/en der Gender Studies mit ihrer Kompetenz umgehen – Ein Erfahrungsbericht. In: Journal Netzwerk Frauen- und Geschlechterforschung NRW Nr. 31/2012. Koordinationsstelle Gender Studies Fakultät für Sozialwissenschaft Ruhr-Universität Bochum (Bochum 2012), S. 36–39.

107 Zentrum für transdisziplinäre Geschlechterstudien der Humboldt-Universität zu Berlin (Hg.). Wege nach dem Gender-Studium. Absolvent_innen erzählen. Zentrum für transdisziplinäre Geschlechterstudien der Humboldt-Universität zu Berlin (Berlin 2019). Online: https://www.gender.hu-berlin.de/de/publikationen/gender-bulletin-broschueren/broschueren/00-broschre-final.pdf.

108 Schulze-Eisentraut, Harald. Strukturen und Netzwerke der Gender Studies. In: Schulze-Eisentraut, Harald/Ulfig, Alexander (Hg.). Gender Studies – Wissenschaft oder Ideologie? Deutscher Wissenschafts-Verlag DWV (Baden-Baden 2019), S. 213–245, hier S. 243f.

Gewalt und Macht sei und daher problematisiert werden müsse. Von dem Versuch, Wissen auf seinen Wahrheitsgehalt zu überprüfen, ist nicht viel zu finden, und mehr Beweisführung als die rudimentäre Wiedergabe der Theorien in unserem Kapitel 3 ist in den Arbeiten kaum auszumachen.[109] Wer über Jahre hinweg immer wieder zu hören bekommt, dass Sprache Macht und in ihr die Unterdrückung erkennbar sei, sich angewöhnt, dass das Deklarieren von Wahrheiten oder Aufzeigen von angeblich entdeckten Konstruktionen als unwiderlegbares Argument dafür ausreiche, wird zum Hammer und alles ringsum erscheint als Nagel.[110] Seit Kapitel 4 wissen unsere Leser, wie sich die immer gleiche Wiederholung der immer gleichen Inhalte weltanschaulicher Natur nennt: Propaganda.

An dieser Stelle wollen wir an Haidts psychologische Einschätzung erinnern, die wir in Kapitel 3 besprochen haben: Was macht es mit einem Gemüt, nichts anderes zu erlernen, als stets nach Gewalt und Unterdrückung in der Sprache Ausschau zu halten? Überzeugt zu sein, dass die Sprache gleich über einen hereinbreche, oder das Diktum, dass Sprache Gewalt sei, verteidigen zu müssen, wenn schon nicht um seiner selbst willen, dann immerhin aus Empathie für andere, weniger Privilegierte. Denn auch wenn man dieses sprachliche Einschneiden in den Körper selbst nicht erfahren hat, so geht man doch davon aus, denn es ist akademischer Konsens, dass es jemanden da draußen gibt, der diesen konkreten körperlichen Schmerz empfindet.

So schätzenswert diese Empathie ist, sie führt am Ende dazu, dass die Annahme, Sexismus, Rassismus und andere -ismen überall wahrzunehmen, selbst wenn Sprecher nichts Derartiges

---

109 Zentrum für transdisziplinäre Geschlechterstudien (ZtG). Wissenschaftliches Arbeiten in den Gender Studies. Ein Leitfaden für Student_innen (aktualisierte und ergänzte Ausgabe November 2009, 5. Auflage). Humboldt-Universität Berlin (Berlin 2019). Online: https://www.gender.hu-berlin.de/de/studium/hilfen-zum-wissenschaftlichen-arbeiten/wissenschaftliches-arbeiten-in-den-gender-studies.

110 Gardt. Konstruktivismus und Realismus, S. 40.

intendiert haben, mag es sein, weil sie die medialen Diskussionen um Sprache nicht wahrgenommen haben oder sie aufgrund ihrer Lebenserfahrung für sinnlos halten, zu einer Besessenheit von Geschlecht und Rasse führen kann und so zum Entstehen neuer Sexismen und Rassismen. Diese mögen anders aussehen als die alten, sind aber von einem humanistischen Standpunkt aus gewiss nicht besser und genauso wenig wissenschaftlich verteidigbar. Man könnte fast glauben, dass, was auf Zensur zutrifft, dass sie am meisten über den Zensor aussagt, leider ebenso auf politische Korrektheit zutrifft: Nur wenn man in Rassismen und Sexismen, in Rasse und Sex, denkt, wird man dies überall wahrnehmen – wird man Worten dies immer beimessen. Erinnern wir uns daran, wie wichtig unsere Beimessung hier ist.[111]

Wir verdanken diesen Studien nicht nur die – oft zweifelsohne durchaus berechtigte – Kritik an manch anderen Studien, sondern vor allem, wie wir in diesem Buch ausführlich gezeigt haben, die breit institutionalisierte Propaganda[112] von Falschheiten über Sprache. Der Kaiser hat nur ein neues Kleid aus Begriffen wie Diskurs und Dekonstruktion bekommen, nackt ist er nach wie vor.

6.3. Das Internet ist alles, was der Fall ist

Nachdem wir so lange in der Vergangenheit schweiften, ist es nun an der Zeit, uns der Zukunft zuzuwenden, der digitalen Welt, den Algorithmen und der Wahrheit. Algorithmen bestehen aus Einzeloperationen, die auf einem Wenn-dann-Prinzip

---

111 Jedoch handelt es sich um eine zu große Vereinfachung eines komplexen psychologischen Ursprungs – wir können nicht eins zu eins von Sprachwahrnehmung auf Denken schließen. Die exakte Beimessung, die von dieser Art der universitären Bildung herrührt, liegt im Spekulativen.

112 Wir wollten selbstverständlich sagen: Framing.

beruhen. Ein lernfähiger Algorithmus kann aus einer Menge dieser Einzeloperationen schließlich allgemeine Regeln ableiten. Wir wollen jedoch hier nicht im großen Ausmaß auf mögliche Fehler von Algorithmen und die von ihnen erlernten Regeln eingehen.[113] Eher wollen wir über das Erlernen des Umgangs mit Algorithmen sprechen und dies meinen wir nicht, wie es in der gendersensitiven Gestaltung von Lernmedien und Mediendidaktik empfohlen ist, an Linien von alternativen Wissenskonzepten oder der Systemtheorie.[114]

Wir sprechen über Kommunikation im Internet, die immer häufiger zu versagen scheint. Manche suchen den Grund darin, dass das Internet noch vergleichsweise viel Anonymität für die Sprachgemeinschaft zu bieten hat, weswegen Aggressionen eher gezeigt würden; andere gehen davon aus, dass in der schriftlichen Kommunikation Gefühle unzureichend transportiert werden, was dazu führen kann, dass zum Beispiel Inhalte aggressiver wahrgenommen werden, als sie gemeint waren.[115] Dies kann

---

113 Strukturelle Ungleichheiten werden reproduziert und verstärkt, zum Beispiel, wenn Personen keinen Kredit erhalten, weil ihnen aufgrund ihres Bildungsgrades oder Wohnorts algorithmisch eine geringe Bonität beschieden wird. Siehe dazu Berger, Christian / Schöggl, Astrid. »Hard coded«: Algorithmische Diskriminierung. In: Arbeit&Wirtschaft blog (awblog.at), 23. Juli 2019. Online: https://awblog.at/algorithmische-diskriminierung/ und auch Stilgoe, Jack. Machine Learning, Social Learning and the Governance of Self-Driving Cars. In: Social Studies of Science 48, no. 1 (February 2018), S. 25–56. Online: https://doi.org/10.1177/0306312717741687.

114 Erinnern Sie sich an Niklas Luhmann aus Kapitel 4? Siehe auch: Schinzel, Britta / Ruiz Ben, Esther. Gendersensitive Gestaltung von Lernmedien und Mediendidaktik: von den Ursachen für ihre Notwendigkeit zu konkreten Checklisten. BMBF-Workshop Berlin zu »Gender Mainstreaming in der beruflichen Bildung: Anforderungen an Medienpädagogik und Medienentwicklung« Institut für Informatik und Gesellschaft der Universität Freiburg, 2000. Online: http://mod.iig.uni-freiburg.de/cms/fileadmin/publikationen/users/schinzel/publikationen/Info+Gesell/PS/BMBFGenderNM.pdf.

115 Wüschner, Philipp. The Internet is Dead – Long Live the Internet. Soziale Medien und idiosynkratisches Aufbegehren. In: Mühlhoff, Rainer / Breljak, Anja / Slaby, Jan (Hg.). Affekt Macht Netz, Digitale Gesellschaft. Auf dem Weg zu einer Sozialtheorie der Digitalen Gesellschaft. Transcript Verlag (Bielefeld 2019), S. 247–268, hier S. 247.

zur Folge haben, dass Leute einander aus Freundeslisten löschen und dies bereits bloß, weil jemand vermeintlich falsches Vokabular verwendet, ganz gleich, ob es aus Böswilligkeit geschieht oder nicht. Dies verstärkt selbstverständlich den ideologischen Filtereffekt, da man folglich solche Wortmeldungen nicht mehr angezeigt bekommen wird – der Algorithmus hat gelernt, sie auszublenden. Der Algorithmus für eine Timeline lernt auch, auf welche Beiträge ein Nutzer klickt, diese und jene, die ihm ähneln, werden nach oben gereiht und die weniger Geklickten kommen weiter nach unten. Jene, die nicht gendern, hier zu Gegnern oder gar Feinden zu erklären, wirkt befremdlich, da gerade die begrenzten Zeichenzahlen zu unendlich vielen neuen Abkürzungen führen und das generische Maskulinum hier den simplen Grund haben kann, weniger Platz zu benötigen.[116]

Lakoff macht die Beobachtung, dass Frames im soziopolitischen Sinne in Paketen entlang der politischen Streitlinien kämen, dass die eine Gruppe dazu neigt, eine bestimmte Art von Formulierung zu verwenden, und die andere eine bestimmte andere Art, je nachdem, welche Auffassung von Konzepten in einer politischen Gruppierung dominant ist.[117] Man könnte sagen, dadurch, dass jene, die sich nicht im gleichen Soziolekt – politisch korrekt zum Beispiel – artikulieren, jene, die neuen Sprachpolitiken und Aufforderungen nicht sofort folgen, anhand ihrer Sprache aussortieren nach dem Motto: Zeig mir deine Schlagwörter, ich zeige dir deinen Schützengraben. Auch dieses Aussortieren erlernt der Algorithmus.

---

116 Grosseck, Gabriela/Golotescu, Carmen. Indicators for the analysis of learning and practice communities from the perspective of microblogging as a provocative sociolect in virtual space. The 5th International Scientific Conference eLearning and Software for Education, Bucharest, 9. –10. April, 2009. Online: https://www.researchgate.net/publication/236015958_Indicators_for_the_analysis_of_learning_and_practice_communities_from_the_perspective_of_microblogging_as_a_provocative_sociolect_in_virtual_space

117 George Lakoff on Embodied Cognition and Language. Youtube Kanal der Central European University (Vienna). Hochgeladen am 22. Oktober 2013. Online: https://www.youtube.com/watch?v=XWYaoAoijdQ.

Erlauben Sie uns hier einen kurzen Exkurs zur Funktion von Sprachformen in der Gruppenbildung durch Soziolekte: Die Definitionen von dem, was ein Soziolekt ist, sind mannigfach und grenzen ihn daher stark ein – eine Sprachvarietät, die eher vom sozialen als vom geografischen Hintergrund geprägt ist, die Sprache einer bestimmten sozialen Gruppe, Klasse oder Subkultur[118], spezialisiertes Vokabular in Beruf oder Hobby oder von beliebigen anderen Gruppen, die ein gemeinsames Interesse an einem Thema haben, wodurch sich in ihrer Sprache Ähnlichkeiten zeigen.[119] Diese sprachlichen Besonderheiten sollen als Darstellung kultureller Identität gelten.[120] Vor allem dient der Soziolekt aber als Unterscheidungsmerkmal zu anderen Gruppen innerhalb der Sprachgemeinschaft.[121] Wir dürfen an dieser Stelle nicht unseren eigenen Wunsch nach Identifikation mit jener Gruppe, in der wir eine bestimmte Art zu sprechen erlernt haben, damit verwechseln, dass sprachliche Strukturen die gesellschaftlichen abbilden, für die es, wie wir in unserem zweiten Kapitel gesehen haben, zu viele Gegenbeispiele gibt – der Soziolekt kann, ebenso wie jede andere Sprachform, Grenzen von Gruppen aufzeigen, die Ingroup und die Outgroup, und damit dazu beitragen, wie Menschen einander begegnen.

---

118 Siehe dazu Trudgill, Peter. A Glossary of Sociolinguistics. Edinburgh University Press (Edinburgh 2003); Romaine, Suzanne. Language in Society: An Introduction to Sociolinguistics. Oxford University Press (Oxford 2003); Holmes, Janet. An Introduction to Sociolinguistics (3rd edition). Pearson (Harlow 2001); Hudson, Richard A. Sociolinguistics. Cambridge University Press (Cambridge 1996).

119 Louwerse, M. Semantic Variation in Idiolect and Sociolect: Corpus Linguistic Evidence from Literary Texts. In: Computers and the Humanities (vol. 38, no. 2, May 2004), S. 207–221.

120 Dickins, James/Sándor, Hervey/Higgins, Ian. Thinking Arabic translation. Routledge (London 2002).

121 Grabias, S. ›rodowiskowe i zawodowe odmiany j zyka – socjolekty‹. In: Bartmiski, J. (ed.), Współczesny język polski. Wydawnictwo Uniwersytetu Marii Curie-Skłodowskiej (Lublin 2011), S. 235–253, S. hier 239. Zitiert nach: Lewandowski, Marcin L. The Language of Soccer – a Sociolect or a Register? In: Nowak, P./Nowakowski, P. (eds.). Język, Komunikacja, Informacja (Language, Communication, Information) (3/2008), S. 21–32. Online: https://jki.amu.edu.pl/files/JKI%20-%20tom%203.pdf.

Jüngst hat mit dem Überfall Russlands auf die Ukraine am 24. Februar 2022 eine Debatte über die russische Sprache begonnen: Man solle nicht russischsprachige Ortsnamen verwenden für Städte in der Ukraine, Russisch sei die Sprache des Aggressors, man wolle die ankommenden Flüchtlinge nicht weiter durch deren Verwendung traumatisieren.[122] Absurd wird dies natürlich für jene große Gruppe an Menschen, die aus Städten fliehen, die bis zu 95 Prozent russischsprachig sind, vor allem im Osten des Landes liegen und daher am stärksten von den Kampfhandlungen betroffen sind – Menschen, denen man dennoch, wenn sie auf der Flucht in den Westen sind, in manchen Behörden ausschließlich in ukrainischer Sprache zu begegnen versucht. Auch in dieser Angelegenheit wurde die Sache zum Politikum gemacht, obwohl natürlich jedem, der sich mit der sprachlichen Situation in der Ukraine befasst hat, klar ist, dass niemand vor der russischen Sprache davonläuft.[123] Nicht Russisch ist die Sprache des Aggressors, sondern Bomben und Schrapnelle.

Erinnern wir uns hier daran, dass sprachliche Assoziationen stets erlernt sind – die beiden Sprachen sind einander in einigen Belangen sogar näher als einige Dialekte in mancherlei Sprachen untereinander: Nicht weil der Unterschied zwischen den Sprachen (formal) so groß ist, haben Menschen Gefühle in Bezug auf ihre Verwendung, sondern weil die Menschen Gefühle in Bezug auf die Verwendung erlernt haben, ist der Unterschied zum Thema und Politikum geworden.

Wie wurden diese Gefühle erlernt? Durch die zahlreichen Versuche sowjetischer Politik, dem Ukrainischen den Garaus zu machen. Letzten Endes kann man jedoch annehmen, dass

122 So z. B. persönlich erlebt im Flüchtlingsankunftszentrum in Graz, März 2022.

123 Laut offiziellem Zensus der Ukraine im Jahr 2001 sprachen 29,59 Prozent muttersprachlich Russisch. Siehe dazu: http://db.ukrcensus.gov.ua/MULT/Database/Census/databasetree_en.asp; zudem gaben 17,3 Prozent an, ethnische Russen zu sein. Siehe dazu: CIA. The World Fact Book. Online: https://www.cia.gov/the-world-factbook/countries/ukraine/#people-and-society.

auch ukrainischsprachige Flüchtlinge kaum ein Problem mit russischsprachigen Menschen haben werden, solange diese ihnen nicht mit kremlschen Narrativen begegnen oder wenn sie sich gar in Ankunftszentren engagieren, um zu helfen. Denn Menschen, die positiv aneinander herantreten, können auch solche Gefühle überwinden, und die entscheidende Frage ist, ob man einander verstehen will.

Dieses Beispiel finden Sie an dieser Stelle, nicht weil es eng mit Soziolekten verknüpft wäre, sondern weil es damit verknüpft ist, wie nach Sprache entschieden wird, ob jemand zu einer Gruppe gehören darf oder nicht: Stellen Sie sich nur vor, Sie sind in der Ukraine, Sie sprechen sowohl Russisch als auch Ukrainisch, Sie haben tagelang im Keller verbracht, während Luftalarmen, Schüssen und Explosionen. Sie hören jemanden rufen, jemand fragt, ob da unten jemand am Leben ist – ob Sie nach draußen gehen, könnte davon abhängen, in welcher Sprache diese Frage gestellt wird.

Hier haben wir eine Wirkmächtigkeit von Sprache, die nicht an den Formen liegt, sondern nach dem erlernten Muster, dass jene, die auf eine bestimmte Art sprechen, dazugehören und andere nicht. Dies kann in allen sich unterscheidenden Sprachformen der Fall sein, da auch diese Bedeutung der Zuordnung zu Gruppen eine erlernte ist. Vielen, die sich im Fahrwasser von Sprachverbesserungsbestrebungen bewegen, scheint gar nicht aufzufallen, dass sie gerade ihren eigenen Soziolekt zusammenbasteln. So zum Beispiel Teilnehmer des Forums Wissenschaftskommunikation in ihrer Diskussion, die überzeugt sind, dass die Masse über mediale Verbreitung endlich verstehen müsse, dass sie zwar schon weiterhin so sprechen könne, wie sie es immer getan hat, sie aber dann eben als schlechte Menschen gesehen werden würden.[124] Es wird nicht darüber gesprochen, wo

124 Forum Wissenschaftskommunikation. Was macht die (Gender-)Linguistik falsch? Die Rolle der Linguistik in der Gender-Diskussion (digitale Konferenz

und inwiefern Sprachveränderungen die Welt merklich verbessert hätten oder welche Mechanismen der Sprache man der Bevölkerung näherbringen kann, sondern darüber, erfolgreich zu kommunizieren, dass all jene, die zum Beispiel nicht gendern oder anders als die Ingroup des Soziolektes nicht auf dem neuesten Stand der Begrifflichkeiten sind, eben nicht mehr dazugehören können.

Lassen Sie uns hier mit größtem Wohlwollen auf Vertreter der Medien blicken: Der österreichische Journalist und Nachrichtenmoderator Armin Wolf (geboren 1966) gendert konsequent und steht hinter dieser Entscheidung. Wir nehmen nun an, wir kennen ihn nicht persönlich, dass Wolf Frauen in seinem Leben hat: Mutter, Ehefrau, Töchter, Tanten, Cousinen und Nichten. Spekulieren wir weiter, dass Wolf diese Zeit seines Lebens tatkräftig in ihren Bestrebungen unterstützt hat, obwohl er über Jahrzehnte hindurch die Nachrichten ungegendert vorgetragen hat. Unter dieser Prämisse müssen wir davon ausgehen, dass mit Wolfs Kopf auch zuvor alles in Ordnung war, dass es für ihn nicht nötig war, sich selbst hineinzumanipulieren, Gleichberechtigung gut zu finden oder an die Frauen in seinem Leben zu glauben. Warum also gendert er? Um zu zeigen, wo er dazugehört, zu zeigen, dass er zu »den Guten« gehört, denen all das wichtig ist. Möglicherweise ist diese Art zu sprechen für Wolf auch weniger Soziolekt als Register – ein Sprachschatz, den man aus- und einschalten kann, je nach Bedarf der Verwendung und je nachdem, mit wem man spricht[125], was für uns ein weiteres Indiz ist, dass Sprache nicht zwingend Vorgänge im Kopf abbildet. Signalisieren Sie unseretwegen ihre Zugehörigkeit auf diese Art, bedenken sie aber, dass diese Kodierung erstens nicht allen bekannt ist, sie ist eher ein Phänomen der

---

vom 4. bis 6. Oktober 2021). Online: https://www.youtube.com/watch?v=Q-b6QXpW4Hw.

125 Halliday, M.A.K. Language as Social Semiotic: the social interpretation of language and meaning. Edward Arnold (London 1978).

Medien und einer akademischen Blase, und dass zweitens Menschen sich nicht gerne umgewöhnen, denn wir alle hängen träge an unseren Gewohnheiten.

Gehen Sie also nicht davon aus, dass jemand, der anders spricht als Sie, damit automatisch ihre Werte nicht teilt, denn Sprache bildet nicht ab, was in eines Menschen Kopfe vor sich geht. Fügen wir nicht all den Arten, nach denen diskriminiert wird, noch eine weitere hinzu. Der Großteil aller tagtäglichen Interaktionen zwischen Menschen ist positiver Natur und von Vertrauen geprägt. Haben Sie Vertrauen, dass nicht jeder da draußen Ihr Feind ist. Wir wollen dies als Plädoyer des Wohlwollens verstanden haben, denn ob Sie nun für oder gegen die neuen Sprachformen sind, immerhin müssen Sie aktuell keine Angst haben, für diese künstliche Unterscheidung erschossen zu werden.

Kommen wir zurück zu Lakoff und seiner feinen Beobachtung, dass Frames in Paketen auftauchen – diese weist Haidt nach. Er bringt folgende Erkenntnisse zutage:[126] Algorithmen ordnen Newsmeldungen und es scheint sich dabei herauszukristallisieren, dass Menschen insbesondere gerne auf jene Inhalte klicken, die sie ohnehin bereits immer wussten, die ihrer Weltanschauung entsprechen und auf gegensätzliche, von denen sie überzeugt sind, dass sie hundertprozentig falsch sein müssen – Fake News, Propaganda und Ähnliches der vermeintlich gegnerischen Seite. Dadurch werden politische Gegner ideologisch als weiter entfernt eingestuft, doch die Nutzer rücken gleichzeitig selbst immer weiter in das Weltbild hinein, das sie bereits mitgebracht haben. Dies habe, so Haidt, eine Zentrifugalkraft auf die Gesellschaft.

126 Haidt, Jonathan. The Age of Outrage: What It's Doing To Our Universities, And Our Country (Manhattan Institute, Wriston Lecture 2017). Online: https://www.youtube.com/watch?v=Qe6-QSnQTdg – editierte Textversion: https://www.city-journal.org/html/age-outrage-15608.html.

Hatten früher die Zeitungen freilich anhand spezifischer ideologischer Blattlinien noch in etwa alle im Wesentlichen das Gleiche gedruckt und nur der Kommentar- und Meinungsjournalismus bot Abweichungen, sind in der zunehmenden Krise der etablierten Medien meinungsjournalistische Inhalte, die Empathie oder Wut erzeugen sollen, die Regel geworden: *clickbait* und *ragebait*, denn die Medien benötigen, nach dem umfassenden Wegbrechen der klassischen Anzeigenkundschaft, Einnahmen durch häufig interagierende und kostenpflichtig abonnierende Nutzer, die wiederum gewisse ideologische Erwartungshaltungen an »ihr Medium« haben, welche es aus journalistischer Perspektive zu erfüllen gilt.

Zwischen dem Gratisangebot im Netz und der zwangsläufig sinkenden Qualität ist tiefer gehende Recherche, die sich über ein paar Tweets zum politischen Geschehen zu zitieren hinausbewegt, immer seltener zu finden, da dafür ausreichend Zeit und finanzielle Mittel für Journalisten zur Verfügung stehen müssten, nur um dann festzustellen, dass aufwendig recherchierte Artikel viel weniger Klicks bringen als die verknappten und verzerrten Inhalte, die der Meinungsjournalismus schnell und billig produziert – die Menschen werden dadurch immer weiter an die Ränder des politischen Spektrums gedrängt.[127] Auch Wissenschaftsjournalismus ist nicht von diesen größeren Trends ausgenommen.[128]

---

127 Siehe dazu konkret: Voss, Arwed. Buchkunst oder Interfacedesign? Perspektiven für eine zukünftige Hochschullehre im Fach Kommunikationsdesign. Forschungsbericht 2010. Hochschule Wismar (Wismar 2010); sowie ausführlich für weitere Studien: Schott, Hannelore. Kommunikationswissenschaft. Massenkommunikation – Medien – Sprache. Band 2010/2. GESIS – Leibniz-Institut für Sozialwissenschaften (Bonn 2010).

128 Ritchie. Science Fictions, S. 151 und dort FN 28: »Nick Davies, Flat Earth News: An Award-Winning Reporter Exposes Falsehood, Distortion and Propaganda in the Global Media (London: Vintage Books, 2009). Daniel Jackson and Kevin Moloney, ›Inside Churnalism: PR, Journalism and Power Relationships in Flux‹, Journalism Studies 17, no. 6 (17 Aug. 2016): pp. 763–80; https://doi.org/10.1080/1461670X.2015.1017597«.

Die so entstehende Filterblase wird zum ständig alarmbereiten Gebilde; wer ausschert, wird als Feind wahrgenommen.[129] Dies macht auch die Verbreitung von Fake News und Desinformation einfacher: Menschen teilen, was von vielen in ihrem Umfeld geteilt wird, der Algorithmus schlägt es vor. Jene Wahrheit, die mit Glaube und nicht mit Fakten einhergeht, tritt dadurch immer stärker in den Vordergrund:[130] Wenn es in »heiligen« Schriften verankert ist oder in der Ideologie, die zu den bisherigen Werten passt. Eine Wahrheit, die nur lang bewahrte Überzeugungen bestätigt und so Menschen anhand ihrer tribalistischen Linien trennt. Dies ist ein Ziel von Desinformation: Konflikte erzeugen. Wo Objektivität vor Ideologie steht, öffnen sich Gesellschaften, umgekehrt verschließen sie sich, wenn Ideologie vor Objektivität gereiht wird. Der postmoderne Verlust des Strebens nach Objektivität oder gar ihr aktives Desavouieren gehen damit einher.

Was bedeutet das alles für jene Irrtümer über Sprache, die sich seit so langer Zeit halten? Der Glaube, dass Worte Schaden anrichten könnten, führt auch zu Forderungen nach strafrechtlichen Maßnahmen für alles, was heute als Hatespeech und *trolling* bezeichnet wird. Gerade der Internettroll ist ein faszinierendes Phänomen, das sich einer Art subversiver Praxis bedient:[131] radikale Satire. Dem Troll ist nichts heilig und der Troll findet sich mit Vorliebe dort, wo es Dogmen gibt, die er angreifen kann. In der Regel ist der Troll ein Argumentationsakrobat

129 Wüschner, The Internet is Dead, S. 247.

130 Rid, Thomas. Active Measures. The Secret History of Disinformation and Political Warfare. Profile Books (London 2020), hier S. 423–435.

131 Wüschner, The Internet is Dead, S. 247; Coleman, Gabriella. Phreaks, Hackers, and Trolls. The Politics of Transgression and Spectacle. In: Manidberg, Michael (ed.). The Social Media Reader. New York University Press (New York 2012), S. 99–119; Davison, Patrick. The Language of Internet Memes. In: Mandiberg, Michael (ed.). The Social Media Reader. New York University Press (New York 2012), S. 120–134; DiNucci, Darcy. Fragmented Future. In: Print Magazine, April 1999, S. 221–222. Online: http://www.darcyd.com/fragmented_future.pdf.

und weit entfernt von ernsthafter Verhetzung, dennoch wird er heute mitunter schnell politisch eingeordnet.

Wir sollten uns dieser Allgegenwart algorithmischer, nur nach zwei Polen geordneter Lenkung stets bewusst sein. Was der Troll nun mit der Desinformation gemeinsam hat, ist, dass man sich bei einer Nachrichtenmeldung ebenso die Frage stellen muss, wie bei einem Troll: Kann denn das wahr sein? Ist das ein Scherz? Kann ich dieser Quelle vertrauen? Ist das wirklich böse gemeint oder ist das ein Versuch, jemanden wütend zu machen? Nach allem, was wir über Sprache wissen, sollte uns klar sein, dass ein Troll Freude daran hat, misst man seinen Scherzen große Bedeutung zu oder verliert gar vollständig die eigene Contenance.

An dieser Stelle könnte nun eine Diskussion dessen folgen, was als Hasssprache qualifiziert sei, um Gesetze danach zu verfassen, und was nicht. Juristische Tatbestände wie üble Nachrede, Verleumdung oder Verhetzung existieren bereits, das neu hinzugekommene Problem bei der Verfolgung solcher Delikte hat eine primär technische Natur, wenn es um die Eruierung der Beschuldigten in den über Ländergrenzen hinweg agierenden sozialen Medien geht. Vom linguistischen Standpunkt aus gibt es keine Gewaltakte durch Sprache, und Gesetzgebung an unbewiesenen Theorien zu orientieren wird kaum jemand für ratsam halten.

Zudem hat sich in der Öffentlichkeit eine breite Diskussion zum Thema Redefreiheit entsponnen, changierend zwischen dem Recht des Redners ohne Zensur oder Bestrafung und dem Recht des Zuhörers, das, wie John Stuart Mill bemerkte, unter anderem daraus besteht, seine eigene Wahrheit auf die Probe zu stellen[132] – eine Idee, die im universitären Rahmen zwischen

132 Siehe Pluckrose/Lindsay. Cyncial Theories, S. 240–242 und dort zitiert nach Mill, John Stuart. On Liberty and Other Essays. Oxford University Press (Oxford 1998), S. 21 und S. 26.

Safe Space und Triggerwarnungen keinen großen Zuspruch mehr findet.[133]

Dennoch hat das Einschränken der Redefreiheit historisch keine großen Siege zu verzeichnen und jene Gruppe, die die politische Macht hat, fremde Rede zu beschneiden, ist immer die dominante Gruppe, die den Diskurs kontrolliert, wie Foucault wohl feststellen würde. Nach den Lehren ihrer eigenen Theorien müsste sie dann ab diesem Zeitpunkt selbst dekonstruiert werden.[134] Auf diesen ironischen Umstand wollen wir hingewiesen haben und sind zuversichtlich, dass unsere Leser, so sie sich für das Recht auf Redefreiheit interessieren, ausreichend Literatur finden werden.

Worauf wir an dieser Stelle hinauswollen, ist, dass eine nicht zeitgeistgetriebene Gesetzgebung zu Hasssprache schwierig bis unmöglich ist, nicht aus politischen, rechtlichen, diskursiven Gründen, sondern aus einem rein linguistischen Grund: dem Sprachwandel. Was das Internet ermöglicht hat, ist eine Beschleunigung von Sprachwandel von allen Ecken und Enden her. Viele Anglizismen schwirren durch das Deutsche, die Grammatik verwäscht sich und oft haben Satzkonstrukte und Abkürzungen gänzlich neue Funktionsweisen. Nebenher

---

133 Eher im Gegenteil nehmen seit Mitte der 2010er-Jahre die teils höchst emotional aufgeladenen Aktionen von studentischen Aktivisten zu, die ihr vermeintliches Recht auf Safe Spaces gegen Reden oder Verhalten, das nicht ihrem Weltbild entspricht, mit Vehemenz durchsetzen wollen. Vergleiche dazu exemplarisch aus dem Jahr 2015 die hitzig vorgetragene Anklage einer Studentin gegenüber dem griechisch-amerikanischen Soziologieprofessor und Arzt Nicholas Christakis: »Then why the fuck did you accept the position [master of residential life at Silliman College]? Who the fuck hired you? You should step down! If that is what you think about being a master you should step down! It is not about creating an intellectual space! It is not! Do you understand that? It's about creating a home here. You are not doing that!«; zitiert nach Saad. The Parasitic Mind, S. 109, siehe dort FN 55: Conor Friedersdorf, »The New Intolerance of Student Activism«. In: The Atlantic, 9. November 2015, https://www.theatlantic.com/politics/archive/2015/11/the-new-intolerance-of-student-activism-at-yale/414810/.

134 Pluckrose/Lindsay. Cyncial Theories, Chapter 10.

geistert immer wieder die mediale Verbreitung des Mythos von der niemals unschuldigen Sprache durch das Netz.

Im ersten Kapitel haben wir darüber gesprochen, was passiert, wenn ein Begriff als diskriminierend wahrgenommen wird: Er wird ersetzt. Diese Ersetzungen haben sich durch das Internet und die sprachschaffenden Leistungen der Sprachgemeinschaft beschleunigt. Wer jemanden beleidigen will, benötigt keine diskriminierende Sprache oder gar Schimpfwörter, denn neue Sprachkreationen und Kontexte sind völlig ausreichend dafür, dass Sprecher nach Belieben ausdrücken können, was sie ausdrücken wollen. Ganz gleich, welche Inhalte in einem Menschen ausgedrückt werden wollen, er wird Möglichkeiten finden, diese zu artikulieren. Wir haben im ersten Kapitel unter anderem die Neuschöpfung des Begriffs »Kulturbereicherer« genannt. Um Hasssprache auszusieben, müssten Algorithmen lernen, negativ behaftete Begriffe zu erkennen. Wenn die Buchstabenfolge »Kulturbereicherer« auf diesem Index landen würde, würden vermutlich schnell Ableitungen gebildet und wie viele gänzlich unbedarfte Postings aus dem Kulturbereich kämen plötzlich unter die Räder der aussortierenden Maschine?

Wie wir an unserem Beispiel mit dem Begriff »Aktivist« gesehen haben: Selbst in einem Regime, in dem Sprachmoral zur Kontrollmethode über Menschen wird, wo Ausdrücke verbannt und Worte mit strafbarem Handeln gleichgesetzt wurden, in einer Diktatur wie zum Beispiel der stalinistischen, schafften Menschen es, an diesem Regime vorbeizusprechen.[135] Wie naiv wäre es zu glauben, dass Sprache dies in unserer ziemlich offenen, vergleichsweise freien Welt, mit all dem sprachlichen Reichtum des Internets, in jenen Winkeln und Ecken, wo das kleine Gemeine, nämlich der Sprachwitz, gefeiert wird, nicht leisten könne? Man kann kaum einschätzen, wo eine Sprachschöpfung

135 Moskovtsev, Nikolay/Shevchenko, Sergey (eds.). Your mother, sir! Illustrated Dictionary, a guide to American slang. Piter (Moscow 2012), S. 79–83.

hingehen wird, ob sie sich großer Beliebtheit erfreuen wird oder nicht: Sprache wird von einem Kollektiv passiv entschieden und Veränderungen, losgetreten durch Einzelpersonen, können, wie unser Beispiel mit Wehlings Flüchtling in Kapitel 4 zeigt, von der Sprachgemeinschaft völlig anders aufgefasst werden.

Saussure diagnostizierte der Sprache eine Verletzlichkeit durch ihre beständige Wandelbarkeit, durch ihre Arbitrarität.[136] Doch gerade dies sehen wir als ihre Stärke: Dies ist, was wir all jenen mitgeben wollen, die Angst vor einer Einschränkung ihrer Redefreiheit haben. Die Rede mag eingeschränkt werden, die Sprache jedoch ist immer frei.

136 CLG, 110 und 75.

In Kürze

Science Wars

Erst blickten wir auf Jahrzehnte purer Theorie, dann betrachteten wir empirische Studien. In diesem Kapitel befassten wir uns mit Problemen in jenen Feldern, aus denen die zuvor besprochenen Theorien und Studien zu Sprache stammen. Kritik an diesen Studien ist durchaus nicht neu, wie die **»*science wars*« um Sokal und Latour** zeigten. Sokal bewies mithilfe eines pseudowissenschaftlichen Artikels in einer soziologischen Fachzeitschrift, dass die Prozesse der **Überprüfung des wissenschaftlichen Wahrheitsgehaltes** vor der Veröffentlichung einer Publikation durchaus **versagen** können. Er kritisierte daraufhin **Postmodernismus oder postmodernen Konstruktivismus als pseudowissenschaftliche Strömung**, die gerade Wissenschaft als bloßen Mythos, als Konstrukt begreift, jedoch selbst von wissenschaftlicher Methodik abgerückt ist: **Poppers Falsifikationsprinzip, das besagt, dass eine These empirisch überprüfbar und prinzipiell widerlegbar sein muss, um als wissenschaftlich zu gelten, wird von dieser Denkrichtung abgelehnt.**

Latour war jener Soziologe, den Sokal am intensivsten kritisierte, da er eine Welle an Wissenschaftskritik, die oft in Wissenschaftsfeindlichkeit überging, losgetreten hatte. Bei **Latour** selbst ist von jenem Relativismus, den man seinen Nachfolgern durchaus anlasten kann, jedoch nicht viel zu bemerken – er war kein Vertreter eines Konstruktivismus, der auf Dekonstruktion und Demontage von Wissenschaft abzielt, sondern wollte lediglich zeigen, dass gesellschaftliche, also soziale Konstrukte notwendig sind, um herauszufinden, was ein wissenschaftlicher Fakt ist – **ohne Interaktion zwischen Wissenschaftlern, Laboren und Fachzeitschriften gibt es kein Ausloten** dieser Grenze, keinen Dissens darüber, ob es sich bei etwas um einen Fakt handelt, und **keine Findung von Konsens**. Oder anders, auf Searle zurückgehend: **Wir brauchen soziale Fakten, um harte Fakten zu erkennen und umgekehrt.**

Leider kam es nicht zu einer dringend notwendigen Reform dieser Studienrichtungen, wie zum Beispiel Boghossian, Pluckrose und Lindsay gezeigt haben, die mit ebensolchen unwissenschaftlichen Artikeln, wie jenen, den Sokal verfasste, Jahre später gleichermaßen erfolgreich waren.

Wissenschaftliche Methodiken

Wissenschaftlich etablierte Maßstäbe wären Replikationen von Studien, anonyme Peer Reviews, Protokolle und Tests – wissenschaftliche Methoden, die stets neu an den Forschungsgegenstand angepasst werden. An unseren Recherchen, dargelegt in diesem Buch, können wir jedoch erkennen, dass **wissenschaftliche Methodik und Rigorosität im Diskurs um Sprache oft vernachlässigt werden**. Gründe dafür sind **Bias,** vorausgesetzte, aber unbewiesene Grundannahmen über Sprache und ursächliche Beziehungen, die damit zusammenhängen. Argumente und Beweise kommen nach Standards von Logik und Beweisführung, denen die Wissenschaft folgen sollte, zu kurz – davon, eine Quelle bis zu ihrem Ursprung hin zu überprüfen, ganz zu schweigen. Vieles davon ist nicht der Böswilligkeit der Gelehrten aus diesen Studien anzulasten, oft sind es Gründe wie **Zeit, Geld, Druck**, etwas Relevantes zu publizieren, oder der **persönlich-weltanschauliche Wunsch**, aus Daten etwas herauszulesen.

Gender Studies
Oft ereilt die Studienrichtungen, aus denen gewisse Behauptungen über Sprache kommen, der Vorwurf eines Mangels an Objektivität, der wiederum oft einfach zurückgeworfen wird, denn alle anderen seien ebenfalls nicht objektiv oder verteidigen bloß ihre unterdrückerische, ausgrenzende Herrschaftsideologie – dass dies einem Bemühen um Objektivität, dem Konsens, der durch die sozialen Hilfskonstrukte die Latour untersuchte, nicht dienlich ist, versteht sich von selbst.

Gerade die Genderwissenschaft hat sich vom Bestreben um Objektivität nicht nur angeblich, sondern oft sogar explizit, wie manche in ihren eigenen Texten darlegen, **verabschiedet.** Anstatt ernsthafter Forschung werden jene rein theoretischen Inhalte, wie wir sie aus Kapitel 2 und 3 kennen, dogmatisch unterrichtet – die Wiederholung des Immergleichen im Hörsaal. Wir kennen die Methode der beständigen Wiederholung weltanschaulich ausgewählter Inhalte aus Kapitel 4, sie heißt Propaganda oder Framing.

Dahingehend können wir feststellen, dass die Universitäten erstens darin versagt haben, auf Wissenschaftlichkeit in Forschung und Lehre zu pochen, und das Falsifikationsprinzip und damit auch die Suche nach der Wahrheit mithilfe des Konstruktivismus, der Wissenschaft zu einer Wahrheit neben vielen anderen erklärt, einfach zur Seite geschoben haben. Da jedoch immer noch wissenschaftliche Behauptungen aus jenen Feldern kommen, in denen der Konstruktivismus erfolgreich war, wird dieser offensichtlich nicht konsequent gehandhabt. Zweitens haben die Universitäten dem Credo, dass Sprache die Welt konstruiere, folgend, eine Reihe an – nennen wir es handwerklichen – Fehlern begangen: **Sie haben ihre Vorgänger in der Forschung nicht überprüft, Studien verzerrt, Nullergebnisse nicht publiziert und vieles mehr. Dieses Versagen hat die universitären Rednerpulte zu Kanzeln dogmatischer Verbreitung eines Glaubens werden lassen.**

Onlinekommunikation
Schließlich warfen wir einen Blick in die Zukunft: Sowohl Lakoff als auch Haidt, Letzterer jedoch mit empirischer Grundlage, erkennen, dass Frames und Formulierungen oder sogar Zeitungsmeldungen im Internet einer Zweiteilung ausgesetzt sind, da der Mensch sich in seinem Wissen gerne bestätigt fühlt und gleichermaßen verächtlich auf das zu blicken scheint, was die vermeintlichen ideologischen Gegner denken – **Algorithmen** befeuern durch dieses Verhalten verstärkt eine Zweiteilung und **wachsende Polarisierung zwischen politischen Lagern**, beispielsweise wenn viele Menschen bereits auf Freundeslisten in sozialen Medien gelöscht wurden, weil sie das »**falsche**« **Vokabular** verwenden, ohne groß Böswilliges beabsichtigt zu haben. An dieser Stelle erkennen wir **politisch korrekte Sprechweise auch als universitär geprägten Soziolekt** an.

Wir halten uns nicht lange mit Gesetzeslagen um Hetze und *hate speech* auf, denn unser Thema sind nicht Inhalte, sondern die Beschneidung von Formen, müssen jedoch feststellen, dass ein Herausfiltern von *hate speech* nach Formen geradezu unmöglich sein dürfte, da auch **Euphemismen und Ironie** keine Grenzen gesetzt sind. Es ist also der altbekannte **natürliche Sprachwandel,** der von gewöhnlichen Sprachbenutzern ausgeht, der Regelungen diesbezüglich verunmöglicht.

Was das **Internet** ermöglicht hat, ist eine **Beschleunigung von Sprachwandel** von allen Ecken und Enden her. Man kann kaum einschätzen, wohin eine Sprachschöpfung gehen wird, ob sie sich großer Beliebtheit erfreuen wird oder nicht. Der wechselseitige Einfluss sprachlicher Formen in einer global vernetzten Welt ist bislang ohne feste Datenlage eher unsere persönliche Einschätzung: Sprache beeinflusst Sprache, wie dies auch offline geschieht. Ob diese von uns wahrgenommene stärkere Vermischung verschiedener Sprachen auch Auswirkungen auf Denkmuster hat, können wir nicht beurteilen.

Saussure diagnostizierte der Sprache eine Verletzlichkeit durch ihre beständige Wandelbarkeit, durch ihre **Arbitrarität**. Doch gerade dies sehen wir als ihre Stärke: Dies ist, was wir all jenen mitgeben wollen, die Angst vor einer Einschränkung ihrer Redefreiheit haben. **Die Rede mag eingeschränkt werden, die Sprache jedoch ist immer frei.**

Konklusion

We dance round in a ring and suppose,
But the Secret sits in the middle and knows.

Gedicht *The Secret Sits* aus dem Jahr 1942 von Robert Frost, 1874–1963

Wie Sie bemerkt haben dürften, sperren wir uns nicht gegen Veränderung der Sprache, folgen keinem kruden Konservativismus, denn die Sprache geht doch ohnehin schon vor die Hunde, seit es sie gibt. Sprache hat sich immer verändert und dieser Prozess mag möglicherweise durch den Buchdruck verlangsamt und durch das Internet wieder beschleunigt worden sein, doch er war immer vorhanden. Wenn ein Begriff in einer Gesellschaft für einen Sachverhalt notwendig wird und mehr und mehr Menschen ihn verwenden, hat er eine gute Chance, uns eine Weile erhalten zu bleiben.

Was nun die Verbesserung der Welt durch sensible Sprache betrifft: Keines der theoretischen Argumente hält einer strengen Überprüfung stand, vielmehr kollidieren sie mit anderen, wissenschaftlich fundierten Theorien und die empirischen Arbeiten können den Nutzen einer politisch korrekten Sprache nicht bestätigen. Bestenfalls bestätigen sie, dass wir unsere Assoziationen erlernen. Die Menge an Studien ist kein Anzeichen dafür, dass wir exaktes Wissen über den Einfluss von Sprache auf Kultur oder Denken haben, sondern eher für die Mode, sich mit dem Thema zu beschäftigen – es zu problematisieren. Der Anspruch, dass Sprachrestriktionen einen vorhersehbaren oder gar planbaren Einfluss in der Realität haben, ist und bleibt unbewiesen.

Wir haben dadurch gelernt, dass Universitäten in ihren Humanwissenschaften vor vielerlei Problemen stehen, und hoffen darauf, dass unser Flehen um Verbesserung der wissenschaftlichen Kontrollmechanismen erhört werden möge. Wir haben die Grenzen aufgesucht zwischen Erkenntnis und wissenschaftlich ungestützten Lehren und diese Grenzen sind voller politisch-weltanschaulicher Fallen, Gräben, Verwirrungen, Ablenkungen, Hoffnungen und Instrumentalisierungen. Wir träumen von einer Diskursdisziplin und -differenzierung, einem Fokus auf Argumenten, fort von einem totalitären, binären Ja/Nein- bzw. Gut/Böse-Denken.

Unsere Leser werden sich wohl gefragt haben, wie es dazu kommen konnte, dass so viele kluge und gebildete Menschen so unfassbar falsch liegen. Wir vermuten, dass es mit der Grundannahme zu tun hat, dass jene, die diese Falschheiten unterrichten, diese gewiss überprüft haben werden, so wie wir es selbst lange geglaubt haben. Dass sie bloßen Theorien und schwachen Daten folgen, könnte dem ideologisch unumstößlichen Glauben an eine Sprachmagie geschuldet sein – auch unseren Glauben haben unsere Recherchen zutiefst erschüttert. Ein Glaube, den wir bereits 1880 dank der Forschungen der Junggrammatiker hätten aufgeben können.

Wir stellen hier, obgleich dies kein Buch über Politik ist, eine einzige politische Frage: Machen wir es mit der Forderung nach Sprachregelungen Politikern anderer Lager nicht zu leicht? Zu leicht, neue Formulierungen zu verwenden und doch das Altbekannte zu meinen? Zu leicht, eine gegenläufige Politik mit beschönigter, bereinigter, gesäuberter Sprache zu verschleiern? Könnten sie nicht glauben, ihre Schuldigkeit getan zu haben, Worthülsen mit Symbolwert aufzuladen, anstatt von uns in die

Pflicht genommen zu werden und mit wirklicher, kompromissbefleckter Politik zur Tat zu schreiten? Hierzu haben wir keine Studie gefunden und daher beginnt und endet unser politischer Beitrag auch mit dieser Frage, deren Beantwortung wir offenlassen müssen.

Sprache bildet die Welt nicht ab, weder in ihren Begrifflichkeiten noch in ihrer Struktur, wie wir an der Vielzahl an Genussystemen gesehen haben. Nicht Sprache verleiht Macht, sondern Macht entscheidet darüber, wessen Sprache Bedeutung hat und Gehör findet. Wir haben angemerkt, dass die Theorie sich hier gegen ihre Vertreter wendet, denn die Universitäten und ihre medialen Repräsentationen dominieren diesen Diskurs und wären demzufolge diese Macht, die dekonstruiert werden müsste. Wir haben außerdem gelernt, dass Sprache nicht Gewalt ist und wir oft selbst entscheiden müssen, auf wessen Worte wir etwas geben – *Sticks and stones may break my bones/But words shall never hurt me.* Denn starke, würdevolle Menschen lassen sich nicht in ihrem Lebensweg beirren, selbst wenn Worte gegen sie gewendet werden, und dafür benötigt niemand spezifische Formen, nur spezifischen Kontext.

Der Zusammenhang zwischen Sprache und Denken ist weit komplexer, als es Propagandisten lieb ist, auch wenn sie – wie in der gesamten Geschichte – erlösende Heilsversprechen und heilendes Schlangenöl verkaufen. Gerade fremdsprachenaffine Menschen wissen, wenn man eine Sprache erst beherrscht, muss man nicht mehr aktiv denkend nach Wörtern suchen. Der Mensch verwendet und interpretiert Sprache, wie er es gelernt hat – darin ist er faul und träge und dies ist unser Plädoyer für Faulheit und Trägheit und gegen das Denken durch Sprache.

Denken Sie, ja, befassen Sie sich mit Inhalten, aber erwarten Sie nicht, dass sprachliche Formen »sich in den Körper einschneiden« oder ähnlichen Unfug – vielmehr werden Formen ausgehöhlt und ihre Bedeutung beugt sich der Deutung einer Sprachgemeinschaft. Deuten Sie also nach Belieben, aber bedenken Sie, dass Menschen in der Regel nichts Böses beabsichtigen – und ohne böse Absicht keine Schuld. Seien Sie nicht vorwurfsvoll.

Sprache ist, was Sprache tut, und Sprache tut, was Sprache meint, und selbst dies immer nur unter Umständen. Hinter uns die Sintflut – denn was heute falsch ist, ist morgen vielleicht schon richtig. Entspannen Sie sich. Runter von der Palme! Denn wenn es etwas gibt, bei dem sie sich eine Pause vom Zeitalter der Empörung gönnen können, dann sind es sprachliche Formen. Sprachwandel ist anarchisch, selbst wenn jede anarchische Gruppe ihre eigenen Regeln hat. Fürchten Sie sich nicht vor dem Turm zu Babel, der aus dem Internet auf Sie herabstürzen könnte – das hat er nämlich schon immer getan, aufgrund der arbiträren Verbindung von Zeichen und Referenz, der Lotterie, und wer weiß, auf welches Wort das Los als Nächstes fallen mag, dass es ausgelutscht, überanalysiert, verteufelt, verdammt ist und ersetzt werden muss?

Die Wandlungsfähigkeit der Sprache ist eines der wenigen Dinge, die bleiben werden. Sich an dichterische, schön klingende Literatur zu klammern, so schön sie auch im Firmament hängt – welch Sülze! –, kann nicht glücklich machen, denn die vermeintliche sprachliche Verkümmerung der Jugend ist auch der sprachschaffende Reichtum der (Internet-)Zukunft. Des Kaisers Kleider bestehen doch nur aus Worten, sehen Sie ihn entblößt. Bilden Sie neue Formen, haben Sie Freude am Formulieren, denn die Sprache ist frei.

Quellenverzeichnis

Alle digitalen Quellen wurden am 3. Dezember 2023 nochmals auf Ihre Gültigkeit hin überprüft; bei Quellen mit potenziell dynamischem Charakter wurde das Abrufdatum gesondert vermerkt bzw. ein Archivlink hinzugefügt.

Allbritton, David. The use of metaphor to structure text representations: evidence for metaphor-based schemas (PhD dissertation). Yale University Press (New Haven 1992).

Allen, Graham. Roland Barthes. Routledge (New York 2003).

Altman, Andrew. Freedom of Expression and Human Rights Law: The Case of Holocaust Denial. In: Maitra, Ishani / McGowan, Mary Kate (eds.). Speech and Harm Controversies over Free Speech. Oxford University Press (Oxford 2012), 24–49.

Amani, Enissa. Video: DIE BESTE INSTANZ presented by ENISSA AMANI. Hochgeladen am 9. Februar 2021. Online: https://www.youtube.com/watch?v=r45_9wvbDoA.

Amin, Amira. ›Flüchtlinge‹ oder ›Geflüchtete‹. Wie ein Wort zu einem Konzept im medialen Fluchtdiskurs wird. In: Zagreber Germanistische Beiträge 28/2019 (Gehrmann, Siegfried / Turkovic, Sladan (Hg.). Themenausgabe: Anglophonisierung der Wissenschaftssprache), 211–229.

Amsterdamska, Olga. Schools of Thought: The Development of Linguistics from Bopp to Saussure. D. Reidel Publishing (Dordrecht 1987).

Anderson, Luvell. Epistemic injustice and the philosophy of race. In: Kidd, Ian James / Medina, José / Pohlhaus, Gaile Jr. (eds.). The Routledge Handbook of Epistemic Injustice. Routledge (New York 2017), 139–148.

Antonius, Marcus Aurelius. Des Kaisers Marcus Aurelius Antonius Selbstbetrachtungen (übersetzt von Albert Wittstock). Philipp Reclam jun. Verlag (Stuttgart 1949). Online: https://www.projekt-gutenberg.org/antonius/selbstbe/chap004.html.

ARD tagesschau (Youtube-Kanal). Tagesthemen um 22:15 Uhr vom 9. Juni 2021. Online: https://www.youtube.com/watch?v=DpqEcD0oKsA.

Austin, John Langdon. How to Do Things with Words. The William James Lectures delivered at Harvard University in 1955. Oxford University Press (Oxford 1962).

Babb, Florence. Women and Men in Vicos, Peru: A Case of Unequal Development. In: Stein, W. (ed.). Peruvian Contexts of Change. Transaction Books (New Brunswick, NJ 1985), 163–210.

Bachmann-Medick, Doris. Cultural Turns. Neuorientierungen in den Kulturwissenschaften (Reihe: rowohlts enzyklopädie). Rowohlt Taschenbuch Verlag (Reinbek bei Hamburg 2006; 2. Auflage 2007).

Barbe, Katharina. Klemperer As A Sociolinguist. In: Journal of Sociolinguistics 11/4, 2007, 505–519.

Baring, Edward. The Young Derrida and French Philosophy, 1945–1968. Cambridge University Press (Cambridge, UK 2011).

Baron, Robert A. / Richardson, Deborah R. (1994). Human Aggression. Plenum (New York 1994; 2nd edition).

Barthes, Roland. Album. Unpublished Correspondence and Texts (translated by Jody Gladding). Columbia University Press (New York 2018; French Original: Barthes, Roland. Album: Inédits, correspondances et varia. Éditions du Seuil (Paris 2015)).

Barthes, Roland. Der Tod des Autors. In: Jannidis, Fotis / Lauer, Gerhard / Martinez, Matias / Winko, Simone (Hg.). Texte zur Theorie der Autorschaft. Reclam (Stuttgart 2000; Französisches Original: Barthes, Roland. La mort de l'auteur. In: Manteia, no. 5 (1968)), 185–193.

Barthes, Roland. Die Sprache der Mode (aus dem Französischen von Horst Brühmann). Suhrkamp (Frankfurt am Main 1985).
Barthes, Roland. Elements of Semiology (translated by A. Lavers and C. Smith). Hill and Wang (New York 1977; French Original: Éléments de sémiologie. Editions du Seuil (Paris 1964)).
Barthes, Roland. Lecture in Inauguration of the Chair of Literary Semiology, Collège de France, January 7, 1977. Online: https://www.albany.edu/~rn774/fall96/barthes.html.
Barthes, Roland. To Write: An Intransitive Verb? In: Macksey, Richard / Deodato, Eugenio (eds.). The Structuralist Controversy: The Languages of Criticism and the Sciences of Man. Johns Hopkins University Press (Baltimore 1970), 134–139.
Bennington, Geoffrey. Saussure and Derrida. In: Sanders, Carol (ed.). The Cambridge Companion to Saussure. Cambridge University Press (Cambridge, UK 2004), 186–202.
Berger, Christian / Bischof, Thiemo Raoul. Sexualität und Wahrheit im Asylverfahren. In: politix 43/2018, 29–38.
Berger, Christian / Schöggl, Astrid. »Hard coded«: Algorithmische Diskriminierung. In: Arbeit&Wirtschaft blog, 23. Juli 2019. Online: https://awblog.at/algorithmische-diskriminierung/.
Bérubé, Michael. The Return of Realism and the Future of Contingency. In: Butler, Judith / Guillory, John / Thomas, Kendall (eds.). What's Left of Theory? New Work on the Politics of Literary Theory (Essays from the English Institute). Routledge (New York 2000), 137–156.
Biazza, Jakob. Kampf um den Deutungsrahmen. In: Süddeutsche Zeitung Online, 18. Februar, 2019. Online: https://www.sueddeutsche.de/medien/ard-framing-manual-rundfunkbeitrag-sprache-1.4335445.
Boghossian, Paul. Fear of Knowledge. Against Relativism and Constructivism. Oxford University Press (Oxford 2006).
Boghossian, Paul. What the Sokal Hoax Ought to Teach Us. The pernicious consequences and internal contradictions of »postmodernist« relativism. In: Times Literary Supplement, Commentary, December 13, 1996, 14–15. Online: https://as.nyu.edu/content/dam/nyu-as/philosophy/documents/faculty-documents/boghossian/bog_tls.html.

Bohne, Cornelia / Hahn, Alois. Pierre Bourdieu (1930–2002). In: Kaesler, Dirk (Hg.). Klassiker der Soziologie. Band II Von Talcott Parsons bis Anthony Giddens. C. H. Beck (München 1999; 5. überarbeitete Auflage 2007), 289–310.

Boroditsky, Lera. Linguistic Relativity. In: Nadel, Lynn (ed.). Encyclopedia of Cognitive Science Volume 2. Macmillan Publishers (London 2003), 917–921.

Boroditsky, Lera / Schmidt, Lauren A. / Philipps, Webb. Sex, Syntax, and Semantics. In: Getner, Dedre / Goldin-Meadow, Susan (eds.). Language in Mind: Advances in the Study of Language and Thought. MIT Press (Cambridge, MA 2003), 61–79.

Bourdieu, Pierre. Das Elend der Welt. Universitäts-Verlag Konstanz (Konstanz 1997; französisches Original: Bourdieu, Pierre. La Misère du monde. Éditions du Seuil (Paris 1993)).

Bourdieu, Pierre. Das Modell Tietmeyer. In: Jurt, Joseph (Hg.). absolute Pierre Bourdieu. orange-press (Freiburg im Breisgau 2003), 184–189.

Bourdieu, Pierre. Die männliche Herrschaft. Suhrkamp (Frankfurt am Main 2005).

Bourdieu, Pierre. Language & Symbolic Power (edited by John B. Thompson, translated by Gino Raymond and Matthew Adamson). Polity Press (Cambridge, UK 1991).

Bourdieu, Pierre. Outline of a Theory of Practice. Cambridge University Press (Cambridge, UK 1977; 28. Ausgabe 2013; französisches Original: Bourdieu, Pierre. Esquisse d'une théorie de la pratique. Libraire Droz (Genf 1972)).

Bourdieu, Pierre / Chamboredon, Jean-Claude / Passeron, Jean-Claude (eds.). Le métier de sociologue. Mouton (Paris 1983).

Braun, Friederike / Gottburgsen, Anja / Sczesny, Sabine / Stahlberg, Dagmar. Können Geophysiker Frauen sein? Generische Personenbezeichnungen im Deutschen. In: Zeitschrift für Germanistische Linguistik Band 26, Heft 3 1998, 265–283. Online: https://doi.org/10.1515/zfgl.1998.26.3.265.

Braun, Friederike / Oelkers, Susanne / Rogalski, Karin / Bosak, Janine / Sczesny, Sabine. »Aus Gründen der Verständlichkeit …«: Der Einfluss generisch maskuliner und alternativer Personenbezeich-

nungen auf die kognitive Verarbeitung von Texten. In: Psychologische Rundschau, 58 (3), Juli 2007, 183–189.
Bridges, Jason. The Search for »The Essence of Human Language« in Wittgenstein and Davidson. In: Verheggen, Claudine (ed.). Wittgenstein and Davidson on Language, Thought, and Action. Cambridge University Press (New York 2017), 139–158.
Brons, Lajos. Othering, an Analysis. In: Transcience (2015) Vol. 6, Issue 1. Online: http://www2.hu-berlin.de/transcience/Vol6_No1_2015_69_90.pdf.
Brown, P./Levinson, S.C. Politeness: Some universals in language usage. Cambridge University Press (New York 1987).
Brugmann, Karl. Das Nominalgeschlecht in den indogermanischen Sprachen. In: Sieburg, Heinz (Hg.). Sprache – Genus/Sexus. Dokumentation Germanistischer Forschung, Band 3. Peter Lang Europäischer Verlag der Wissenschaften (Berlin/Bern 1997), 33–43.
Brugmann, Karl. The Nature and Origin of the Noun Genders in the Indo-European Languages. A lecture delivered on the occasion of the sesquicentennial celebration of Princeton University. Charles Scribner's Sons (New York 1897).
Bussemer, Thymian. Propaganda: Konzepte und Theorien. Verlag für Sozialwissenschaften (Bielefeld 2008; 2., überarbeitete Auflage).
Bußmann, Hadumod. Das Genus, die Grammatik und der Mensch: Geschlechterdifferenz in der Sprachwissenschaft. In: Bußmann, Hadumod/Hof, Renate (Hg.). Genus – Zur Geschlechterdifferenz in den Kulturwissenschaften. Kröner Verlag (Stuttgart 1995), 114–160.
Bußmann, Hadumod/Hellinger, Marlis. Engendering female visibility in German. In: Bußmann, Hadumod/Hellinger, Marlis (eds.). Gender Across Languages: The Linguistic Representation of Women and Men, Volume 2. John Benjamins (Amsterdam 2001), 141–174.
Butler, Judith. Bodies That Matter: On the Discursive Limits of »Sex«. Routledge (New York 1993).
Butler, Judith. Das Unbehagen der Geschlechter (aus dem Amerikanischen übersetzt von Kathrina Menke). Suhrkamp (Frankfurt am Main 1991); englisches Original: Butler, Judith. Gender Trouble.

Feminism and the Subversion of Identity. Routledge (New York 1990)).
Butler, Judith. Excitable Speech: A Politics of the Performative. Routledge (New York 1997).
Butler, Judith. Gender Trouble. Feminism and the Subversion of Identity. Routledge (New York 1990).
Butler, Judith. Körper von Gewicht. Die diskursiven Grenzen des Geschlechts. Suhrkamp (Frankfurt am Main 1997; englisches Original: Butler, Judith. Bodies That Matter: On the Discursive Limits of »Sex«. Routledge (New York 1993)).
Butler, Judith. Performativity's Social Magic. In: Shustennan, Richard (ed.). Bourdieu. A Critical Reader. Blackwell Publishers (Cambridge 1999), 113–128.
Butler, Judith. Subjects of Desire: Hegelian Reflections in Twentieth-Century France. Columbia University Press (New York 1987).
Butler, Judith. Undoing Gender. Routledge (New York 2004).
Callus, Ivan. Jalonnante and parathlipse: encountering new terminology in Ferdinand de Saussure's researches into anagrams. In: Cahiers Ferdinand de Saussure No. 55 (2002), 169–202.
Cameron, Deborah. Feminism and Linguistic Theory. The MacMillan Press (London 1985; 2nd edition 1992).
Camp, Elisabeth. Metaphor and that certain ›je ne sais quoi‹. In: Philosophical Studies 129 (2006), 1–25.
Camp, Elisabeth. Metaphor in the Mind: The Cognition of Metaphor. In: Philosophy Compass 1/2 (2006), 154–170.
Camp, Elisabeth. Perspectives and Frames in Pursuit of Ultimate Understanding. In: Grimm, Stephen R. (ed.). Varieties of Understanding: New Perspectives from Philosophy, Psychology, and Theology. Oxford University Press (Oxford 2019), 17–46.
Camp, Elisabeth. Putting Thoughts to Work: Concepts, Systematicity, and Stimulus-Independence. In: Philosophy and Phenomenological Research Vol. LXXVIII No. 2, March 2009, 275–311.
Camp, Elisabeth. SHOWING, TELLING AND SEEING. Metaphor and »Poetic« Language. In: The Baltic International Yearbook of Cognition, Logic and Communication Vol. 3: A Figure of Speech, August 2008, 1–24.

Camp, Elisabeth. Slurring Perspectives. In: Analytic Philosophy Vol. 54 No. 3, September 2013, 330–349.

Cappelen, Herman / Dever, Josh. Bad Language (series Contemporary Introductions to Philosophy of Language). Oxford University Press (Oxford 2019).

Carey, M. / Jackson, M. / Antonello, A. / Rushing, J. Glaciers, gender, and science: A feminist glaciology framework for global environmental change research. In: Progress in Human Geography. 2016, Vol. 40, No. 6, 770–793. Online: https://journals.sagepub.com/doi/10.1177/0309132515623368.

Carroll, John B. (ed.). Language, Thought, and Reality: Selected Writings of Benjamin Lee Whorf. The MIT Press (Cambridge, MA 1956).

Carroll, Lewis. Through the Looking-Glass, and What Alice Found There. Macmillan Publishers (London 1871). Online: https://www.alice-in-wonderland.net/resources/chapters-script/through-the-looking-glass/.

CIA. The World Factbook. Online: https://www.cia.gov/the-world-factbook/.

Coleman, Gabriella. Phreaks, Hackers, and Trolls. The Politics of Transgression and Spectacle. In: Mandiberg. Michael (ed.). The Social Media Reader. New York University Press (New York 2012), 99–119.

Corbett, G. G. Gender. Cambridge University Press (Cambridge 1991).

Corbett, G. G. Grammatical gender. In: Brown, Keith (ed.). Encyclopedia of Language and Linguistics. Elsevier Science (Oxford 2006; 2nd edition), 749–758.

Corbett, G. G. Number of Genders. In: The World Atlas of Language Structures. Dryer, Matthew S. / Haspelmath, Martin (eds.). Max Planck Institute for Evolutionary Anthropology (Leipzig 2013). Online: https://wals.info/chapter/30.

Corbett, G. G. Sex-based and Non-sex-based Gender Systems. In: The World Atlas of Language Structures. Dryer, Matthew S. / Haspelmath, Martin (eds.). Max Planck Institute for Evolutionary Anthropology (Leipzig 2013). Online: https://wals.info/chapter/31.

Crenshaw, Kimberlé. Demarginalizing the Intersection of Race and Sex: A Black Feminist Critique of Antidiscrimination Doctrine, Feminist Theory and Antiracist Politics. In: University of Chicago Legal Forum Vol. 1989, Article 8, 139–167. Online: https://chicagounbound.uchicago.edu/uclf/vol1989/iss1/8.

Davison, Patrick. The Language of Internet Memes. In: Mandiberg. Michael (ed.). The Social Media Reader. New York University Press (New York 2012), 120–134.

De Beauvoir, Simone. The Second Sex. Vintage (London 1997; French Original: Le Deuxième Sexe. Gallimard (Paris 1949)).

Derrida, Jacques. Of Grammatology (translated by Gayatri Chakravorty Spivak). Johns Hopkins University Press (Baltimore 1976; Fortieth Anniversary Edition 2016; French Original: Derrida, Jacques. De la grammatologie. Les Éditions de Minuit (Paris 1967)).

Derrida, Jacques. Writing and Difference (translated by Allan Bass). Routledge & Kegan Paul Ltd. (London 1978; French Original: Derrida, Jacques. L'écriture et la différence. Éditions du Seuil (Paris 1967)).

Deutscher, Guy. Through the Language Glass. Why the World Looks Different in Other Languages. Metropolitan Books (New York 2010).

DeWall, C. N./Anderson, C. A. The General Aggression Model. In: Shaver, P./Mikulincer, M. (eds.). Human aggression and violence: Causes, manifestations, and consequences. American Psychological Association (Washington, D. C., 2011), 15–33. Online: https://psycnet.apa.org/doi/10.1037/12346-001.

Dickins, James/Sándor, Hervey/Higgins, Ian. Thinking Arabic translation. Routledge (London 2002).

DiNucci, Darcy. Fragmented Future. In: Print Magazine, April 1999, 221–222. Online: http://www.darcyd.com/fragmented_future.pdf.

Doleschal, Ursula. Gender marking. In: Müller, Peter O./Ohnheiser, Ingeborg/Olsen, Susan/Rainer, Franz (eds.). Word-Formation: An International Handbook of the Languages of Europe, Volume 1. (to appear in July 2015 in: Handbook of Word-Formation. Berlin, 1–2). Mouton de Gruyter (Berlin 2015). Online: https://www.academia.edu/9991836/Gender_marking.

Doleschal, Ursula. Gender, Grammar and Discourse: The Case of German. For the festschrift for Svenka Savić (ed. by Vera Vasić) published as: »Rod, gramatika i diskurs: slučaj nemačkog jezika«. In: Vasić, V. (ed.): Diskurs I diskursi: zbornik u čast Svenki Savić,. Faculty of Philosophy at the University of Novi Sad (Novi Sad 2010), 107–119.

Doleschal, Ursula. Konzeptualisierung von Geschlecht und Sprachvergleich. In: van Leeuwen-Turnovcová, Jiřina / Wullenweber, Karin / Doleschal, Ursula / Schindler, Franz (Hg.). Gender-Forschung in der Slawistik. Wiener Slawistischer Almanach, Sonderband 55. Kubon & Sagner (Wien 2002), 177–186.

Doleschal, Ursula. Sprachliche Gleichbehandlung 1987–1996 oder die Ausbreitung des Splittings im WU-Memo (Vortrag). Österreichische Linguistiktagung, Graz 1996. Online: https://www.academia.edu/29612576/Sprachliche_Gleichbehandlung_1987_1996_oder_die_Ausbreitung_des_Splittings_im_WU_Memo.

Dorais, Louis-Jacques. The Language of the Inuit. Syntax, Semantics, and Society in the Arctic. McGill-Queen's University Press (Montreal 2010).

Duarte, José L. / Crawford, Jarret T. / Stern, Charlotta / Haidt, Jonathan / Jussim, Lee / Tetlock, Philip E. Political diversity will improve social psychological science. In: Behavioral and Brain Sciences, Volume 38, 2015, e130. Online: https://www.cambridge.org/core/journals/behavioral-and-brain-sciences/article/abs/political-diversity-will-improve-social-psychological-science1/A54AD4878AED1AFC8BA6AF54A890149F.

Ebner, Christoph. Leicht verständliche Sprache genderfair! Studie zur Verwendung genderfairer Sprache in Leicht verständlicher Sprache. Capito (Graz 2023). Online: https://www.capito.eu/app/uploads/genderstudie-2023-vollversion.pdf.

Engler, Rudolf. The making of the Cours de linguistique générale. In: Sanders, Carol (ed.). The Cambridge Companion to Saussure. Cambridge University Press (Cambridge, UK 2004), 47–58.

Entman, Robert M. Framing: Toward Clarification of a Fractured Paradigm. In: Journal of Communication, Volume 43, Issue 4, December 1993, 51–58.

Feldman Barrett, Lisa. When Is Speech Violence? In: The New York Times, July 14, 2017. Online: https://www.nytimes.com/2017/07/14/opinion/sunday/when-is-speech-violence.html.

Feynman, Richard P. Cargo Cult Science. In: Engineering and Science, 37 (7) 1974, 10–13. Online: https://calteches.library.caltech.edu/3043/1/CargoCult.pdf.

Fillmore, Charles J. Frame Semantics. In: Society of Korea (ed.). Linguistics in the Morning Calm. Selected Papers from SICOL-1981. Hanshin Publishing Company (Seoul 1982), 111–137.

Fischer, Judith. Weil Sprache Macht ist: 3 Gründe, wieso wir eine gendergerechte Sprache brauchen! In: Elle, 21. März 2021. Online: https://www.elle.de/feminismus-gendergerechte-sprache.

Fodor, István. The Origin of Grammatical Gender. In: Lingua 8.1 (1959), 1–41.

Fodor, István. The Origin of Grammatical Gender. In: Lingua 8.2 (1959), 186–214.

Fortescue, Michael. West Greenlandic. Croom Helm (Beckenham 1984).

Forum Wissenschaftskommunikation. Was macht die (Gender-) Linguistik falsch? Die Rolle der Linguistik in der Gender-Diskussion (digitale Konferenz vom 4. bis 6. Oktober 2021). Online: https://www.youtube.com/watch?v=Q-b6QXpW4Hw.

Foucault, Michel. Archäologie des Wissens. Suhrkamp Verlag (Frankfurt am Main 1995; französisches Original: Foucault, Michel. L'archéologie du savoir. Gallimard (Paris 1973)).

Foucault, Michel. Die Hauptwerke. Suhrkamp Verlag (Frankfurt am Main 2008).

Foucault, Michel. Die Ordnung des Diskurses. Fischer Taschenbuch (Frankfurt am Main 1991, 16. Auflage; französisches Original: Foucault, Michel. L'ordre du discours. Gallimard (Paris 1971)).

Foucault, Michel. Die politische Funktion des Intellektuellen (1976). In: Defer, Daniel/Ewald, François (Hg.). Michel Foucault: Schriften in vier Bänden, Bd. III 1976–1979. Suhrkamp (Frankfurt am Main 2003), 145–152.

Foucault, Michel. Nachwort von Michel Foucault »Das Subjekt und die Macht«. In: Dreyfus, Hubert L./Rabinow, Paul. Michel Foucault. Jenseits von Strukturalismus und Hermeneutik. Beltz

Athenäum (Königstein im Taunus 1987; 2. Auflage 1994; englisches Original: Dreyfus, Hubert L./Rabinow, Paul (eds.). Michel Foucault: Beyond Structuralism and Hermeneutics. University of Chicago Press (Chicago 1982; 2nd edition 1983)), 243–261.

Foucault, Michel. Sexualität und Wahrheit. Erster Band: Der Wille zum Wissen. Suhrkamp (Frankfurt am Main 1978; hier verwendete Ausgabe von 1989; französisches Original: Foucault, Michel. Histoire de la sexualité, I : La volonté de savoir. Gallimard (Paris 1976)).

Foucault, Michel. Was ist ein Autor? In: Jannidis, Fotis/Lauer, Gerhard/Martinez, Matias/Winko, Simone (Hg.). Texte zur Theorie der Autorschaft. Reclam (Stuttgart 2000), 198–229.

Freeman, Lauren/Stewart, Heather. The Problem of Recognition, Erasure, and Epistemic Injustice in Medicine: Harms to Transgender and Gender Non-Binary Patients – Why We Should Be Worried. In: Giladi, Paul/McMillan, Nicola (eds.). Epistemic Injustice and the Philosophy of Recognition (Routledge Studies in Contemporary Philosophy). Routledge (New York 2023), 297–325.

Freikamp, Ulrike/Leanza, Matthias/Mende, Janne/Müller, Stefan/Ullrich, Peter/Voß, Heinz-Jürgen. Einleitung: Zum Verhältnis von Forschungsmethoden und Gesellschaftskritik. In: Freikamp, Ulrike/Leanza, Matthias/Mende, Janne/Müller, Stefan/Ullrich, Peter/Voß, Heinz-Jürgen (Hg.). Kritik mit Methode? Forschungsmethoden und Gesellschaftskritik. Karl Dietz Verlag Berlin (Berlin 2008), 7–18.

Fricker, Miranda. Epistemic Injustice. Power & the Ethics of Knowing. Oxford University Press (Oxford 2007).

Friedersdorf, Conor. A Uniquely Terrible New DEI Policy. In: The Atlantic, October 13, 2023. Online: https://www.theatlantic.com/ideas/archive/2023/10/dei-policy-california-community-college/675629/.

Friedersdorf, Conor. The Hypocrisy of Mandatory Diversity Statements. In: The Atlantic, July 3, 2023. Online: https://www.theatlantic.com/ideas/archive/2023/07/hypocrisy-mandatory-diversity-statements/674611/.

Frimer, Jeremy A. / Skitka, Linda J. / Motyl, Matt. Liberals and conservatives are similarly motivated to avoid exposure to one another's opinions. In: Journal of Experimental Social Psychology, Volume 72, 2017, 1–12. Online: https://www.sciencedirect.com/science/article/pii/S0022103116304024.

Fuchs, Albert. Was ist Gewalt? Gewaltwahrnehmung und Konflikteskalation. In: Mann oder Opfer? Dokumentation einer Fachtagung der Heinrich Böll Stiftung und des »Forum Männer in Theorie und Praxis der Geschlechterverhältnisse« am 12./13. Oktober 2001 in Berlin. Heinrich-Böll-Stiftung (Berlin 2002), 9–23.

Ganz, Kathrin / Meßmer, Anna-Katharina. Anti-Genderismus im Internet. Digitale Öffentlichkeiten als Labor eines neuen Kulturkampfes. In: Hark, Sabine / Villa, Paula-Irene (Hg.) Anti-Genderismus. Sexualität und Geschlecht als Schauplätze aktueller politischer Auseinandersetzungen. Transcript Verlag (Bielefeld 2015), 59–77.

Gardt, Andreas. Konstruktivismus und Realismus. Grundpositionen linguistischer Theorie. In: Sprachreport. Informationen und Meinungen zur deutschen Sprache Heft 3/2018, 34. Jahrgang. Institut für Deutsche Sprache Mannheim, 32–42. Online: https://pub.ids-mannheim.de/laufend/sprachreport/pdf/sr18-3.pdf.

Gasteiger, Ludwig. Michel Foucaults interpretative Analytik und das unbestimmte Ethos der Kritik. In: Freikamp, Ulrike / Leanza, Matthias / Mende, Janne / Müller, Stefan / Ullrich, Peter / Voß, Heinz-Jürgen (Hg.). Kritik mit Methode? Forschungsmethoden und Gesellschaftskritik. Karl Dietz Verlag Berlin (Berlin 2008), 33–52.

Georg-August-Universität Göttingen. Job Openings – PhD positions – Suggested projects. Online: https://www.uni-goettingen.de/de/suggested+projects/636208.html.

Giladi, Paul. Epistemic Exploitation and Ideological Recognition. In: Giladi, Paul / McMillan, Nicola (eds.). Epistemic Injustice and the Philosophy of Recognition (Routledge Studies in Contemporary Philosophy). Routledge (New York 2023), 138–170.

Gilquin, Gaëtanelle. Language production: A window to the mind? In: Götzsche, Hans (ed.). Memory, Mind and Language. Cambridge Scholars Publishing (Newcastle 2010), 89–102.

Gilquin, Gaëtanelle. The place of prototypicality in corpus linguistics: Causation in the hot seat. In: Gries, Stefan Th./Stefanowitsch, Anatol (eds.). Cognitive Linguistics Corpus-Based Approaches to Syntax and Lexis (series: Bisang, Walter/Hock, Hans Henrich/Winter, Werner (eds.). Trends in Linguistics Studies and Monographs 172). Mouton de Gruyter (Berlin 2006), 159–191.

Gilquin, Gaëtanelle/Gries, Stefan Th. Corpora and experimental methods: A state-of-the-art review. In: Corpus Linguistics and Linguistic Theory (Vol. 5, no. 1) (2009), 1–26.

Goffman, Erving. Frame Analysis. An Essay on the Organization of Experience. Northeastern University Press (Boston 1986; first published by Harper & Row 1974).

Goldberg, Adele E. Constructions: A construction grammar approach to argument structure. The University of Chicago Press (Chicago 1995).

Goschler, Juliana/Stefanowitsch, Anatol. Beyond typology: The encoding of motion events across time and varieties. In: Goschler, Juliana/Stefanowitsch, Anatol (eds.). Variation and Change in the Encoding of Motion Events. Human Cognitive Processing (HCP) Cognitive Foundations of Language Structure and Use (Series Volume 41). John Benjamins (Amsterdam/Philadelphia 2013), 1–14.

Grabias, S. ›Środowiskowe i zawodowe odmiany języka – socjolekty‹. In: J. Bartmiński, J. (ed.). Współczesny język polski. Lublin: Wydawnictwo Uniwersytetu Marii Curie-Skłodowskiej (Lublin 2001), 235–253.

Green, Georgia M. Pragmatics and Natural Language Understanding. Routledge (New York 1996; 2nd ed.).

Grice, H. P. Logic and conversation. In: Cole, P./Morgan, J. L. (eds.). Syntax & semantics Vol. 3: Speech acts. Academic Press (New York 1975), 41–58.

Grosseck, Gabriela/Golotescu, Carmen. Indicators for the analysis of learning and practice communities from the perspective of microblogging as a provocative sociolect in virtual space. The 5th International Scientific Conference eLearning and Software for Education, Bucharest, April 09–10, 2009. Online: https://www.researchgate.net/publication/236015958_Indicators_for_the_

analysis_of_learning_and_practice_communities_from_the_perspective_of_microblogging_as_a_provocative_sociolect_in_virtual_space.

Gygax, Pascal/Gabriel, Ute. Can a Group of Musicians be Composed of Wom-en? Generic Interpretation of French Masculine Role Names in the Absence and Presence of Feminine Forms. In: Swiss Journal of Psychology, 67 (2008) 3, 143–151.

Haidt, Jonathan. The Age of Outrage: What It's Doing To Our Universities, And Our Country (Manhatten Institute, Wriston Lecture 2017). Online: https://www.youtube.com/watch?v=Qe6-QSnQTdg – editierte Textversion: https://www.city-journal.org/html/age-outrage-15608.html.

Hajnal, Ivo. Feministische Sprachkritik und historische Sprachwissenschaft. Die unterschiedlichen Sichtweisen der Kategorie Genus in Syn- und Diachronie (Innsbruck 2002). Online: https://sprawi.at/files/hajnal/a9_fem_hist_sprawi.pdf.

Halliday, M.A. K. Language as Social Semiotic: the social interpretation of language and meaning. Edward Arnold (London 1978).

Harari, Yuval Noah. Sapiens. A Brief History of Humankind. Vintage Books (London 2011).

Harding, Sandra. Feministische Wissenschaftstheorie. Zum Verhältnis von Wissenschaft und sozialem Geschlecht (aus dem Amerikanischen von Michael Haupt). Argument (Hamburg; 2. Auflage 1991; englisches Original: The Science Question in Feminism. Cornell University Press (Ithaca, NY 1986)).

Hark, Sabine/Villa, Paula-Irene. »Eine Frage an und für unsere Zeit«. Verstörende Gender Studies und symptomatische Missverständnisse. In: Hark, Sabine/Villa, Paula-Irene (Hg.). Anti-Genderismus. Sexualität und Geschlecht als Schauplätze aktueller politischer Auseinandersetzungen. Transcript Verlag (Bielefeld 2015), 15–40.

Harris, Roy. Language, Saussure and Wittgenstein. How to Play Games with Words. T.J. Press (Padstow 1988, hier verwendete Ausgabe: Routledge 1996).

Henriques, Gregg. The Concept of Concept Creep. In: Psychology Today, January 4, 2017. Online: https://www.psychologytoday.com/us/blog/theory-knowledge/201701/the-concept-concept-creep.

Hockett, Charles Francis. A Course in Modern Linguistics. Macmillan (New York 1958).
Hoffmann, Thomas. Construction Grammars. In: Dancygier, Barbara (ed.). The Cambridge Handbook of Cognitive Linguistics. Part III: Aspects of linguistic analysis. 6. Construction Grammars. Cambridge University Press (Cambridge 2016), 310–329.
Holdcroft, David. Saussure: Signs, System, and Arbitrariness. Cambridge University Press (Cambridge, UK 1991).
Holmes, Janet. An Introduction to Sociolinguistics (3rd edition). Pearson (Harlow 2001).
Holtgraves, Thomas. Language As Social Action. Social Psychology and Language Use. Lawrance Erlbaum Associates (New Jersey 2002).
Honneth, Axel. Jürgen Habermas. In: Kaesler, Dirk (Hg.). Klassiker der Soziologie. Band II Von Talcott Parsons bis Anthony Giddens. C. H. Beck (München 1999; 5. überarbeitete Auflage 2007), 265–289.
Hopmann, David Nicolas / Elmelund-Præstekær, Christian / Levinsen, Klaus. Journalism students: Left-wing and politically motivated? In: Journalism. 11(6), December 2010, 661–674. Online: DOI:10.1177/1464884910379706.
Hornscheidt, Antje. Die sprachliche Benennung von Personen aus konstruktivistischer Sicht: Genderspezifizierung und ihre diskursive Verhandlung im heutigen Schwedisch. Linguistik (Impulse und Tendenzen 15). De Gruyter (Berlin 2006).
Hornscheidt, Antje. Gender resignifiziert. Schwedische (Aus)Handlungen in und um Sprache. Nordeuropa-Institut der Humboldt-Universität (Berlin 2008).
Hornscheidt, Lann. Feministische W_orte: Ein Lern-, Denk- und Handlungsbuch zu Sprache, und Diskriminierung, Gender Studies und feministischer Linguistik. Brandes & Apsel (Frankfurt am Main 2012).
Hornscheidt, Lann / Sammla, Ja'n. Wie schreibe ich divers? Wie spreche ich gendergerecht? Ein Praxis-Handbuch zu Gender und Sprache. w_orten & meer (Insel Hiddensee 2021).
Hudson, Richard A. Sociolinguistics. Cambridge University Press (Cambridge 1996).

Inbar, Yoel/Lammers, Joris. Political Diversity in Social and Personality. In: Perspectives on Psychological Science Vol. 7, No. 5 (September 2012), 496–503.

Irmen, Lisa. What's in a (Role) Name? Formal and Conceptual Aspects of Comprehending Personal Nouns. In: Journal of Psycholinguistic Research, 36 (2007), 431–456.

Irmen, Lisa/Köhncke, Astrid. Zur Psychologie des »generischen« Maskulinums. In: Sprache und Kognition 15, 1996, 152–166.

Jäckle, Sebastian. Per aspera ad astra – Eine politikwissenschaftliche Analyse der Akzeptanz des Gendersterns in der deutschen Bevölkerung auf Basis einer Online-Umfrage. In: Politische Vierteljahresschrift (2022) 63, 469–497. Online: https://doi.org/10.1007/s11615-022-00380-z.

Jacobson, Steven A. Yup'ik Eskimo Dictionary (2 volumes). Alaska Native Language Center (Fairbanks, Alaska 2012; 2nd edition).

Jakobson, Roman. Why »Mama« and »Papa«? In: Jakobson, Roman. Selected Writings, Vol. I: Phonological Studies. Mouton & Co (The Hague 1962), 538–545.

Jensen, S. Q. Othering, identity formation and agency. In: Qualitative Studies, 2(2) (2011), 63–78.

Johnson, Mark/Lakoff, George. Metaphors We Live By. The University of Chicago Press (Chicago 1990; 2nd edition 2003).

Jörke, Dirk. Jürgen Habermas: Das Vernunftpotential der Moderne. In: Moebius, Stephan/Quadflieg, Dirk (Hg.). Kultur. Theorien der Gegenwart. VS Verlag für Sozialwissenschaften (Wiesbaden 2006), 491–503.

Jowett, Garth S./O'Donnell, Victoria. Propaganda and Persuasion. Sage Publications (London 1999; 3rd edition 2002).

Kahneman, Daniel. A proposal to deal with questions about priming effects. In: Nature, September 26, 2012. Online: https://www.nature.com/news/polopoly_fs/7.6716.1349271308!/suppinfoFile/Kahneman%20Letter.pdf.

Kahneman, Daniel. Thinking, Fast and Slow. Farrar, Straus and Giroux (New York 2011; hier verwendete Taschenbuchausgabe Penguin 2012).

Kahneman, Daniel/Sunstein, Cass R./Sibony, Olivier. Noise. A Flaw in Human Judgment. Little, Brown Spark (New York 2021).

Kämpf, Heike. Judith Butler: Die störende Wiederkehr des kulturell Verdrängten. In: Moebius, Stephan / Quadflieg, Dirk (Hg.). Kultur. Theorien der Gegenwart. VS Verlag für Sozialwissenschaften (Wiesbaden 2006), 246–256.

Kang, Jung-Won. Gender Roles and Rural-Urban Divide in the Peruvian Andes: An Analysis of the District of San Marcos. In: Asian Journal of Latin American Studies (Vol. 23, No. 2, 2010), 117–149. Online: http://www.ajlas.org/v2006/paper/2010vol23no204.pdf.

Karsta, Frank. Political Correctness: Ein Stigmawort. In: Diekmannshenke, Hajo / Klein, Josef (Hg.). Wörter in der Politik. Analysen zur Lexemverwendung in der politischen Kommunikation. VS Verlag für Sozialwissenschaften (Opladen 1996), 185–218.

Kay, Brad W. Evaluating Scientists: Examining the Effects of Sexism and Nepotism. In: Kincaid, Harold / Dupré, John / Wylie, Alison (eds.). Value-Free Science: Ideals and Illusions? Oxford University Press (Oxford 2007), 87–106.

Keller, Reiner. Michel Foucault. In: Kaesler, Dirk (Hg.). Aktuelle Theorien der Soziologie. Von Shmuel N. Eisenstadt bis zur Postmoderne. C. H. Beck (München 2005), 104–126.

Kelly, Michael. Introduction. In: Michael Kelly (ed.). Critique and Power: Recasting the Foucault/Habermas Debate. MIT Press (Cambridge, MA 1994), 1–16.

Kincaid, Harold / Dupré, John / Wylie, Alison. Introduction. In: Kincaid, Harold / Dupré, John / Wylie, Alison (eds.). Value-Free Science: Ideals and Illusions? Oxford University Press (Oxford 2007), 3–26.

King, Martin Luther. The Negro is Part of That Huge Community Who Seek New Freedom in Every Area of Life. In: Challenge, 1. Februar 1959.

Klapczarek, Tomasz. Anwendung geschlechtsneutraler Sprache im Deutsch-als-Fremdsprache-Unterricht (Diplomarbeit). Uniwersytet Adama Mickiewicza w Poznaniu, Neofilologii Instytut Lingwistyki Stosowanej (Posen 2019).

Klein, Richard. Investigating Variation in Replicability. In: Social Psychology 45 (2014), 142–152. Online: https://doi.org/10.1027/1864–9335/a000178.

Klemperer, Victor. LTI. Notizbuch eines Philologen. Reclam Verlag (Leipzig, 1975; Text nach 3. Auflage, 19. Auflage 2001).

Kluge, Friedrich / Götze, Alfred. Etymologisches Wörterbuch der deutschen Sprache. De Gruyter, (Berlin/New York 1967; 21. unveränderte Auflage 1975).

Knoblauch, Hubert. Erving Goffman. Die Kultur der Kommunikation. In: Moebius, Stephan / Quadflieg, Dirk (Hg.). Kultur. Theorien der Gegenwart. VS Verlag für Sozialwissenschaften (Wiesbaden 2006), 157–170.

Köhler, Robin. Drittes Geschlecht in der Sprache. Wie rede ich am besten mit Non-Binarys? In: Bayrischer Rundfunk, 22. Juli 2019. Online: https://www.br.de/puls/ansprache-nonbinary-people-100.html.

Köhnen, Manfred. Der Unwissenschaftlichkeitsvorwurf – Zum Alleinvertretungsanspruch eines speziellen Wissenschaftsverständnisses. In: Frey, Regina / Gärtner, Marc / Köhnen, Manfred / Scheele, Sebastian (Hg.). Gender, Wissenschaftlichkeit und Ideologie. Argumente im Streit um Geschlechterverhältnisse (Aus der Reihe Schriften des Gunda-Werner-Instituts, Band 9). Heinrich-Böll-Stiftung (Berlin 2013; zweite, aktualisierte Auflage 2014), 51–64. Online: https://www.boell.de/sites/default/files/gender_wissenschaftlichkeit_ideologie_2.auflage.pdf.

Kolek, Vít. Ověření platnosti generického maskulina v němčině a češtině prostřednictvím asociačních experimentů (Deutsch: Überprüfung der Gültigkeit des generischen Maskulinums im Deutschen und im Tschechischen mittels Assoziationsexperimenten (KATEDRA GERMANISTIKY, FILOZOFICKÁ FAKULTA UNIVERZITA PALACKÉHO V OLOMOUCI) (Olomouc 2016). Online: https://theses.cz/id/emg0du/V.Kolek-Ov__en_platnosti_generickho_maskulina_v_n_m_in__a.pdf.

Krahé, B. The Social Psychology of Aggression (2nd ed.). Psychology Press (New York 2013).

Kraus, Werner. Bruno Latour: Making Things Public. In: Moebius, Stephan / Quadflieg, Dirk (Hg.). Kultur. Theorien der Gegenwart. VS Verlag für Sozialwissenschaften (Wiesbaden 2006), 430–444.

Kupke, Christian. Julia Kristeva: Das Pathos des Denkens oder Die zweifache Genese des Subjekts. In: Moebius, Stephan / Quadflieg, Dirk (Hg.). Kultur. Theorien der Gegenwart. VS Verlag für Sozialwissenschaften (Wiesbaden 2006), 223–235.

Kuzar, Ron. Book review of Adele E. Goldberg, Constructions: A construction grammar approach to argument structure (Chicago 1995). In: Journal of Pragmatics 29 (1998), 353–367. Online: https://www.academia.edu/2651748/Constructions_A_construction_grammar_approach_to_argument_structure.

Lacey, Hugh. Is Science Value Free? Values and scientific understanding (series Philosophical Issues in Science; edited by W. H. Newton-Smith). Routledge (London 1999).

Lakoff, George. Charles Fillmore, Discoverer of Frame Semantics, Dies in SF at 84: He Figured Out How Framing Works. In: Huffington Post, February 18, 2014. Online: https://www.huffpost.com/entry/charles-fillmore-discover_b_4807590.

Lakoff, George. George Lakoff on Embodied Cognition and Language. Vortrag auf dem Youtube Kanal der Central European University (Vienna). Hochgeladen am 22. Oktober 2013. Online: https://www.youtube.com/watch?v=XWYaoAoijdQ.

Lakoff, George. Moral Politics: How Liberals and Conservatives Think. The University of Chicago Press (Chicago 1996; hier verwendete zweite Ausgabe von 2002).

Lakoff, George. Women, Fire, and Dangerous Things. What Categories Reveal about the Mind. The University of Chicago Press (Chicago 1987).

Langton, Ray. Beyond Belief: Pragmatics in Hate Speech and Pornography. In: Maitra, Ishani / McGowan, Mary Kate (eds.). Speech and Harm Controversies over Free Speech. Oxford University Press (Oxford, 2012), 72–93.

Latour, Bruno. Pandora's Hope. Essays on the Reality of Science Studies. Harvard University Press (Cambridge, MA 1999).

Latour, Bruno. The Powers of association. In: Law, John (ed.). Power, Action and Belief. A New Sociology of Knowledge? Routledge Kegan & Paul (London 1986), 261–277.

Latour, Bruno. We Have Never Been Modern (translated by Catherine Porter). Harvard University Press (Cambridge, MA 1993; French Original: Latour, Bruno. Nous n'avons jamais ete moder-

nes: Essais d'anthropologie symmetrique. La Decouverte (Paris 1991)).
Latour, Bruno. Why Has Critique Run out of Steam? From Matters of Fact to Matters of Concern. In: Critical Inquiry Vol. 30, Issue 2, Winter 2004, 225–248. Online: http://www.bruno-latour.fr/sites/default/files/89-CRITICAL-INQUIRY-GB.pdf.
Latour, Bruno / Woolgar, Steve. Laboratory Life: The Construction of Scientific Facts. Sage Publications (Beverly Hills 1979; verwendete Ausgabe: Princeton University Press, NJ 1986).
Lavagno, Christian. Michel Foucault: Ethnologie der eigenen Kultur. In: Moebius, Stephan / Quadflieg, Dirk (Hg.). Kultur. Theorien der Gegenwart. VS Verlag für Sozialwissenschaften (Wiesbaden 2006), 42–51.
Lehmann, Christian. Universal and typological aspects of agreement. In: Seiler, H. / Stachowiak, F. J. (Hg.). Apprehension. Das sprachliche Erfassen von Gegenständen. Teil II: Die Techniken und ihr Zusammenhang in den Einzelsprachen. Gunter Narr Verlag (Tübingen 1982), 201–267.
Leiss, Elisabeth. Derivation als Grammatikalisierungsbrücke für den Aufbau von Genusdifferenzierungen im Deutschen. In: Leuschner, Torsten / Mortelmanns, Tanja / De Groodt, Sarah (Hg.). Grammatikalisierung im Deutschen. De Gruyter (Berlin/New York 2005), 11–30.
Leiss, Elisabeth. Genus im Althochdeutschen. In: Glaser, Elivra / Schlaefer, Michael (Hg.). Grammatica Ianua Artium. Festschrift für Rolf Bergmann zum 60. Geburtstag. Universitätsverlag C. Winter (Heidelberg 1997), 33–48.
Leiss, Elisabeth. Genus und Sexus. Kritische Anmerkungen zur Sexualisierung von Grammatik. In: Sieburg, Heinz (Hg.). Sprache – Genus/Sexus. Dokumentation Germanistischer Forschung, Band 3. Peter Lang Europäischer Verlag der Wissenschaften (Berlin/Bern 1997), 322–345.
Lévi-Strauss, Claude. Structural Anthropology (translated by Claire Jacobson and Brooke Grundfest Schoepf). Basic Books (New York 1963; French Original: 1958).

Levitt, Norman / Gross, Paul R. Higher Superstition. The Academic Left and its Quarrels with Science. The Johns Hopkins University Press (Baltimore 1994; Paperback Edition 1998).

Lewandowski, Marcin L. The Language of Soccer – a Sociolect or a Register? In: Nowak, P. / Nowakowski, P. (eds.). Język, Komunikacja, Informacja (Language, Communication, Information) (3/2008), 21–32. Online: https://jki.amu.edu.pl/files/JKI%20-%20tom%203.pdf.

Lewis, Michael. Derrida and Lacan. Another Writing. Edinburgh University Press (Edinburgh 2008).

Lindsay, James / Boghossian, Peter / Pluckrose, Helen. Academic Grievance Studies and the Corruption of Scholarship. In: Areo Magazine, October 2, 2018. Online: https://areomagazine.com/2018/10/02/academic-grievance-studies-and-the-corruption-of-scholarship/.

Linke, Angelika / Nussbaumer, Markus / Portmann, Paul R. Studienbuch Linguistik (5., erweiterte Auflage). Max Niemeyer Verlag (Tübingen 2004).

Lobin, Henning. Digital und vernetzt. Das neue Bild der Sprache. J. B. Metzler Verlag (Stuttgart 2018).

Lobin, Henning. Sprachkampf. Wie die Neue Rechte die deutsche Sprache instrumentalisiert. Dudenverlag (Berlin 2021).

Louwerse, M. Semantic Variation in Idiolect and Sociolect: Corpus Linguistic Evidence from Literary Texts. In: Computers and the Humanities (vol. 38, no. 2, May 2004), 207–221.

Lucy, John A. Linguistic Relativity. In: Annual Review of Anthropology, Vol. 26 (1997), 291–312.

Luhmann, Niklas. Soziale Systeme: Grundriß einer allgemeinen Theorie. Suhrkamp (Frankfurt am Main 1991; 4. Auflage).

Luhur, Winston / Mokgoroane, Letlhogonolo / Shaw, Ari. Public Opinion of Transgender Rights in South Africa. UCLA: The Williams Institute (June 2021). Online: https://williamsinstitute.law.ucla.edu/wp-content/uploads/Public-Opinion-Trans-South-Africa-Jun-2021.pdf.

Lukianoff, Greg / Haidt, Jonathan. The Coddling of the American Mind: How Good Intentions and Bad Ideas Are Setting up a Generation for Failure. Penguin Press (New York 2018).

Lupyan, Gary. Extracommunicative functions of language: Verbal interference causes selective categorization impairments. In: Psychonomic Bulletin & Review 2009, 16 (4), 711–718. Online: https://link.springer.com/article/10.3758/PBR.16.4.711.

Lupyan, Gary / Mirman, Daniel. Linking language and categorization: Evidence from aphasia. In: Cortex, Volume 49, Issue 5, May 2013, 1187–1194.

Lupyan, Gary / Rakison, David H. / McClelland, James L. Language is not Just for Talking: Redundant Labels Facilitate Learning of Novel Categories. In: Psychological Science 18(12) December 2017, 1077–83. Online: doi:10.1111/j.1467–9280.2007.02028.x.

Lupyan, Gary / Ward, Emily. Language can boost otherwise unseen objects into visual awareness. In: Proceedings of the National Academy of Sciences of the United States of America, 110(35), August 27, 2013, 14196–14201. Online: https://www.ncbi.nlm.nih.gov/pmc/articles/PMC3761589/.

Madison, Caleb. Are You Using Gaslight Correctly? In: The Atlantic, 11. April 2022. Online: https://www.theatlantic.com/newsletters/archive/2022/04/are-you-using-gaslight-correctly/629522/.

Maitra, Ishani. Subordinating Speech. In: Maitra, Ishani / McGowan, Mary Kate (eds.). Speech and Harm Controversies over Free Speech. Oxford University Press (Oxford 2012), 94–120.

Maitra, Ishani / McGowan, Mary Kate. Introduction and Overview. In: Maitra, Ishani / McGowan, Mary Kate (eds.). Speech and Harm Controversies over Free Speech. Oxford University Press (Oxford 2012), 1–23.

Malotki, Ekkehart. Hopi Time: A Linguistic Analysis of the Temporal Concepts in the Hopi Language. Mouton (The Hague 1983). Online: https://books.google.at/books?id=Orpzv3su5twC.

Manusov, Valerie Lynn (ed.). The Sourcebook of Nonverbal Measures. Going Beyond Words. Lawrence Erlbaum Associates (Mahwah, NJ 2005).

Mathews, Peter D. Lacan the Charlatan. Palgrave Macmillan (Cham, Schweiz 2020).

McGurk, Harry / Macdonald, John. Hearing lips and seeing voices. In: Nature. Band 264, 1976, 746–748. Online: https://doi.org/10.1038/264746a0.

McWhorter, John. The Language Hoax: Why the World Looks the Same in Any Language. Oxford University Press (Oxford 2014).

McWhorter, John. Why ›Mom‹ and ›Dad‹ Sound So Similar in So Many Languages. In: The Atlantic, October 12, 2015. Online: https://www.theatlantic.com/international/archive/2015/10/words-mom-dad-similar-languages/.

Meineke, Eckhard. Studien zum genderneutralen Maskulinum. Universitätsverlag Winter (Heidelberg 2023).

Mehnert, Klaus. Der Sowjetmensch. Versuch eines Porträts nach dreizehn Reisen in die Sowjetunion 1929–1959. Rowohlt (Stuttgart 1967; bearbeitete und erweiterte Neuausgabe).

Meuser, Michael. Methodologie und Methoden der Geschlechterforschung. In: Aulenbacher, Brigitte / Michael Meuser, Michael / Birgit Riegraf, Birgit (Hg.). Soziologische Geschlechterforschung. Springer (Wiesbaden 2010), 79–102.

Mitteilungen des Instituts für Wissenschaft und Kunst. Sprache, Körper und Politik. Neue Ergebnisse der feministischen Theorie und Geschlechterforschung, 57. Jahrgang 2002, Nr. 3–4. Online: https://www.iwk.ac.at/wp-content/uploads/2014/06/Mitteilungen_2002_3-4_sprache_koerper_politik.pdf.

Moebius, Stephan. Pierre Bourdieu: Zur Kritik der symbolischen Gewalt. In: Moebius, Stephan / Quadflieg, Dirk (Hg.). Kultur. Theorien der Gegenwart. VS Verlag für Sozialwissenschaften (Wiesbaden 2006), 51–67.

Moebius, Stephan. Postmoderne Theoretiker der französischen Soziologie. In: Kaesler, Dirk (Hg.). Klassiker der Soziologie. Band II. Von Talcott Parsons bis Anthony Giddens. C. H. Beck (München 1999; 5. überarbeitete Auflage 2007), 332–350.

Moebius, Stephan / Quadflieg, Dirk. Kulturtheorien der Gegenwart – Heterotopien der Gegenwart. In: Moebius, Stephan & Quadflieg, Dirk (Hg.). Theorien der Gegenwart. VS Verlag für Sozialwissenschaften (Wiesbaden 2006), 9–13.

Mogge-Grotjahn, Hildegard. Die zweite Frauenbewegung und die Entstehung der Frauenforschung – Entwicklung hin zu den Gender Studies. In: Mogge-Grotjahn, Hildegard (Hg.). Gender, Sex und Gender Studies. Eine Einführung. Lambertus (Freiburg im Breisgau 2004), 67–80.

Mogge-Grotjahn, Hildegard. Männergeschichte, Frauengeschichte, Geschlechtergeschichte. In: Mogge-Grotjahn, Hildegard (Hg.). Gender, Sex und Gender Studies. Eine Einführung. Lambertus (Freiburg im Breisgau 2004), 15–30.

Moskovtsev, Nikolay / Shevchenko, Sergey (eds.). Your mother, sir! Illustrated Dictionary, a guide to American slang. Piter (Moscow 2012).

Mounk, Yasha. The Identity Trap. A Story of Ideas and Power in Our Time. Allan Lane (London 2023).

Nandi, Miriam. Gayatri Chakravorty Spivak: Übersetzungen aus anderen Welten. In: Moebius, Stephan / Quadflieg, Dirk (Hg.). Kultur. Theorien der Gegenwart. VS Verlag für Sozialwissenschaften (Wiesbaden 2006), 129–139.

Newton, Ashley / De Villier, Jill. Thinking While Talking Adults Fail Nonverbal False-Belief Reasoning. In: Psychological Science, Volume 18, Number 7 (August 2007), 574–579. Online: https://www.researchgate.net/publication/6222797_Thinking_While_Talking_Adults_Fail_Nonverbal_False-Belief_Reasoning.

Niegot, Adrian. Es ist in Namen, dass wir denken. Sprache und Denken bei Hegel. In: LINSE (Linguistik-Server Essen). Duisburg-Essen 2004. Online: https://web.archive.org/web/20131228222054/http://www.linse.uni-due.de/linse/esel/pdf/hegel.pdf.

Nübling, Damaris. Zusammenhang von grammatischer, biologischer und sozialer Kategorisierung (Akademie der Wissenschaften und der Literatur, Abhandlungen der Geistes- und sozialwissenschaftlichen Klasse Jahrgang 2020, Nr. 1, vorgetragen in der Plenarsitzung am 12. April 2019). Stuttgart 2020. Online: https://www.germanistik.uni-mainz.de/files/2021/04/Nuebling-2020-Genus-und-Geschlecht.pdf.

Nussbaum, Martha C. The Professor of Parody. The hip defeatism of Judith Butler. In: The New Republic, February 22, 1999. Online: https://newrepublic.com/article/150687/professor-parody.

Oliver, Kelly. Gaslighting: Pathologies of Recognition and the Colonisation of Psychic Space. In: Giladi, Paul / McMillan, Nicola (eds.). Epistemic Injustice and the Philosophy of Recognition (Routledge Studies in Contemporary Philosophy). Routledge (New York 2023), 114–137.

Paszkowska-Rogacz, Anna. Nonverbal aspects of creative thinking: Studies of deaf children. In: European Journal of High Ability 3(2) (January 1992), 236–239. Online: DOI:10.1080/0937445920030211.

Paul, Hermann. Principien der Sprachgeschichte. Halle Druck (Halle an der Saale 1880; hier verwendete 5. Auflage 1920). Online: https://www.projekt-gutenberg.org/paulh/prinzip/.

Payr, Fabian. Von Menschen und Mensch*innen: 20 gute Gründe, mit dem Gendern aufzuhören. Springer (Wiesbaden 2021).

Pérennec, Marie-Hélène. Nazi-Vergleiche im heutigen politischen Diskurs. Von den Gefahren falscher Analogien. In: Lyon Linguistique Allemande Lylia #16, 2008. Online: https://web.archive.org/web/20140416210555/http://langues.univ-lyon2.fr/sites/langues/IMG/pdf/Perennec_M-H_2008.pdf.

Pfaller, Robert. Erwachsenensprache. Über ihr Verschwinden aus Politik und Kultur. Fischer Taschenbuch (Frankfurt am Main 2017; 3. Auflage 2018).

Pinheiro, D. Interview: Adele E. Goldberg. In: Linguíſtica, n. 12, v. 3, no prelo (2017). Online: https://www.academia.edu/30456989/Interview_Adele_E_Goldberg.

Pinker, Steven. The Game of the Name. In: The New York Times, April 5, 1994. Online: https://www.nytimes.com/1994/04/05/opinion/the-game-of-the-name.html.

Pinker, Steven. The Stuff of Thought. Viking Penguin (New York 2007; hier verwendete Ausgabe: Penguin Books 2008).

Platonow, Andrej. Die Baugrube (Neuübersetzung aus dem Russischen von Gabriele Leupold). Suhrkamp Verlag (Berlin 2016).

Pluckrose, Helen / Lindsay, James. Cynical Theories: How Activist Scholarship Made Everything about Race, Gender, and Identity–and Why This Harms Everybody. Pitchstone Publishing (Durham, North Carolina 2020).

Popper, Karl. The Logic of Scientific Discovery. Basic Books (New York 1961).

Posch, Claudia. From Aktieninhaberin to Freakin. The German Suffix ›-in‹ in Context (Dissertation). Institut für Sprachen und Literaturen, Sprachwissenschaft (Innsbruck 2009). Online: https://www.

academia.edu/6467065/From_Aktieninhaberin_to_Freakin_The_German_Suffi_x_in_in_Context_Dissertation_2009).

Posch, Claudia / Mairhofer, Elisabeth. Die Normalität ist eine gepflasterte Straße … Argumentationsanalytische Untersuchung eines Offenen Briefs gegen antidiskriminierenden Sprachgebrauch in Österreich. In: Spieß, Constanze / Reisigl, Martin (Hg.). Osnabrücker Beiträge zur Sprachtheorie (OBST) Heft 91/2017: Sprache und Geschlecht. Band 2: Empirische Analysen, 35–58. Online: https://www.academia.edu/26245771/Sprache_dient_allein_der_problemlosen_Verst%C3%A4ndigung.

Proctor, Robert N. Value free Science – Purity and Power in Modern Knowledge. Harvard University Press (Cambridge, MA 1991).

Pronin, Emily / Lin, Daniel Y. / Ross, Lee. The Bias Blind Spot: Perceptions of Bias in Self Versus Others. In: Personality and Social Psychology Bulletin 28, no. 3, March 2002, 369–381. Online: https://doi.org/10.1177/0146167202286008.

Pullum, Geoffrey. The great Eskimo vocabulary hoax. In: Natural Language and Linguistic Theory 7, 1989, 275–281. Wieder abgedruckt in: Gage, John T. (ed.). The Shape of Reason: Argumentative Writing in College. Macmillan Publishing Company (New York 1991; 2nd edition), 33–38. Online: http://www.lel.ed.ac.uk/~gpullum/EskimoHoax.pdf.

Quadflieg, Dirk. Roland Barthes: Mythologe der Massenkultur und Argonaut der Semiologie. In: Moebius, Stephan / Quadflieg, Dirk (Hg.). Kultur. Theorien der Gegenwart. VS Verlag für Sozialwissenschaften (Wiesbaden 2006), 17–30.

Rauch, Jonathan. The Constitution of Knowledge. A Defense of Truth. Brookings Institution Press (Washington, D. C., 2021).

Reckwitz, Andreas. Ernesto Laclau: Diskurse, Hegemonien, Antagonismen. In: Moebius, Stephan / Quadflieg, Dirk (Hg.). Kultur. Theorien der Gegenwart. VS Verlag für Sozialwissenschaften (Wiesbaden 2006), 339–349.

Redding, Richard E. Sociopolitical diversity in psychology: The case for pluralism. In: American Psychologist, Vol 56(3), March 2001, 205–215.

Rid, Thomas. Active Measures. The Secret History of Disinformation and Political Warfare. Profile Books (London 2020).

Ritchie, Stuart. Science Fictions. Exposing Fraud, Bias, Neglicence and Hype in Science. The Bodley Head (London 2020).
Robinson, Orrin W. Grimm Language: Grammar, Gender and Genuineness in the Fairy Tales. John Benjamins Publishing Company (Amsterdam/Philadelphia 2010).
Rölli, Marc. Gilles Deleuze: Kultur und Gegenkultur. In: Moebius, Stephan/Quadflieg, Dirk (Hg.). Kultur. Theorien der Gegenwart. VS Verlag für Sozialwissenschaften (Wiesbaden 2006), 30–42.
Romaine, Suzanne. Language in Society: An Introduction to Sociolinguistics. Oxford University Press (Oxford 2003).
Rorty, Richard M. Introduction. Metaphilosophical Difficulties of Linguistic Philosophy. In: Rorty, Richard M. (ed.). The Linguistic Turn. Essays in Philosophical Method. With Two Retrospective Essays. University Of Chicago Press (Chicago 1967; edition of 1992), 1–39.
Rowohlt Verlag. Inklusive Wortwahl, Buchempfehlung. Online: https://www.rowohlt.de/magazin/empfehlungen/glossar-und-wortwahl-trans-personen.
Rummel, Marlene. Brisantes Suffix? Zum Gewicht von -ling im Konzept des Flüchtlings. Justus-Liebig-Universität Gießen (Masterarbeit, Gießen 2017). Online: https://geb.uni-giessen.de/geb/volltexte/2017/13049/.
Rummler, Ulrike. Ärztin oder Arzt? Eine psycholinguistische Untersuchung zum generischen Gebrauch des Maskulinums bei Grundschülerinnen und Grundschülern. In: Osnabrücker Beiträge zur Sprachtheorie 51, 1995, 173–189.
Saad, Gad. The Parasitic Mind. How Infectious Ideas Are Killing Common Sense. Regnery Publishing (Washington, D.C., 2020).
Saussure, Ferdinand de. Cours de linguistique générale (herausgegeben von Charles Bally und Albert Sechehaye in Zusammenarbeit mit Albert Riedlinger). Payot (Paris 1916; Ausgabe von Payot & Rivages 1995, basierend auf der Version von 1967 mit Kommentaren und Anmerkungen von Tullio de Mauro).
Scheele, Brigitte/Gauler, Eva. Wählen Wissenschaftler ihre Probleme anders aus als Wissenschaftlerinnen? Das Genus-Sexus-Problem als paradigmatischer Fall der linguistischen Relativitätsthese. In: Sprache und Kognition 12 (2), 1993, 59–72.

Scheele, Sebastian. Gender-Ideologie? Welche Fragen der Ideologie-Vorwurf aufwirft und warum gerade die Gender Studies einiges zu den Antworten beitragen. In: Frey, Regina / Gärtner, Marc / Köhnen, Manfred / Scheele, Sebastian (Hg.). Gender, Wissenschaftlichkeit und Ideologie. Argumente im Streit um Geschlechterverhältnisse. Heinrich-Böll-Stiftung (Berlin 2013; zweite, aktualisierte Auflage 2014), 40–50. Online: https://www.boell.de/sites/default/files/gender_wissenschaftlichkeit_ideologie_2.auflage.pdf.

Schimmack, Ulrich. Estimating Reproducibility of Psychology (No. 140): An Open Post-Publication Peer-Review, April 17, 2018. Online: https://replicationindex.com/2018/04/17/estimating-reproducibility-of-psychology-no-140-an-open-post-publication-peer-review/.

Schimmack, Ulrich. Replicability-Index. Improving the Replicability of empirical research. Online: https://replicationindex.com/about/.

Schimmack, Ulrich. Thinking Too Fast About Life-Satisfaction Judgments, November 11, 2018. Online: https://replicationindex.com/2018/11/27/thinking-too-fast-about-life-satisfaction-judgments/.

Schimmack, Ulrich / Heene, Moritz / Kesavan, Kamini. Reconstruction of a Train Wreck: How Priming Research Went off the Rails, February 2, 2017. Online: https://replicationindex.com/2017/02/02/reconstruction-of-a-train-wreck-how-priming-research-went-of-the-rails/.

Schinzel, Britta / Ruiz Ben, Esther. Gendersensitive Gestaltung von Lernmedien und Mediendidaktik: von den Ursachen für ihre Notwendigkeit zu konkreten Checklisten. BMBF-Workshop Berlin zu »Gender Mainstreaming in der beruflichen Bildung: Anforderungen an Medienpädagogik und Medienentwicklung«. Institut für Informatik und Gesellschaft der Universität Freiburg (Freiburg 2000 bzw. 2002). Online: http://mod.iig.uni-freiburg.de/cms/fileadmin/publikationen/users/schinzel/publikationen/Info+Gesell/PS/BMBFGenderNM.pdf.

Schleicher, August. Die Darwinsche Theorie und die Sprachwissenschaft. Böhlau (Weimar 1863; hier verwendet: 3. Auflage, Weimar 1873).

Schott, Hannelore. Kommunikationswissenschaft. Massenkommunikation – Medien – Sprache. Band 2010/2. GESIS – Leibniz-Institut für Sozialwissenschaften (Bonn 2010).

Schröter, Juliane / Linke, Angelika / Bubenhofer, Noah. »Ich als Linguist«. Eine empirische Studie zur Einschätzung und Verwendung des generischen Maskulinums. In: Günthner, Susanne / Hüpper, Dagmar / Spieß, Constanze (Hg.). Genderlinguistik. Sprachliche Konstruktionen von Geschlechtsidentität. De Gruyter (Berlin 2012), 359–379. Online: https://www.zora.uzh.ch/id/eprint/62382/1/Schr%C3%B6ter_Ich_als_Linguist.pdf.

Schulze-Eisentraut, Harald. Strukturen und Netzwerke der Gender Studies. In: Schulze-Eisentraut, Harald / Ulfig, Alexander (Hg.). Gender Studies – Wissenschaft oder Ideologie? Deutscher Wissenschafts-Verlag (Baden-Baden 2019), 213–245.

Schulze-Eisentraut, Harald / Ulfig, Alexander. Einleitung. In: Schulze-Eisentraut, Harald / Ulfig, Alexander (Hg.). Gender Studies – Wissenschaft oder Ideologie? Deutscher Wissenschafts-Verlag (Baden-Baden 2019), 2–15.

Scruton, Roger. Fools, Frauds and Firebrands. Thinkers of the New Left. Bloomsbury (London 2015).

Searle, John R. Geist, Sprache und Gesellschaft. Suhrkamp (Frankfurt am Main 2004).

Searle, John R. Speech Acts: An Essay in the Philosophy of Language. Cambridge University Press (Cambridge, UK 1969).

Sera, Sephanie / Siekierski, Kim. Genderwissen in der Praxis: Wie Absolvent/inn/en der Gender Studies mit ihrer Kompetenz umgehen – Ein Erfahrungsbericht. In: Journal Netzwerk Frauen- und Geschlechterforschung NRW Nr. 31/2012. Koordinationsstelle Gender Studies Fakultät für Sozialwissenschaft Ruhr-Universität Bochum (Bochum 2012), 36–39.

Shotwell, Alexis. Forms of knowing and epistemic resources. In: Kidd, Ian James / Medina, José / Pohlhaus, Gaile Jr. (eds.). The Routledge Handbook of Epistemic Injustice. Routledge (New York 2017), 79–88.

Silverblatt, Irene. Moon, Sun, and Witches: Gender Ideologies and Class in Inca and Colonial Peru. Princeton University Press (Princeton, NJ 1987).

Simon, Cordula / Auer, Stefan. Propaganda, Framing und die Wissenschaft hinter medialer Repräsentation. In: Austrian Center for Intelligence, Propaganda and Security Studies (Hg.). Journal for Intelligence, Propaganda and Security Studies Vol. 14, No. 1/2020, 141–160. Online: https://acipss.org/wp-content/uploads/2021/03/JIPSS_V14_N1_SIMON-AUER-Propaganda-Framing-und-die-Wissenschaft-hinter-medialer-Repraesentation.pdf.

Slobin, Dan. Form–function relations: how do children find out what they are? In: Bowerman, Melissa / Levinson, Stephen (eds.). Language Acquisition and Conceptual Development. Cambridge University Press (Cambridge, UK 2011), 406–449.

Slobin, Dan. Grammatical Transformations and Sentence Comprehension in Childhood and Adulthood. In: Journal of Verbal Learning and Verbal Behavior, Volume 5, Issue 3, June 1966, 219–227. Online: https://www.sciencedirect.com/science/article/abs/pii/S0022537166800233.

Slobin, Dan. Language and thought online: Cognitive consequences of linguistic relativity. In: Gentner, Dedre / Goldin-Meadow, Susan (eds.). Language in mind: Advances in the study of language and thought. MIT Press (Cambridge, MA 2003), 157–191.

Slobin, Dan. Psychology without linguistics = language without grammar. In: Cognition, Volume 10, Issues 1–3, July–August 1981, 275–280. Online: https://www.sciencedirect.com/science/article/abs/pii/0010027781900573.

Slobin, Dan. Thinking for Speaking. In: Proceedings of the Thirteenth Annual Meeting of the Berkeley Linguistics Society (1987), 435–445.

Sokal, Alan. Beyond the Hoax. Science, Philosphy and Culture. Oxford University Press (Oxford 2008).

Sokal, Alan. Transgressing the Boundaries: Toward a Transformative Hermeneutics of Quantum Gravity. In: Social Text, no. 46/47, 1996, 217–252. Online: https://www.jstor.org/stable/466856.

Sokal, Alan / Bricmont, Jean. Fashionable Nonsense. Postmodern Intellectuals' Abuse of Science. Picador (New York 1998).

Sowell, Thomas. Intellectuals and Society. Basic Books (New York 2009; Revised and Enlarged Edition. Basic Books (New York 2011)).

Spender, Dale. Man Made Language. Routledge (London 1980; 2nd edition Pandora, London 1990; hier verwendete Ausgabe von 2008).

Sperber, Dan / Wilson, Deirdre. Relevance: Communication and cognition. Harvard University Press (Cambridge, MA 1986).

Spivak, G. C. Review: Revolutions That as Yet Have No Model: Derrida's Limited Inc. In: Diacritics Vol. 10, No. 4 (Winter, 1980), 29–49.

Springer, Mike. John Searle on Foucault and the Obscurantism in French Philosophy, July 1, 2013. In: Open Culture. Online: https://www.openculture.com/2013/07/jean_searle_on_foucault_and_the_obscurantism_in_french_philosophy.html.

Stawarska, Beata. Saussure's Philosophy of Language as Phenomenology: Undoing the Doctrine of the Course in General Linguistics. Oxford University Press (Oxford 2015).

Stefanowitsch, Anatol. Constructing causation: A construction grammar approach to analytic causatives (Doctoral Dissertation). Rice University (Houston, TX 2001).

Stefanowitsch, Anatol. Corpus linguistics: A guide to the methodology (Textbooks in Language Sciences 7). Language Science Press (Berlin 2020).

Stefanowtisch, Anatol. Corpus-based approaches to metaphor and metonymy. In: Gries, Stefan Th. / Stefanowitsch, Anatol (eds.). Corpus-Based Approaches to Metaphor and Metonymy (series: Bisang, Walter / Hock, Hans Henrich / Winter, Werner (eds.). Trends in Linguistics Studies and Monographs 171). Mouton de Gruyter (Berlin 2006), 1–16.

Stefanowtisch, Anatol. Eine Frage der Moral. Warum wir politisch korrekte Sprache brauchen. Dudenverlag (Berlin 2018).

Stefanowtisch, Anatol. Words and their metaphors: A corpus-based approach. In: Gries, Stefan Th. / Stefanowitsch, Anatol (eds.). Corpus-Based Approaches to Metaphor and Metonymy (series: Bisang, Walter / Hock, Hans Henrich / Winter, Werner (eds.). Trends in Linguistics Studies and Monographs 171). Mouton de Gruyter (Berlin 2006), 63–105.

Stern, Charlotta. Undoing Insularity: A Small Study of Gender Sociology's Big Problem. In: ECON JOURNAL WATCH 13(3)

September 2016, 452–466. Online: https://econjwatch.org/articles/undoing-insularity-a-small-study-of-gender-sociology-s-big-problem.

Stichweh, Rudolf. Niklas Luhmann. In: Kaesler, Dirk (Hg.). Klassiker der Soziologie. Band II. Von Talcott Parsons bis Anthony Giddens. C. H. Beck (München 1999; 5. überarbeitete Auflage 2007), 240–265.

Stilgoe, Jack. Machine Learning, Social Learning and the Governance of Self-Driving Cars. In: Social Studies of Science 48, no. 1 (February 2018), 25–56. Online: https://doi.org/10.1177/0306312717741687.

Stojić, Aneta. Verbale Gewalt zwischen Sprachsystem und Sprachgebrauch (am Beispiel der sprachlichen Diskriminierung lexikalischer Ebene). In: Knežević, Jelena / Heine, Simone / Ivanović, Ljubomir (Hg.). Folia linguistica et litteraria: Zeitschrift für Sprach- und Literaturwissenschaft (18/2) (Sonderausgabe). Macht und Politik in der deutschen Sprache, Literatur und Kultur. Institut für Sprache und Literatur Philologische Fakultät, Nikšić Universität Montenegro (2017), 73–88. Online: http://www.folia.ac.me/image/folia_18_2.pdf.

Tagliamonte, Sali A. / D'Arcy, Alexandra. Peaks Beyond Phonology: Adolescence, Incrementation, and Language Change. In: Language, Vol. 85, No. 1 (March 2009), 58–108.

Tallis, Raymond. Not Saussure: A Critique of Post-Saussurean Literary Theory (series: Language, Discourse, Society). The MacMillan Press (London 1988).

The World Atlas of Language Structures Online (WALS). Dryer, Matthew S. / Haspelmath, Martin (eds.). Online: https://wals.info/.

Thiesmeyer, Lynn (ed.). Discourse and Silencing. Representation and the language of displacement. John Benjamins Publishing Company (Amsterdam/Philadelphia 2003).

Tirrell, Lynne. Genocidal Language Games. In: Maitra, Ishani / McGowan, Mary Kate (eds.). Speech and Harm Controversies over Free Speech. Oxford University Press (Oxford 2012), 174–221.

Trömel-Plötz, Senta. Linguistik und Frauensprache. In: Linguistische Berichte 57 (1978), 49–68.

Trudgill, Peter. A Glossary of Sociolinguistics. Edinburgh University Press (Edinburgh 2003).

Tuana, Nancy. Feminist epistemology: the subject of knowledge. In: Kidd, Ian James / Medina, José / Pohlhaus, Gaile Jr. (eds.). The Routledge Handbook of Epistemic Injustice. Routledge (New York 2017), 125–138.

Ullrich, Peter. Diskursanalyse, Diskursforschung, Diskurstheorie. Ein- und Überblick. In: Freikamp, Ulrike / Leanza, Matthias / Mende, Janne / Müller, Stefan / Ullrich, Peter / Voß, Heinz-Jürgen (Hg.). Kritik mit Methode? Forschungsmethoden und Gesellschaftskritik. Karl Dietz Verlag Berlin (Berlin 2008), 19–32.

Unger, Steven. Saussure, Barthes and structuralism. In: Sanders, Carol (ed.). The Cambridge Companion to Saussure. Cambridge University Press (Cambridge, UK 2004), 157–173.

Vervecken, Dries / Hannover, Bettina. Yes I Can! Effects of Gender Fair Job Descriptions on Children's Perceptions of Job Status, Job Difficulty, and Vocational Self-Efficacy. Social Psychology. 46, 2015, 76–92. Online: https://www.researchgate.net/publication/279288124_Yes_I_Can_Effects_of_Gender_Fair_Job_Descriptions_on_Children's_Perceptions_of_Job_Status_Job_Difficulty_and_Vocational_Self-Efficacy.

Villa, Paula-Irene. Das Subjekt Frau als Geschlecht mit Körper und Sexualität. Zum Stand der Frauenforschung in der Soziologie. In: Orth, Barbara / Schwietring, Thomas / Weiß, Johannes (Hg.). Soziologische Forschung: Stand und Perspektiven: Ein Handbuch. Leske + Budrich (Opladen 2003), 155–167.

Voss, Arwed. Buchkunst oder Interfacedesign? Perspektiven für eine zukünftige Hochschullehre im Fach Kommunikationsdesign. Forschungsbericht 2010. Hochschule Wismar (Wismar 2010).

Voß, Heinz-Jürgen. Making Sex Revisited: Dekonstruktion des Geschlechts aus biologisch-medizinischer Perspektive. Bielefeld (transcript Verlag 2010).

SNapa/Dpa. Was der Duden wirklich mit dem Gendersternchen vorhat. In: Salzburger Nachrichten, 8. Juni 2018. Online: https://

www.sn.at/panorama/oesterreich/was-der-duden-wirklich-mit-dem-gendersternchen-vorhat-28946494.

Weber, Doris. Genus. Zur Funktion einer Nominalkategorie, exemplarisch dargestellt am Deutschen. (Europäische Hochschulschriften: Reihe 1, Deutsche Sprache und Literatur; 1808). Peter Lang Verlag (Frankfurt am Main 2001).

Webster, Donald H. / Zibell, Wilfried. Iñupiat Eskimo Dictionary. Summer Institute of Linguistics (Fairbanks, Alaska 1970).

Wehling, Elisabeth. Die Macht der Sprachbilder – Politisches Framing und neurokognitive Kampagnenführung. Vortrag am 5. August 2017 auf der re:publica in Berlin. Online: https://re-publica.com/en/session/macht-sprachbilder-politisches-framing-und-neurokognitive-kampagnenfuhrung (Archivlink: https://web.archive.org/web/20181126161305/https://re-publica.com/en/session/macht-sprachbilder-politisches-framing-und-neurokogni tive-kampagnenfuhrung; direkter Link zum Video auf Youtube: https://www.youtube.com/watch?v=3tuaXaXJ02g).

Wehling, Elisabeth. Framing-Manual. Unser gemeinsamer, freier Rundfunk ARD (Berkeley International Framing Institute 2019). Online: https://cdn.netzpolitik.org/wp-upload/2019/02/framing_gutachten_ard.pdf (Archivlink: https://archive.is/RGRqV).

Wehling, Elisabeth. Politisches Framing. Wie eine Nation sich ihr Denken einredet – und daraus Politik macht. Bundeszentrale für Politische Bildung (Bonn 2017; Erstausgabe: Herbert von Halem Verlag, Köln 2016).

Wehling, Elisabeth. Sprechen über #MeToo. Alle reden über Framing – so funktioniert es. In: Der Spiegel, 12. Oktober 2018. Online: https://www.spiegel.de/kultur/gesellschaft/sprechen-ueber-metoo-warum-es-keine-sexualisierte-gewalt-gibt-a-1232770.html.

Wehling, Elisabeth. Vorsicht vor diesen Wörtern. Interview mit Elisabeth Wehling. In: Die Zeit, 25. Februar 2016. Online: https://www.zeit.de/2016/10/sprache-manipulation-elisabeth-wehling/komplettansicht (Archivlink: http://archive.is/wip/q40ZO).

Weigel, Moira. Political correctness: how the right invented a phantom enemy. In: The Guardian, November 30, 2016. Online: https://www.theguardian.com/us-news/2016/nov/30/political-correctness-how-the-right-invented-phantom-enemy-donald-trump.

Werner, Martina. »Zur Verwendung geschlechtergerechter Sprache – die grammatische Kategorie Genus«. Handreichung für die Frauenbeauftragte der Ludwig-Maximilians-Universität München. (München 2007). Online: https://www.frauenbeauftragte.uni-muenchen.de/frauenbeauftr/berichte/berichte_veranstalt/handreichung2007.pdf.

Who do they think they are? The battle over the singular use of »they« has been waged for centuries. In: The Economist, January 18, 2020. Online: https://www.economist.com/books-and-arts/2020/01/16/who-do-they-think-they-are.

Whorf, Benjamin Lee. An American Indian model of the universe (circa 1936). In: Carroll, John B. (ed.). Language, Thought, and Reality: Selected Writings of Benjamin Lee Whorf. The MIT Press (Cambridge, MA 1956), 57–64.

Wilson, John K. Myths and Facts: How Real is Political Correctness? In: William Mitchell Law Review 22/2 (1996), 517–543.

Wilson, John K. The Myth of Political Correctness. The Conservative Attack on Higher Education. Duke University Press Books (Durham, N.C. 1995).

Winter, Rainer. Stuart Hall: Die Erfindung der Cultural Studies. In: Moebius, Stephan/Quadflieg, Dirk (Hg.). Kultur. Theorien der Gegenwart. VS Verlag für Sozialwissenschaften (Wiesbaden 2006), 381–393.

Wintersberger, Astrid. Der kleine Wappler. So flucht und schimpft Österreich. Residenz Verlag (Salzburg 2021, erweiterte Neuauflage).

Wittgenstein, Ludwig. The Blue and Brown Books. Harper Torchbooks (New York 1965).

Wittgenstein, Ludwig. Tractatus Logico-Philosophicus. Kegan Paul, Trench, Trubner & Co (London 1922, zweisprachige Ausgabe). Online: https://www.gutenberg.org/files/5740/5740-pdf.pdf.

Wurmitzer, Michael. Warum der Begriff »Kulturschaffende« NS-belastet ist. In: Der Standard, 3. April 2021. Online: https://www.derstandard.at/story/2000125574320/warum-der-begriff-kulturschaffende-ns-belastet-ist.

Wüschner, Philipp. The Internet is Dead – Long Live the Internet. Soziale Medien und idiosynkratisches Aufbegehren. In: Mühlhoff,

Rainer / Breljak, Anja / Slaby, Jan (Hg.). Affekt Macht Netz. Auf dem Weg zu einer Sozialtheorie der digitalen Gesellschaft. Transcript Verlag (Bielefeld 2019), 247–268.

Wylie, Alison / Nelson, Lynn Hankinson. Coming to Terms with the Values of Science: Insights from Feminist Science Studies Scholarship. In: Kincaid, Harold / Dupré, John / Wylie, Alison (eds.). Value-Free Science: Ideals and Illusions? Oxford University Press (Oxford 2007), 58–86.

Zentrum für transdisziplinäre Geschlechterstudien der Humboldt-Universität zu Berlin (Hg.). Wege nach dem Gender-Studium. Absolvent_innen erzählen. Zentrum für transdisziplinäre Geschlechterstudien der Humboldt-Universität zu Berlin (Berlin 2019). Online: https://www.gender.hu-berlin.de/de/publikationen/gender-bulletin-broschueren/broschueren/00-broschre-final.pdf.

Zentrum für transdisziplinäre Geschlechterstudien der Humboldt-Universität zu Berlin (Hg.). Wissenschaftliches Arbeiten in den Gender Studies. Ein Leitfaden für Student_innen (aktualisierte und ergänzte Ausgabe November 2009, 5. Auflage). Humboldt-Universität Berlin (Berlin 2019). Online: https://www.gender.hu-berlin.de/de/studium/hilfen-zum-wissenschaftlichen-arbeiten/wissenschaftliches-arbeiten-in-den-gender-studies.

Орлова, Надежда. Анна Ахматова »Такой на свете нет …« Личности, Но. 1 (23), 2010, 4–26.

Abbildungsverzeichnis

Kapitel 1

Kapitel 4

Name: 7. Abb_Frames_Alle_Begriffe_aendern
Quelle: Eigene Illustration der Autoren.

Kapitel 5

Name: 8. Abb_WALS Gender
Quelle: The World Atlas of Language Structures Online, WALS Online – Feature 30A: Number of Genders. Online: https://wals.info/feature/30A (abgerufen am 30. März 2020).

Name: 9. Abb_Arzt 1
Quelle: Sowjetisches Plakat; Datum unbekannt.

Name: 10. Abb_Gendern_neu
Quelle: Eigene Illustration der Autoren, nachempfunden einer Abbildung von Werner, Martina. Zur Verwendung geschlechtergerechter Sprache – die grammatische Kategorie Genus. Handreichung für die Frauenbeauftragte der Ludwig-Maximilians-Universität München (München 2007), S. 7.

Autorenverzeichnis

Sachregister